Karsten Berr / Jürgen H. Franz (Hg.)
Zukunft gestalten – Digitalisierung, Künstliche Intelligenz (KI) und Philosophie

Philosophie, Naturwissenschaft und Technik
Band 9

Karsten Berr / Jürgen H. Franz (Hg.)

Zukunft gestalten – Digitalisierung, Künstliche Intelligenz (KI) und Philosophie

Frank & Timme

Verlag für wissenschaftliche Literatur

Umschlagabbildung: Illustration of spacious interior toned cool colors
© AlienForce – stock.adobe.com

ISBN 978-3-7329-0547-8
ISBN E-Book 978-3-7329-9451-9
ISSN 2365-4074

© Frank & Timme GmbH Verlag für wissenschaftliche Literatur
Berlin 2019. Alle Rechte vorbehalten.

Das Werk einschließlich aller Teile ist urheberrechtlich geschützt.
Jede Verwertung außerhalb der engen Grenzen des Urheberrechtsgesetzes ist ohne Zustimmung des Verlags unzulässig und strafbar.
Das gilt insbesondere für Vervielfältigungen, Übersetzungen,
Mikroverfilmungen und die Einspeicherung und Verarbeitung in
elektronischen Systemen.

Herstellung durch Frank & Timme GmbH,
Wittelsbacherstraße 27a, 10707 Berlin.
Printed in Germany.
Gedruckt auf säurefreiem, alterungsbeständigem Papier.

www.frank-timme.de

Vorwort

Der vorliegende Band umfasst neunzehn Beiträge der wissenschaftlichen und interdisziplinären Tagung *APHIN III 2018 – Zukunft gestalten*, die vom Arbeitskreis philosophierender Ingenieure und Naturwissenschaftler (APHIN e.V.) im November 2018 in Enkirch an der Mosel veranstaltet wurde. Aufgrund der Interdisziplinarität der Tagung standen alle Referenten vor der Herausforderung, den Spagat zwischen wissenschaftlicher Tiefe einerseits und interdisziplinärer Breite und Allgemeinverständlichkeit andererseits zu wagen. Und wie die Beiträge dieses Bandes zeigen, wurde die Herausforderung von allen Referenten gerne angenommen und vorzüglich bestanden.

APHIN wurde im Oktober 2013 als wissenschaftlicher, bildungsorientierter, interdisziplinärer und gemeinnütziger Verein gegründet und verzeichnet seitdem eine stetig wachsende Mitgliederanzahl. Er bewegt sich im Spannungsfeld von Philosophie, Ingenieur- und Naturwissenschaft und ist offen für alle, die mit Freude und Neugierde über ihren eigenen fachlichen Tellerrand hinaus schauen und in der Philosophie die Möglichkeit entdeckt haben, dieser Freude und Neugierde einen adäquaten Raum zu geben. Seine wissenschaftlichen Mitglieder sind Philosophen, Ingenieure und Naturwissenschaftler, Mathematiker, Informatiker, Mediziner, Theologen, Pädagogen, Wirtschaftswissenschaftler, Erziehungswissenschaftler, Juristen, Künstler und andere. Zum Selbstverständnis von APHIN gehört eine gelebte, praktizierte Interdisziplinarität, wobei die Philosophie als Band fungiert, das die unterschiedlichen Disziplinen seiner Mitglieder miteinander bindet und eint.

Bereits ein Jahr nach seiner Gründung veranstaltete APHIN unter dem Titel *APHIN I 2014 – Prolegomena* im Geburtshaus des Cusanus in Bernkastel-Kues an der Mosel seine erste öffentliche wissenschaftliche Tagung. Als Auftaktveranstaltung fungierte sie als Vorwort – Prolegomena – zu den Folgetagungen, die APHIN im Rhythmus von zwei Jahren veranstaltet. Im Jahr 2016 stand die Tagung unter dem Motto *Welt der Artefakte* und damit ganz im Zeichen stofflicher und geistiger, menschlicher Schöpfungsprodukte und ihres Einflusses auf Mensch, Gesellschaft und Natur. Alle Beiträge dieser beiden ersten Tagungen von APHIN wurden beim Verlag für wissenschaftliche Literatur Frank & Timme publiziert.

Die Tagung *Zukunft gestalten* wurde erneut in partnerschaftlicher Kooperation mit der Kueser Akademie für europäische Geistesgeschichte durchgeführt. Wir danken unserem Förderer, der gemeinnützigen *Stiftung PfalzMetall*, die unsere Tagung finanziell unterstützte. Dank gilt auch all jenen, die durch ihr ehrenamtliches Engagement zum Erfolg dieser Tagung beitrugen und bei der Erstellung des Tagungsbandes mitwirkten, allen voran den Vortragenden, die uns ihre Beiträge zur Publikation zur Verfügung stellten, und den vielen lieben Menschen, die für einen reibungslosen Ablauf der Tagung und für eine herzliche Atmosphäre sorgten. Besonderer Dank gilt unseren Fördermitgliedern, die uns sowohl ideell als auch finanziell stärken und damit bereits seit Gründung von APHIN entscheidend zum Erfolg unserer Tagungen beisteuern.

Jürgen H. Franz und Karsten Berr   März 2019
www.aphin.de

Inhalt

Vorwort | 5
Inhalt | 7
Einleitung | 11

Teil I: Design, Smarte Maschinen und Mobilität – eine ethische und gesellschaftliche Herausforderung

Janina Loh
Verantwortung und Roboterethik: Ein Überblick am Beispiel autonomer Fahrassistenzsysteme. | 17

Rainer Königstedt
Zukunft der Mobilität. | 29

Manja Unger-Büttner
Zukunft – Design – Ethik. Ein exploratives Gemisch. | 41

Teil II: Zukunft gestalten mit Epikur, Kant und Bergson

Torsten Nieland
In Epikurs Lustgarten: Gedanken über Nachhaltigkeit. | 55

Alfred Berlich
Kants Vision eines ewigen Friedens als Menschheitsprojekt der Zukunft. | 67

Matthias Vollet
Kann man die Zukunft gestalten? Henri Bergson und die Unvorhersehbarkeit und Vorhersehbarkeit der Zukunft. | 79

Teil III: Mögliche Welten und Räume, modale Gestaltung und Logik

Hartmut W. Mayer
„Mögliche Welten" und die Struktur der Zukunft. Ein philosophiegeschichtlicher Rundgang bis zur Modallogik. | **93**

Bruno Gransche
Improvisierte Provisorien. Zukunft als Möglichkeitsraum modaler Gestaltung. | **103**

Teil IV: Welche Zukunft? Zukunft gestalten mit Philosophie?

Ruth Spiertz
Welche Zukunft? Zukunftsvisionen aus der Sicht des Offenen Skeptizismus. | **117**

Jürgen H. Franz
Warum die Gestaltung der Zukunft der Philosophie bedarf. | **129**

Teil V: Die Rolle des Rechts, der Toleranz und der Bildung

Dirk Löhr
Eigentum an Land und Natur: Diebstahl an der Zukunft? | **141**

Norbert Hill
Das Potential des Rechts bei der Gestaltung der Zukunft. Über das Spannungsfeld zwischen Norm und Wirklichkeit am Beispiel des Grundgesetzes. | **151**

Uta Henze
„Toleranz ist menschlich" – Wertereflexion im Philosophieunterricht als Basiskompetenz für die Gestaltung unserer Zukunft. | **163**

Teil VI: Wie wollen wir leben? Welche Technologien brauchen wir? Künstliche Intelligenz, Digitalisierung und Transhumanismus

Janina Loh
Wider die Utopie einer umfassenden Kontrolle.
Kritische Überlegungen zum Transhumanismus. | **177**

Günter Franke
„Digitalisierte" Menschheit.
Eine kritische Spekulation – oder eine spekulative Kritik. | **189**

Michael Kuhn
Wie wollen wir leben und welche Technologien brauchen wir dafür?
Fiktionen als hypothetische Vorwegnahme der zukünftigen
Welt und Technik. | **201**

Hyun Kang Kim
Die Differenz zwischen künstlicher und menschlicher Intelligenz. | **213**

Teil VII: Studierendenpreisträgerinnen unter sich

Julia Fuchte
Utopische Szenarien als Beitrag zu einer
transformativen Bildung und Wissenschaft. | **225**

Elisa Oertel
Die künstliche Superintelligenz als Konsequenz einer
nach Effizienz strebenden Menschheit? | **235**

Autorenverzeichnis | **243**

Einleitung

Markus Dangl

Die Beiträge dieses Tagungsbandes untergliedern sich in sieben Sektionen, die jeweils besondere Aspekte des umfangreichen Rahmenthemas *Zukunft gestalten* aufgreifen und beleuchten. Dass es sich bei diesem Themenkomplex um eine gesamtgesellschaftliche Aufgabe handelt, zeigt sich an der Vielgestaltigkeit der Beiträge sowohl in Inhalt als auch Methodik und ihrer interdisziplinären Einbettung – in diesem Sinne spiegelt dieser Sammelband damit eine wesentliche Leitidee und Motivation von APHIN e.V. wider.

Im Folgenden werden die 19 Beiträge des Bandes kurz vorgestellt.

Teil I

Janina Loh untersucht in ihrem Beitrag die Fragestellung, inwiefern das klassisch an Personen gebundene Konzept der Verantwortung auf künstliche Systeme am Beispiel autonomer Fahrassistenzsysteme übertragbar ist.

Einen kritischen Blick in die Zukunft der Mobilität wirft **Rainer Königstedt**, indem er aufzeigt, welche Fehleinschätzungen hinsichtlich Ressourcen- und Energiebedarf bei der Einführung neuer Mobilitätskonzepte drohen.

Manja Unger-Büttner plädiert in ihrem Artikel für eine explorative Perspektive auf das Spannungsfeld Technik – Design – Ethik.

Teil II

Torsten Nieland greift in seinem Referat Epikurs Philosophie auf, um diese für Gedanken über Nachhaltigkeit fruchtbar zu machen.

Alfred Berlich erörtert, wie Immanuel Kants Geschichts-, Rechts- und Staatsphilosophie als Menschheitsprojekt der Zukunft verstanden werden kann.

Matthias Vollet betrachtet mit Henri Bergson die Frage nach der Verfügbarkeit und Gestaltbarkeit von Zukunft.

Teil III

In seinem philosophiegeschichtlichen Rundgang beleuchtet **Hartmut W. Mayer** die Struktur von Zukunft als Raum möglicher Welten.

Bruno Gransche greift das Tagungsthema auf, indem er für ein Konzept medialer modaler Gestaltung plädiert.

Teil IV

Ruth Spiertz begründet in ihrem Beitrag, wie sich Zukunftsvisionen mit Hilfe des Offenen Skeptizismus fundieren lassen.

Jürgen H. Franz erläutert in seinem Artikel, warum Philosophie für die Gestaltung der Zukunft unabdingbar ist.

Teil V

Dirk Löhr thematisiert die Frage nach Eigentumsrechten an Land und Natur als möglichen Raubbau an den Gestaltungsmöglichkeiten künftiger Generationen.

Am Beispiel des Grundgesetzes erörtert **Norbert Hill** das Potential des Rechts bei Fragen der Zukunftsgestaltung.

Uta Henze stellt in ihrem Beitrag die Bedeutung der Wertereflexion im Philosophieunterricht als Basiskompetenz für die Gestaltung der Zukunft heraus.

Teil VI

Janina Loh erläutert in ihrem Referat kritische Einwände zu Kontrollutopien des Transhumanismus.

Eine kritische Spekulation über die digitale Zukunft der Menschheit entwirft **Günter Franke** in seinem Beitrag.

Michael Kuhn plädiert für den Begriff der Fiktion, um technisches Gestalten adäquat zu beschreiben.

Hyun Kang Kim zeigt eine fundamentale Differenz zwischen humaner und Künstlicher Intelligenz auf, die sie anhand von drei Thesen erläutert.

Teil VII

Julia Fuchte zeigt in ihrem Referat, wie utopische Szenarien zu einer transformativen Bildung und Wissenschaft beitragen können.

Elisa Oertel untersucht in ihrem preisgekrönten Essay den Zusammenhang zwischen einer möglichen künstlichen Superintelligenz und der nach Effizienz strebenden Menschheit.

Teil I
Design, Smarte Maschinen und Mobilität – eine ethische und gesellschaftliche Herausforderung

Verantwortung und Roboterethik:
Ein Überblick am Beispiel autonomer Fahrassistenzsysteme

Janina Loh

Einleitung

Neben zahlreichen Herausforderungen, mit denen uns der rasante Fortschritt in Robotik und KI-Forschung gegenwärtig konfrontiert, sehen wir uns vor die Aufgabe gestellt, traditionell nur dem Menschen vorbehaltene Kompetenzen – Vernunft, Autonomie, Urteilskraft, um nur einige zu nennen – in ihrer Übertragung auf artifizielle Systeme zu transformieren. Im Folgenden widme ich mich dem Phänomen der Verantwortung, um am Beispiel dieser Kernkompetenz des Menschen einen Überblick über das Arbeitsfeld der Roboterethik zu geben. Dafür frage ich zunächst danach, was unter Verantwortung traditionell verstanden wird, und schlage eine Minimaldefinition von „Verantwortung" vor, welche nur die wesentlichen etymologischen Komponenten und damit den ‚kleinsten gemeinsamen Nenner' jeder Rede von Verantwortung enthält.[1] In einem zweiten Schritt erläutere ich, was es mit der philosophischen Disziplin der Roboterethik auf sich hat, um zuletzt die Rolle der Verantwortung innerhalb derselben näher in den Blick zu nehmen.

1. Was ist Verantwortung?

Eine etymologische Untersuchung würde zeigen, dass unser Verständnis von Verantwortung auf drei Säulen fußt: Verantwortung bedeutet *erstens*, dass jemand Rede und Antwort steht, und *zweitens*, dass dies kein rein deskriptives, sondern immer ein zumindest auch normatives Geschehen darstellt. Gerne erklärt man zwar bspw. den Regen verantwortlich für das Nass-Sein der Straße. Doch hier ist von Verantwortung in übertragenem Sinn als Verursachung die Rede. *Drittens* rekurriert die Rede von Verantwortung auch immer auf bestimmte Kompetenzen, die wir der* Angesprochenen implizit zuschreiben. Wir unterstellen, dass die fragliche Person integer, bedacht und reflektiert das Anliegen der Verantwortung in Angriff nimmt.

---

[1] Vgl. ausführlich Sombetzki 2014. Aus Platzgründen ist die Literatur in diesem Artikel auf ein Minimum beschränkt.

Aus dieser Minimaldefinition ergeben sich fünf Relationselemente der Verantwortung. Es bedarf eines *Subjekts* bzw. einer* Trägerin* der Verantwortung. Darüber hinaus ist ein *Objekt* oder Gegenstand zu definieren. Drittens gilt es, die *Instanz*, vor der man sich verantwortlich zeigt, auszumachen. Viertens tragen wir gegenüber einer* *Adressatin** Verantwortung. Schließlich geben *normative Kriterien* den Maßstab und die Richtlinien dafür ab, in welcher Weise Verantwortung zuzuschreiben ist.

Die Bedingungen für die Möglichkeit einer Zuschreibung von Verantwortung lassen sich in drei Kompetenzgruppen differenzieren: Kommunikationsfähigkeit, Handlungsfähigkeit bzw. Autonomie und Urteilskraft. Alle Kompetenzen als Voraussetzung für die etwaige Zuschreibung von Verantwortung und mit ihr die Verantwortung selbst sind graduell bestimmbar; man kann von mehr oder weniger Kommunikations- und Handlungsfähigkeit sprechen und abhängig davon von mehr oder weniger Verantwortung.[2]

Das *Subjekt* der Verantwortung ist die Person, die Rede und Antwort stehen kann.[3] Abhängig von den Bedingungen, die für eine etwaige Zuschreibung von Verantwortung erfüllt sein müssen, lässt sich der Frage nachgehen, ob nur ‚gesunde und erwachsene' Menschen oder auch Kinder für Aufforderungen zu einer Übernahme von Verantwortung ansprechbar sind. Sind es gar auch (einige) Tiere und auch Pflanzen, vielleicht sogar unbelebte Dinge (wie bspw. einige artifizielle Systeme)? Innerhalb des Verantwortungsdiskurses ist man sich jedoch darüber einig, dass Verantwortung traditionell ein individualistisches Prinzip darstellt und in deutlicher Nähe zu (wenn auch nicht unbedingt gleichbedeutend mit) dem Konzept der Personalität gesehen wird. Dieser Kernbestand des klassischen Verantwortungskonzepts wird erst in der Gegenwart in Frage gestellt. Hieraus erhellt, warum jeder rein deskriptive oder kausale Gebrauch desselben, d. h. ein solcher, der einen normativen Gebrauch gar nicht erlaubt, wie in dem obigen Regen-Beispiel, nur metaphorisch gemeint sein kann. Der Regen ist nicht in der Lage, Rede und Antwort zu stehen und Pflanzen wohl ebenso wenig. Ein genaues Verständnis von Verantwortung in einer fraglichen Situation verlangt ein Urteil darüber, ob es sich bei dem

---

[2] Vgl. Sombetzki 2014 – zur Minimaldefinition 33ff., zu den Relationselementen 63ff. und zu den Bedingungen für die Möglichkeit zur Verantwortungsübernahme 43ff.
[3] Zu den einzelnen Relationselementen, die nun vorgestellt werden, gibt es in Sombetzki 2014 jeweils ein eigenes Unterkapitel.

fraglichen Verantwortungssubjekt um ein Individuum oder um ein Kollektiv handelt. In Abschnitt 3.2 führe ich den Terminus des Verantwortungsnetzwerks ein[4], um die unterschiedlichen Funktionen in den Blick zu bekommen, die die involvierten Parteien insbesondere im Falle von Mensch-Maschine-Interaktionen haben.

Die Rede von Verantwortung verlangt neben einem Subjekt auch ein *Objekt* bzw. einen Gegenstand (Handlungen und Handlungsfolgen), wofür Verantwortung übernommen wird. Verantwortungsobjekte sind immer vergangene oder zukünftige – sind Teil retrospektiver oder prospektiver Verantwortungskonstellationen. Die *Instanz* stellt neben Subjekt und Objekt die bekannteste und am wenigsten hinterfragte Relation der Verantwortung dar. Solange die Fähigkeit, Verantwortung tragen zu können, an Personalität geknüpft ist, kommen im eigentlichen Sinne weder unbelebte Gegenstände, Pflanzen, Tiere noch Kleinkinder als potenzielle Instanzen in Betracht. Die* *Adressat*in* der Verantwortung stellt ein häufig umstrittenes Relationselement dar und die in meinen Augen in der Tat unterschätzteste Relation der Verantwortung. Sie* ist das Gegenüber des Verantwortungssubjekts, die* Betroffene der fraglichen Verantwortlichkeit und definiert den Grund für das Vorhandensein derselben. Sie* muss nicht – im Gegensatz zur Verantwortungsinstanz – selbst potenzielle*r Verantwortungsträger*in sein können, hat nicht selbst die Kompetenzen für die Möglichkeit einer Verantwortungszuschreibung mitzubringen. Die *normativen Kriterien* stellen das Inwiefern, den Maßstab und normativen Bezugsrahmen dar, nach dem in einem gegebenen Kontext darüber geurteilt wird, ob die fragliche Person verantwortlich gehandelt hat. Sie definieren Verantwortungsbereiche, in denen jemand – begrenzt durch Normen – Rede und Antwort steht. Je nach Kontext, abhängig von dem Set an Kriterien, die der fraglichen Verantwortlichkeit zugrunde liegen, handelt es sich dabei um bspw. den strafrechtlichen, politischen, moralischen oder wirtschaftlichen Raum und demzufolge um eine strafrechtliche, politische, moralische oder wirtschaftliche Verantwortung.

2. Was ist Roboterethik?

Innerhalb der noch jungen Bereichsethik der Roboterethik sind zwei Felder zu unterscheiden: Die einen fragen danach, inwiefern Roboter als sogenannte „moral patients" zu verstehen sind, also passiv als Träger*innen moralischer Rechte, bzw.

---

[4] Ursprünglich stammt der Terminus von Christian Neuhäuser, der ihn allerdings nicht genauer definiert hat (Neuhäuser 2014).

inwiefern ihnen ein moralischer Wert zukommt. Die anderen interessieren sich dafür, ob und ggf. inwiefern Roboter sogar „moral agents" sein könnten, also aktiv Träger*innen moralischer Pflichten bzw. moralische Handlungssubjekte. Beide Arbeitsbereiche ergänzen einander und Verantwortung ist in beide jeweils unterschiedlich einzubinden, wie in 3.1 und 3.2 gezeigt wird. Die Gruppe der moral agents ist gegenüber der der moral patients exklusiver; für gewöhnlich zeichnen wir nur Menschen (und längst nicht alle) mit Moralfähigkeit im genuinen Sinne des Wortes aus – einige Menschen wie bspw. Kinder und solche mit spezifischen geistigen und körperlichen Einschränkungen können temporär oder sogar generell von ihrer Moralfähigkeit ganz oder teilweise entschuldigt werden.

Einer ganzen Reihe von Wesen und Dingen wie z.B. Tieren, Pflanzen, aber auch Gegenständen wie dem teuren Auto, dem Smartphone oder Haus wird indes ein moralischer Wert zugeschrieben – zumindest in dem Sinn, dass diese Entitäten moralisch bedenkenswert sind, wenn ihnen vielleicht auch kein Eigen- sondern nur ein hoher instrumenteller Wert beigemessen wird. Als moralisches Handlungssubjekt hat man zugleich einen Platz im Kreis der Wertträger*innen – dies gilt allerdings nicht umgekehrt. Lebewesen und Gegenständen kann man abhängig von der Perspektive einen moralischen Wert zuschreiben; eine anthropozentrische Position argumentiert bspw. dafür, dass nur dem Menschen ein Eigenwert zukommt, weitere Ansätze stellen der Patho-, der Bio- und der Physiozentrismus dar.

Innerhalb des Arbeitsbereichs zu Robotern als Wertträger*innen wird das menschliche Verhalten gegenüber artifiziellen Systemen in den Blick genommen. Hier geht es darum, wie mit Robotern umzugehen ist und inwiefern ihnen (ggf. analog zu Tieren und kleinen Kindern) ein moralischer Wert zukommt, selbst wenn man sich darüber einig sein sollte, dass sie selbst nicht zu moralischem Handeln in der Lage sind. In dieses Themenfeld fallen alle Fragen, die artifizielle Systeme als Werkzeuge oder als Ergänzungen des Menschen verstehen, wie bspw. bei der Formulierung von Ethikkodizes in Unternehmen die Frage, inwiefern Beziehungen zu und mit Robotern denkbar und wünschenswert sind, inwiefern man Roboter ‚versklaven' kann und wie der Einsatz von artifiziellen Systemen zu Therapiezwecken zu beurteilen ist. Innerhalb dieses Arbeitsbereichs verbleibt die moralische Kompetenz und Kompetenzkompetenz bei den menschlichen Designer*innen (und u.U. auch Nutzer*innen) artifizieller Systeme. Die menschlichen ‚Eltern' entscheiden über die Moral ihrer Geschöpfe und darüber, wer im Falle eines Unfalls Verantwortung trägt. Auf die Möglichkeiten einer Verantwortungszuschreibung in solchen Fällen reduzierter oder nicht vorhandener Verantwortungskompetenzen (Kommunikations- und Handlungsfähigkeit sowie Urteilskraft) komme ich unter dem Schlagwort der Verantwortungsnetzwerke in Abschnitt 3.2 zu sprechen.

Innerhalb des Arbeitsfelds zu Robotern als moralischen Handlungssubjekten fragt man bspw. danach, inwiefern Roboter zu moralischem Handeln in der Lage sind, und folglich, über welche Kompetenzen sie in welchem Maße dafür verfügen müssen. Interessieren sich die einen in diesem Bereich eher für die Zuschreibung von Freiheit als Bedingung für moralisches Handeln, befassen sich andere eher mit kognitiven Kompetenzen (Denken, Verstehen, Geist, Intelligenz, Bewusstsein, Wahrnehmung und Kommunikation) und wieder andere mit Empathie und Emotionen (hierzu Abschnitt 3.1). Beiden Arbeitsfeldern innerhalb der Roboterethik liegt die Frage zugrunde, was Moral bzw. was Ethik ist und wie moralische Urteile gefällt werden.

3. Verantwortung in der Mensch-Maschine-Interaktion

Häufig wird die Möglichkeit einer Verantwortungsübernahme von artifiziellen Systemen mit dem Verweis auf die Kompetenzen als Bedingung für die Zuschreibung von Verantwortung bestritten, die bei den fraglichen Maschinen nicht vorlägen: Roboter würden weder über Urteilskraft, Handlungsfähigkeit, Autonomie noch über sonstige Fähigkeiten verfügen, die für die Übernahme von Verantwortung eine Rolle spielten. Wendell Wallach und Colin Allen formulieren in *Moral Machines. Teaching Robots Right from Wrong* (2009) den Ansatz der funktionalen Äquivalenz, mit dem dieses Problem mangelnder Kompetenzen bei artifiziellen Systemen umgangen werden kann. Die beiden folgenden Abschnitte nehmen die Rolle der Verantwortung in den beiden Arbeitsfeldern der Roboterethik – Roboter als moral agents bzw. Handlungssubjekte (Abschnitt 3.1) und Roboter als moral patients bzw. Handlungsobjekte (Abschnitt 3.2) – in den Blick.

3.1 Roboter als Handlungssubjekte – Wallachs und Allens Ansatz funktionaler Äquivalenz

Indem Wallach und Allen die Frage stellen, inwiefern Roboter als artifizielle moralische Akteure zu verstehen sind, definieren sie „moral agency" als graduelles Konzept mit zwei Bedingungen, nämlich Autonomie und Empfänglichkeit bzw. Empfindlichkeit für moralische Werte („sensitivity to values"; 2009, S. 25). Menschen gelten als moralische Akteure im genuinen Sinne, allerdings sind einige Maschinen – bspw. ein Autopilot, oder das artifizielle System Kismet – operationale moralische Akteure. Sie sind autonomer und ethisch empfänglicher als manch ein anderes nicht-mechanisches Werkzeug wie z. B. ein Hammer, und dennoch verbleiben sie immer noch „totally within the control of [the] tool's designers and users" (ebd., S. 26). Nur besondere artifizielle Systeme haben bereits den Status funktionaler moralischer Akteursfähigkeit – so wie bspw. das medizinische ethische Expertensystem MedEthEx. Funktionale Moralität bedeutet, dass das fragliche artifizielle System insofern entweder autonomer und/oder Werte-sensitiver ist, als ein operationaler moralischer artifizieller Akteur, als funktionale moralische Maschinen „themselves have the capacity for assessing and responding to moral challenges" (ebd., S. 9).

Mit ihrem Ansatz funktionaler Äquivalenz einer graduellen Zuschreibung von Kompetenzen und Fähigkeiten beschreiben Wallach und Allen eine Version der schwachen KI-These, der an der Simulation spezifischer Kompetenzen in artifiziellen Systemen gelegen ist und nicht daran, Maschinen tatsächlich im genuinen Sinne des Wortes mit Intelligenz, Bewusstsein und Autonomie zu konstruieren (starke KI, irrtümlich auf Turing zurückgeführt). Funktionale Äquivalenz bedeutet, dass spezifische Phänomene verstanden werden, „als ob' sie – um das Kant'sche Vokabular der regulativen Ideen zu nutzen – kognitiven, emotionalen oder anderen Kompetenzen und Fähigkeiten entsprechen. Es sei an dieser Stelle daran erinnert, dass dieses Argument bereits auf Menschen zutrifft, spätestens allerdings auf Tiere. Bezüglich anderer Menschen sind wir generell bereit, prima facie Fähigkeiten wie Vernunft, Bewusstsein und Willensfreiheit zu statuieren, wenn auch keine Garantie dafür besteht, dass die fraglichen Individuen tatsächlich mit besagten Kompetenzen ausgestattet sind. Die Frage, inwiefern artifizielle Systeme irgendwann in der Tat intelligent, bewusst oder autonom im Sinne der starken KI-These genannt werden können, wird durch die Frage ersetzt, in welchem Ausmaß und Umfang die fraglichen Kompetenzen der Funktion entsprechen, die sie innerhalb der moralischen Evaluation spielen – in diesem Fall dem Verantwortungskonzept.

Obwohl Wallach und Allen den Übergang von operationaler über funktionale bis hin zu voller bzw. genuiner Moralzuschreibung in Abhängigkeit von den vorliegenden Kompetenzen (Autonomie und moralische Sensitivität) graduell denken, bleibt es doch schwer vorstellbar, wie (zumindest in der nahen Zukunft) ein artifizielles System ein funktionales Äquivalent zu der genuin menschlichen Fähigkeit „second order volitions" (Frankfurt 1971) zu bilden entwickeln könnte bzw. zu der Fähigkeit, als „self-authenticating sources of valid claims" (Rawls 2001, S. 23) über selbst gesetzte moralische Prämissen und Prinzipien zu reflektieren.

Schauen wir uns zwei Beispiele an: Der Roboter Cog ist als Beispiel für einen in sehr schwachem Maße funktional verantwortlichen Akteur zu sehen, insofern seine Kommunikationsfähigkeit und seine Urteilskraft deutlich ausgeprägt sind. Und was noch wesentlicher erscheinen mag – seine Handlungsfähigkeit bzw. Autonomie ist aufgrund eines „unsupervised learning algorithm" (Brooks et al. 1999, S. 70) sehr komplex. So beginnt Cog, ohne, dass er zuvor in dieser Weise programmiert worden wäre, ein Spielzeugauto nur noch von vorne oder hinten anzustoßen, um es in Bewegung zu versetzen, nachdem er durch mehrere Versuche feststellen konnte, dass es sich nicht bewegt, wenn es von der Seite angestoßen wird. Cog lernt durch Erfahrung, und vielleicht ist es gerade diese (in seinem Fall in der Tat begrenzte) Fähigkeit zu lernen, die es uns erlaubt, ihn als einen schwachen funktionalen Akteur zu verstehen oder aber als immerhin stark operational verantwortlich. Cog verantwortungsbefähigt zu nennen, ist wohl vergleichbar damit, einem jungen Kind Verantwortung zuzuschreiben.

Autonome Fahrassistenzsysteme lassen sich hingegen als ein Beispiel für operational verantwortliche Akteure anführen, denn zwar mögen ihre Kommunikationsfähigkeiten und Urteilskraft ähnlich entwickelt sein wie die von Cog oder sogar weiter. Allerdings ist die Handlungsfähigkeit bzw. Autonomie autonomer Fahrassistenzsysteme aus guten Gründen in strengen Grenzen gehalten; sie können nicht lernen.

Insofern es um verschiedene Bereiche der Verantwortungszuschreibung geht (moralische, rechtliche, politische Verantwortung), ist ein artifizielles System dann autonom (bzw. handlungsfähig) zu nennen, wenn es die Kriterien funktionaler Moralzuschreibung erfüllt. Eine generelle Modifikation der implementierten algorithmischen Strukturen ist wohl bei keinem artifiziellen System im selben Ausmaß wie im Rahmen der menschlichen Entwicklung vorstellbar, von der Wünschbarkeit ganz zu schweigen. Trotzdem mutet vor dem Hintergrund des gerade Gesagten der Einwand trivial an, dass artifizielle Systeme letztlich immer programmiert sind. Denn auch Menschen sind für gewöhnlich nicht zu allem in der Lage, sondern bleiben in ihren Möglichkeiten ebenfalls beschränkt, selbst wenn man ihren adaptiven Spielraum sehr viel größer einschätzt als der eines noch so komplexen Roboters jemals sein könnte.

Die besten Aussichten auf artifizielle Verantwortungszuschreibung gewähren evolutionäre Lernmodelle; maschinelles Lernen wird hier äquivalent zum kindlichen Lernen untersucht. Diese Ansätze beruhen auf einer meta-ethischen Annahme über die Kontextsensitivität von Moral. Moralisches und verantwortliches Handeln bedarf der Erfahrung und eines situativen Urteilsvermögens. Beides kann sich ein artifizielles System nur verkörpert aneignen. In den 1990er Jahren war es u.a. Brooks, der als einer der ersten das Zusammenwirken von artifiziellem System und Umwelt als Bedingung für die Entwicklung von Vermögen und Kompetenzen betrachtete und von dieser Annahme ausgehend das Feld der „behavior-based robotics" begründete. Zahlreiche Projekte, die sich an dem Ansatz verkörperten menschlichen Lernens orientieren – wie bspw. die Lernplattformen iCub, Myon, Cb^2, Curi, Roboy (die im Detail unterschiedlichen evolutionsbasierten Ansätzen folgen) –, entwickeln Systeme, die sich ähnlich Kindern Kompetenzen aneignen, aus denen sie dann in spezifischen Kontexten konkrete Handlungsprinzipien ableiten. Bislang ist maschinelles Lernen jedoch nur in nicht moralischen bzw. schwach moralischen Kontexten möglich. Von Verantwortungsübernahme ließe sich also bislang nur in einem nicht (rein) moralischen (vielleicht juristischen) Sinne sprechen.

3.2 Roboter als Handlungsobjekte – Verantwortungsnetzwerke

Im vorherigen Abschnitt wurde über Wallachs und Allens Ansatz funktionaler Äquivalenz festgestellt, dass artifizielle Systeme bislang nicht als Verantwortungsakteure zu identifizieren sind, insofern die zur Verantwortungszuschreibung nötigen Kompetenzen (Kommunikations- und Handlungsfähigkeit, sowie Urteilskraft) nur in einem schwach funktionalen oder gar nur in einem operationalen Sinne äquivalent simuliert werden können. Da wir Roboter gegenwärtig nicht im exklusiven Kreis der moral agents finden, stelle ich nun ein paar Überlegungen dazu an, welche Rolle dem Verantwortungsphänomen innerhalb des Arbeitsfeldes der Roboterethik zu artifiziellen Systemen als moral patients zuzugestehen ist.

Wie bereits festgestellt, ist unser traditionelles Verständnis von Verantwortung insofern ein stark individualistisches, als wir immer ein Subjekt benötigen, das als Verantwortungsträger*in fungiert. Das ist auch bei der Zuschreibung kollektiver

Verantwortung der Fall und schließlich auch dann, wenn wir bspw. Unternehmen Verantwortung zuschreiben. Nur dann ist die Zuschreibung von Verantwortung nicht oder zumindest nur metaphorisch möglich, wenn die potenziellen Subjekte die nötigen Kompetenzen nicht oder nicht hinreichend ausgeprägt mitbringen. In Fällen, in denen wir Verantwortung zuschreiben wollen, aber die Subjektposition der fraglichen Verantwortlichkeit nicht besetzbar erscheint, haben einige Verantwortungstheoretiker*innen in den vergangenen Jahren behelfsmäßige Begrifflichkeiten zu entwickeln versucht, die ohne eine Bestimmung dieses Relationselements auskommen. Ich bin skeptisch, dass damit bzgl. der eigentlichen Aufgabe, die das Verantwortungskonzept hat, nämlich in intransparenten Kontexten, die durch komplexe Hierarchien und vielfach vermittelte Handlungsabläufe gekennzeichnet sind, für mehr Struktur, mehr Transparenz und Handlungsorientierung zu sorgen, geholfen ist. Schließlich suchen wir de facto immer nach einer* Träger*in (Singular oder Plural), die in der Lage sind, die eingeforderte Verantwortung zu schultern.

Jetzt scheint es allerdings in der Tat so zu sein, dass wir uns in Situationen wiederfinden, in denen einige der in das fragliche Geschehen involvierten Parteien die zur Verantwortungszuschreibung notwendigen Kompetenzen nicht oder nur in einem geringen Ausmaß mitbringen, wir aber dennoch die deutliche Intuition haben, dass es hier um Verantwortung geht, ohne doch zu wissen, wer nun in welchem Ausmaß zur Verantwortungsübernahme angesprochen sein kann. Nehmen wir das Beispiel autonomer Fahrassistenzsysteme, die in Abschnitt 3.1 als operational verantwortliche artifizielle Akteure eingestuft wurden, vergleichbar mit der Verantwortungsbefähigung eines Säuglings, Tieres oder eines sehr jungen Kindes. Das autonome Fahrassistenzsystem kann zwar ein moralisches Handlungsobjekt insofern abgeben, als es Teil unseres moralischen Universums und moralisch bedenkenswert ist, dass ihm ein instrumenteller Wert zugeschrieben wird – aber als moralischen Akteur in einem signifikanten (d. h. zumindest in einem funktionalen Sinne) lässt es sich nicht begreifen. Und dennoch wissen wir nicht so recht, ob wir es aus der ‚Verantwortungsrechnung' gänzlich entlassen können.

Für solche und vergleichbare Kontexte möchte ich den Begriff des Verantwortungsnetzwerkes von Christian Neuhäuser (2014) übernehmen und spezifizieren. Die diesen Überlegungen zugrundeliegende These lautet, dass wir all denjenigen Parteien in einer gegebenen Situation Verantwortung zuschreiben, die an dem fraglichen Geschehen beteiligt sind, in dem Maße, in dem sie die nötigen Kompetenzen zur Verantwortungszuschreibung mitbringen. Ein Verantwortungsnetzwerk trägt der Tatsache explizit Rechnung, dass sich innerhalb einer Verantwortungskonstellation in manchen Fällen Relationselemente überlagern können wie in dem Fall der Verantwortung der Eltern für ihre Kinder, in dem die Kinder (bzw. deren Wohlergehen) einerseits das Objekt besagter Verantwortlichkeit darstellen, andererseits auch die Adressat*innen.

Innerhalb des Verantwortungsnetzwerkes „Verantwortung im Straßenverkehr" gehören die autonomen Fahrassistenzsysteme ebenso dazu wie die* menschliche Fahrer*in, die Besitzer*innen, die Vertreiber*innen, die Programmierer*innen sowie die Designer*innen, aber auch die Öffentlichkeit, Jurist*innen, Fahrlehrer*innen und alle am Straßenverkehr Beteiligten. Verantwortungsnetzwerke haben häufig ungewöhnliche Ausmaße und bündeln in sich unterschiedliche Verantwortungsobjekte. Von Verantwortungsnetzwerken kann man dann sprechen, wenn man eigentlich – sehr schön zu veranschaulichen am Fall der Klimaverantwortung[5] – gar nicht mehr weiß, ob hier in einem gehaltvollen Sinn Verantwortung definiert werden kann, gerade weil bspw. die Bestimmung eines Subjekts schwierig erscheint oder aber sich keine eindeutige Instanz ausmachen lässt oder aber die normativen Kriterien nicht benannt werden können. In einem Verantwortungsnetzwerk erfüllen die involvierten Parteien unterschiedliche Funktionen bzw. besetzen manchmal mehrere Relationspositionen zugleich, sind einmal die Verantwortungssubjekte, in einem anderen Fall die Instanzen und wieder in einem anderen Fall das Objekt und vielleicht zugleich Adressat*innen einer Verantwortlichkeit.

Es wäre äußerst schwierig, ein oder mehrere konkrete Verantwortungssubjekte für die Verantwortung im Straßenverkehr auszumachen, da diese viel zu umfassend ist, als dass eine Person oder eine geringe Anzahl Einzelner dafür Rede und Antwort stehen könnte. Als Verantwortungsnetzwerk „Verantwortung im Straßenverkehr" werden hier jedoch mehrere Verantwortungsbereiche – bspw. moralische, juristische und politische Verantwortlichkeiten (definiert über moralische, juristische und politische Normen) – umfasst. Der Straßenverkehr stellt nur das übergeordnete Verantwortungsobjekt dar, für das nicht eine oder mehrere Personen gehaltvoll ‚die' Verantwortung tragen, das sich jedoch in unterschiedliche weniger komplexe Verantwortungsgegenstände ausdifferenziert, für die dann die unter-

---

[5] Vgl. ausführlich Sombetzki 2014, Kapitel 13.

schiedlichen Parteien jeweils eine spezifische Verantwortung übernehmen. Verantwortung für den Straßenverkehr kann in einem Fall die Sicherheit der am Straßenverkehr beteiligten Menschen bedeuten, in einem anderen Verständnis die Verantwortung dafür, schnell und effizient von A nach B zu gelangen und in noch einem anderen Fall die Verantwortung dafür, dass die moralischen und ethischen Herausforderungen, die mit einer Beteiligung am Straßenverkehr einhergehen, hinreichend diskutiert bzw. denjenigen, die sich am Straßenverkehr beteiligen, mit hinreichender Ausführlichkeit zuvor deutlich gemacht wurden. Über die beschriebenen (und zahlreiche weitere) Teilverantwortungsgegenstände wird bereits nachvollziehbar, dass wir jeweils ganz unterschiedliche Subjekte in unterschiedlichem Ausmaß dafür zur Verantwortungsübernahme ansprechen würden, dass es jeweils unterschiedliche Instanzen, Adressat*innen und Normen sind, die zur Konkretisierung der jeweiligen Verantwortlichkeit zu definiert werden verlangen.

Gegenwärtig wird ein autonomes Fahrassistenzsystem, das nur in einem operationalen Sinne als sehr schwacher Verantwortungsakteur identifizierbar ist, die Subjektposition einer Verantwortlichkeit innerhalb des Verantwortungsnetzwerkes „Verantwortung im Straßenverkehr" nicht besetzen können, da es immer potenziell qualifiziertere Verantwortungssubjekte gibt. Allerdings ist denkbar, es als Verantwortungsobjekt und als Adressat in eine oder mehrere der Verantwortlichkeiten dieses Verantwortungsnetzwerkes einzubinden. In dieser Weise kann Verantwortung im Bereich der Roboterethik, die sich mit artifiziellen Systemen als Wertträger*innen befasst, letztlich alle denkbaren Maschinen in etwaige Verantwortungskonstellationen integrieren.

Fazit und Ausblick
Liegen die nötigen Bedingungen für Verantwortungszuschreibung im klassischen Sinne nicht vor, lässt sich nach dem Ansatz funktionaler Äquivalenz Verantwortung bislang nur als juristische, soziale, politische und wirtschaftliche operationale (und ggf. auch funktionale) Verantwortung denken, nicht aber als moralische operationale oder funktionale Verantwortung. Es tragen immer noch die beteiligten Menschen die erste Verantwortung, die sie wohl auch nie gänzlich abgeben – zumindest so lange nicht, wie wir in Menschen die einzigen genuinen moralischen Akteure sehen. Sollten wir irgendwann von funktionaler Verantwortung bei einigen sehr komplexen Maschinen sprechen können, wäre denkbar, dass Menschen zu

diesen immer noch in einem ähnlichen Verhältnis stehen, wie Eltern zu ihren fast erwachsenen Kindern. In Unfallsituationen könnten solche außergewöhnlichen funktionalen Verantwortungssubjekte ihre menschlichen ‚Eltern' in Sachen Verantwortungszuschreibung zum Teil entlasten – wenn ihnen auch nicht die Verantwortung gänzlich abnehmen. Gegenwärtig lassen sich artifizielle Systeme immerhin bereits eindeutig als Verantwortungsobjekte und -adressat*innen in Verantwortungsnetzwerke einbinden.

Literatur

Brooks, R. A., Breazeal, C., Marjanović, M., Scassellati, B., Williamson, M. M. (1999). The Cog Project. Building a Humanoid Robot. In C. Nehaniv (Hrsg.). *Computation for Metaphors, Analogy, and Agents* (S. 52-87). LNCS.
Frankfurt, H. (1971). Freedom of the Will and the Concept of a Person. *Journal of Philosophy* 68/1, 5-20.
Loh, J. (2017). Strukturen und Relata der Verantwortung. In L. Heidbrink, C. Langbehn, J. Loh (Hrsg.), *Handbuch Verantwortung*. Wiesbaden: Springer VS.
Neuhäuser, C. (2014). Roboter und moralische Verantwortung. In E. Hilgendorf (Hrsg.), *Robotik im Kontext von Recht und Moral* (S. 269-286). Baden-Baden: Nomos.
Rawls, J. (2001). *Justice as fairness. A restatement*. Harvard University Press.
Sombetzki, J. (2016): Roboterethik. In M. Maring (Hrsg.). *Zur Zukunft der Bereichsethiken. Herausforderungen durch die Ökonomisierung der Welt* (S. 355-379). Karlsruhe: KIT Scientific Publishing, Band 8 der ZTWE-Reihe.
Sombetzki, J. (2014). *Verantwortung als Begriff, Fähigkeit, Aufgabe. Eine Drei-Ebenen-Analyse*. Wiesbaden: Springer VS.
Wallach, W., Allen, C. (2009). *Moral Machines. Teaching Robots Right from Wrong*. New York: Oxford University Press.

Zukunft der Mobilität[1]

Rainer Königstedt

Was verstehen wir unter Mobilität und was bedeutet sie für den Alltag? Der folgenden Artikel stellt nach einer Analyse der derzeitigen Mobilität zwei Zukünfte vor, die „Technische Mobilität" aus heutiger Sicht von Forschung, Industrie und Wirtschaft und ihr gegenübergestellt die sogenannte „Menschliche Mobilität"

Definition der Mobilität
Die Begriffe *persönliche Mobilität* und *dingliche Mobilität* definieren unsere alltägliche Mobilität. Zum einem der Mensch als sich bewegendes eigenständiges Individuum, zum anderen der Transport von Gütern, denn Nahrungsmittel und Rohstoffe wie Wasser und Brennstoffe dienen unserer Grundversorgung. Mobilität ist für den Menschen existenziell. Er benötigt ärztliche Hilfe, Arbeit und Ausbildung verlangen ein Minimum an Mobilität. Als soziales Wesen benötigt er Kontakte, besucht Familie, Verwandte und Freunde. Wie essentiell Mobilität ist, zeigt der Leidensdruck, wenn sie erschwert oder versagt wird. Eingeschränkte Mobilität im Alter oder aufgrund gesundheitlicher Probleme, Mobilitätsentzug als Strafe in Form von Freiheitsentzug. Aber auch Mobilität als Chance für Flüchtlingsströme, die sich von Arm nach Reich und von Gefährlich nach Sicher auf den Weg begeben. Mobilität bedeutet Freiheit. *Gewollte* Mobilität und damit verbundene Aktivitäten lassen uns Kultur genießen, „Shoppen", Sport treiben und in den Urlaub fahren. Beim Konsum und den dafür notwendigen Transporten unterscheiden wir ebenfalls zwischen „*lebensnotwendig*" und „*hätte ich gerne*". *Gewollte* Mobilität ist grundsätzlich für ein erfülltes Leben erforderlich, aber eine Beschränkung gefährdet per se nicht das Leben und Überleben. Aber gerade die gewollten Handlungen und Dinge lassen uns glücklicher leben, wie schon der Philosoph Epikur (341 – 271 v.Chr.) bemerkte.

Analyse der Mobilität
Grundlage der Mobilität sind verkehrstechnische Strukturen, die unsere Beweglichkeit vereinfachen und den Aktionsradius erweitern.

---

[1] Zur besseren Lesbarkeit wird die Form * für m/w/d verwendet.

Für den Ausbau investieren Staat und Konsortien in neue Fernstraßen, ICE-Trassen und Flughäfen. Die bereits vorhandenen Infrastrukturen geben Anlass zur Besorgnis, sie werden vernachlässigt und fahren auf Verschleiß. Das Schienennetz der Bahn ist größtenteils mehr als 100 Jahre alt, die Taktraten des ÖPNV außerhalb von Städten und Großräumen inakzeptabel. Fahrbahnen gleichen Flickenteppichen, halbherzige Straßenmarkierungen ersetzen fehlende Radwege. Aber wie und warum bewegen wir uns überhaupt?

Im Personenverkehr sind täglich 85% der Bundesbürger[+] unterwegs. Dabei werden im Schnitt 3,4 Wege absolviert, wobei der Großteil (34%) beruflich bedingt ist. 30% dienen Einkaufen und Erledigungen, die restlichen Wege der Freizeit. Durchschnittlich liegt der tägliche Zeitaufwand bei 80min und einer Strecke von 39km, was einen Schnitt von unter 30km/h ergibt. Für alle Strecken ist der PKW mit einem Anteil von 57% das Verkehrsmittel der Wahl. Aber überraschender Weise wird ein Drittel der Wege zu Fuß oder mit dem Fahrrad absolviert. Abgeschlagen zeigen sich hingegen der ÖPNV und die Bahn. Eine Umfrage[2] von 2017 zeigt, dass der PKW deutlich den Öffentlichen Verkehrsmitteln vorgezogen wird. Was sind die Ursachen? Das System, der Preis, die Zuverlässigkeit oder der Komfort?

In Deutschland transportieren LKWs alleine 79% der jährlichen 4,6 Mrd. Tonnen Güter. Nur acht Prozent befördert die Bahn und elf Prozent die Schifffahrt. Die restlichen 2% transportieren Pipelines, z.B. Öl und Gas. Der Anteil der Luftfahrt innerhalb Deutschlands liegt unter 1%[3].

Transporte erfolgen nach den Gesetzen der freien Marktwirtschaft, d.h. so billig wie möglich. Kurioserweise spielen Entfernungen eine untergeordnete Rolle, denn niedrige Lohnkosten werden mit importiert. Ende 2015 waren 30% der in Deutschland fahrenden ausländischen Lkw in Billiglohnländern registriert.[4]

Konsum und Waren reflektieren unseren Wohlstand, der durch den Export hochpreisiger Güter und dem Import günstiger (produzierter) Erzeugnisse bedingt ist. Doch wo sich früher der Mensch bewegte, lässt er nun bewegen. Die Sache wird mobil: Einkaufen von zuhause, Onlinehandel und Lieferservice. Durch den rasant wachsenden Onlinehandel werden allein in Deutschland 3,3 Mrd. Pakete jährlich befördert. Schätzungen, wie viele Rücksendungen pro Jahr unterwegs sind,

---

[2] Kurzreport Mobilität in Deutschland, Version 1.1 6/2018.
[3] Straßengüterverkehr in Deutschland, Statistisches Bundesamt 2018.
[4] welt.de/wirtschaft/ „*Die unaufhaltsame Osteuropäisierung der Autobahn*", 11.5.2016.

schwanken zwischen 144 Mio. und fast 290 Mio., Tendenz steigend[5]. Aneinander gereiht reichen die Retourenpakete fast dreimal um die Erde, wobei sie so viele klimaschädliche Abgase verursachen wie 1.400 Autofahrten von Hamburg nach Moskau[6]. Pro Tag.

Auf der Straße werden 60% unserer persönlichen Mobilität absolviert und 80% der Güter befördert. Stellenweise in einer gewissen egoistischen Form. Ohne Tempolimit, schneller und weiter. Waren sollen innerhalb von 24 h und ohne Versandkosten ausgeliefert werden.

Zukunft I: Der Technische Ansatz

Derzeit diskutieren Industrie und Wirtschaft die kommende Mobilität größtenteils unter dem Aspekt „nur noch mit Strom", d.h. die sogenannte Elektromobilität. Das ist zu kurz gedacht, denn nur durch Änderung des Antriebsmotors werden der Verkehr nicht geringer und die benötigten Infrastrukturen nicht entlastet. Das Gegenteil könnte eintreten: Mit dem Zusatz „umweltfreundlich" mobil zu sein, sinkt die Hemmschwelle, sich noch häufiger motorisiert zu bewegen.

Jeder zweite Bundesbürger+ verfügt über ein eigenes Auto und 2016 kamen auf 3,35 Mio. neu zugelassenen PKWs nur 11.400 Elektroautos, was einer Quote 0,7% entspricht. Ein Jahr später wurden zwar doppelt so viele Elektroautos zugelassen, aber am Anteil der Zulassungen änderte sich nichts. Lediglich bei den hybriden Antrieben (z.B. Benzin + Elektro) erhöhte sich der Anteil mit 85.000 Einheiten auf 2,4%[7].

Dagegen boomen Elektrofahrräder, sogenannte „*e-bikes*" oder „*pedelecs*", von denen 2017 über 720.000 in Deutschland verkauft wurden[8]. Elektrofahrräder ermöglichen Menschen im Alter oder mit körperlichen Einschränkungen größeren Aktionsradius und eine intensivere Teilnahme am gesellschaftlichen Leben. Aber wie viele dieser e-Bikes ersetzen die Benutzung des PKW? Wie viele e-Bike-Touren sind Vergnügungsfahrten und kommen als zusätzlicher Energieverbraucher dazu?

Neu im elektrisierten Mobilitätsszenario ist der LKW. Damit er seine Ladungskapazität ganz der Fracht widmen kann, versorgt ihn eine Oberleitung mit Strom,

---

[5] faz.net.de, „*Was tun mit Retouren*", Angaben BV Versandhandel und Uni Bamberg, 14.6.2018.
[6] zeit.de, „*Verflixte Retouren*", 3.4.2014.
[7] Kraftfahrbundesamt 2018, de.statista.com.
[8] ziv-zweirad.de, Pressemitteilung, 3/2018.

zusätzlich verfügt er immer noch über einen Dieselmotor nebst Tank. Anfang 2019 wird eine Teststrecke zwischen Darmstadt und Frankfurt in Betrieb genommen: *„Ziel des Feldversuchs ist es, den mehr werdenden Güterverkehr klimaverträglich zu gestalten. An der Elektrifizierung des Lkw-Verkehrs führt deshalb gar kein Weg vorbei".* So das Umweltministerium in Berlin[9]. Um das System energetisch effizienter zu gestalten, hängen die Fahrzeuge im so genannten *Platooning* aneinander, d.h. in einer dichten Kolonne mit lediglich einem aktiven Fahrer* im vordersten Fahrzeug, die hinteren LKWs sind elektronisch angekoppelt. Ein Fahrer*, viele Anhänger, das kennen wir von der Schiene: Ein Lokführer* und 30 Güterwaggons, denn Elektromobilität ist primär die Domäne des Schienenverkehrs. Statt Autobahnen mit Oberleitungen aufzurüsten, sollte das Streckennetz der Bahn final elektrifiziert werden, denn es ist zur Hälfte immer noch stromlos. Die Bahn legt aber seit Jahren Strecken still (alleine seit 1994 ca. 5.000km), wovon 80% Güteranschlussgleise abgebaut wurden[10]. Selbst den Gleisschotter transportieren mittlerweile Laster an die Streckenbaustellen der Bahn.

Eine weitere neue Art des Gütertransports sehen Versender und Logistikunternehmen im Einsatz von Drohnen, um überfüllten Straßen der Innenstädte ausweichen zu können und abgelegene Gebiete zu erreichen. In Ruanda baute DHL ein Versorgungsnetz auf, um die Bevölkerung mit Medikamenten zu versorgen[11]. Auch für die Halligen in der Nordsee ist es eine wertvolle Technik, denn Drohnen können noch fliegen, wenn Fähren bereits wegen schlechter Wetters im Hafen bleiben müssen. Die nächste Stufe sieht den Personentransport via Drohne vor und nach einer Umfrage würde fast jeder zweite Deutsche in ein solches Flugtaxi steigen.

Was bei schienengebundenen Systemen seit Jahren störungs- und fast unfallfrei funktioniert, ist das autonome Fahren. Die Aussage für den Straßenverkehr, *„Mit den autonomen Fahrzeugen wird das Fahren sicherer, 90% aller Unfälle sind menschlicher Natur"*[12], gilt es permanent abzugleichen, denn Unfälle mit Autos von Google und Tesla in den USA zeigen, dass hier technisch Nachbesserungsbedarf besteht[13]. Aber selbst, wenn zukünftig komplett autonom gefahren wird, sind Unfälle mit Verletz-

---

[9] fnp.de, Frankfurter Neue Presse, „*Oberleitungs-LKW fahren im Test auf der A5*", 2.2.2017.
[10] general-anzeiger-bonn.de, „*Verkehrsforscher: Wir brauchen eine Verkehrswende*" 9.11.2015.
[11] Deutsche Apotheker Zeitung, „*DHL testet Arzneimitteldrohne in Afrika*" 4.10.2018.
[12] mckinsey.com, *"Ten ways autonomous driving could redefine the automotive world"* 21.6.2017.
[13] Ingnieur.de, „*Immer wieder Unfälle mit autonomen Autos*", 29.3.2018.

ten oder gar Toten nicht immer menschlicher Natur? Die Opfer werden Menschen bleiben. Die *Täter* heißen jedoch nicht mehr Fahrer*, sondern Programmierer*. Deswegen stellte die Ethik-Kommission des Bundes einige Regeln[14] für das autonome Fahren auf, u.a.:

- *„Das automatisierte Fahren ist ethisch geboten, wenn die Systeme weniger Unfälle verursachen als menschliche Fahrer"*; *„Der Schutz menschlichen Lebens hat immer höchste Priorität".*
- *„Bei unausweichlichen Unfallsituationen ist jede Qualifizierung von Menschen nach persönlichen Merkmalen unzulässig".*
- *„Es muss jederzeit geregelt sein, wer für das Fahren zuständig ist: Mensch oder Computer".*
- *„Der Fahrer muss selbst über Weitergabe und Verwendung seiner Daten entscheiden können".*

Die aktive Fahrzeugdichte in den Städten erhöht sich mit autonomen Fahrzeugen[15], lediglich die benötigten Park- und Abstellplätze der PKWs reduzieren sich, da autonome Fahrzeuge als „Dauertaxis" rund um die Uhr unterwegs sind. Die heute verfügbaren Techniken zeigen, dass autonomes Fahren prinzipiell funktioniert. Es bleibt Aufgabe der Verantwortlichen, wo und wie sie sinnvoll einzusetzen sind.

Der Verkehr nimmt dennoch weiter zu: Innenstadtbewohner*, die bisher über kein Fahrzeug verfügten, bekommen dank Carsharing die Möglichkeit selber zu fahren. Gleichzeitig steigen ÖPNV-Nutzer auf Fahrdienste wie UBER oder myBUS um, weil es bequemer, schneller und günstiger ist.

Mit der Idee, sämtliche Verkehrsmittel und Mobilisten miteinander zu vernetzen, soll Mobilität effektiver und somit das Verkehrsaufkommen reduziert werden. Künstliche Intelligenz (KI) berechnet das optimale Verkehrsmittel, gleicht verfügbare Einheiten ab und spricht Empfehlungen aus. Eine APP lotst zum gebuchten PKW oder ordert das autonome Taxi. Die Fahrradstation weist auf fehlende Leihräder hin und leitet zur nächsten Verleihstation. Mobile Systeme gleichen sich mit den immobilen Systemen (SmartHome) ab und drosseln bei Zugverspätung automatisch zuhause die Heizung. Deutsche Firmen wie Bosch, Continental, Siemens liefern die Sensorik, Steuerungs- und Regelungstechnik, während amerikanische Unternehmen wie Google, Apple und Amazon mit ihren gigantischen Datenmengen und -analysen vorgeben, wo die Reise hingeht. Bosch lenkt und Google denkt. Geben wir nicht gerade unsere Souveränität auf und werden entmündigt?

---

[14] Ethik-Kommission des Bundes, „*Automatisiertes und vernetztes Fahren*", Juni 2016.
[15] Patrick Neumann, Chefredakteur AUTOHAUS, 13.8.2018.

Wird diese Mobilität – wenn sie denn final digitalisiert und autonom ist – uns wirklich ein selbstbestimmtes Leben ermöglichen? Und wie ist unsere Privatsphäre geschützt?

Der Datenschutz ist nach wie vor das Stiefkind der vernetzten Mobilität. Er bleibt auf der Strecke, dafür kommen sehr viele Daten von der Strecke, vom Auto und seinem Fahrer*. Diese Daten nutzen nicht nur Hersteller und Werkstätten, da greifen zielgerichtet Versicherungen und Werbepartner zu. Eine Untersuchung der Stiftung Warentest[16] bescheinigte den zwölf größten Herstellern deutliche bis sehr deutliche Mängel beim Datenschutz. Das Sendeverhalten der PKWs ist durchweg als kritisch anzusehen. Die heutige Sammelwut von Google, Facebook und Co. hat bei Geheimdiensten schon länger Tradition. Während jedoch die Stasi damals sehr aufwendig ihr analoges Archiv unterhielt, bietet die heutige vernetzte digitale Welt ungeahnte Möglichkeiten. So der ehemalige CTO (chief technology officer) des CIA, Ira Hunt:

„Der Wert einer Information ist nur dann bekannt, wenn Du sie mit etwas Anderen verbinden kannst, was erst zu einem zukünftigen Zeitpunkt aufläuft. Da Du Informationen nicht verknüpfen kannst, die Du noch nicht hast, sammeln wir einfach alles, was wir sammeln können und behalten es für immer."[17]

Mangelnde Datensicherheit ist ein nicht zu unterschätzendes Risiko, für das es nie hundertprozentige Lösungen geben wird. Gefährlich sind bei einem hohen Grad der Vernetzung Cyberattacken auf Infrastrukturen, seien es Erpressungen, oder – politisch motivierte – gezielte Anlagensabotage. Allein der Schaden der deutschen Wirtschaft durch Hacker* lag 2017 bei 50 Mrd. €[18].

Ein Beispiel aus dem Verkehrsbereich: Welches Verkehrschaos löst bereits heute eine ausgefallene Ampel aus? Und jetzt soll alles miteinander vernetzt werden: Autos kommunizieren mit Ampeln und Verkehrsteilnehmern, der Fahrer* wird von einer freundlichen Stimme aufgefordert, sofort die Steuerung des Fahrzeugs zu übernehmen, weil der Bordcomputer den Überblick verloren hat. Können wir in der Situation noch reagieren und aktiv eingreifen, oder sind wir nicht überfordert?

Im Hinblick auf die Just-In-Time Philosophie träfe es das Transportwesen ungleich härter. Bereits heute genügen nur wenige Stunden Stillstand (Unwetter,

---

[16] Stiftung Warentest, Ausgabe 10/2017.
[17] huffingtonpost.com/2013/03/20/cia-gus-hunt-big-data_n_2917842.html.
[18] techfieber.de, *„50Mrd. Euro Schaden durch Hacker"*, 16.10.2018.

Streiks) und die Logistiksysteme benötigen Tage, bis die Warenströme wieder im Fluss sind. Unsere Strukturen werden durch diese geplante Vernetzung anfälliger und unsicherer.

Problematisch ist der nicht abzusehende Aufwand für den zu deckenden Energiebedarf dieser geplanten autonomen und vernetzten Mobilität. Wie muss ein entsprechendes Versorgungsnetz aussehen? Wie viele Solarkraftwerke, Windparks müssten gebaut und Leitungen verlegt werden, ohne auf Braunkohle und Atomstrom zurückgreifen zu müssen? Eine komplett digital vernetzte Infrastruktur benötigt sehr viel Energie und muss 24h an 365 Tagen redundant funktionieren. Allein eine Suchanfrage bei Google verbraucht so viel Energie, wie eine fünf Watt LED in 22 Minuten[19]. Das ist bei 64.000 Anfragen/s täglich eine gigantische Energiemenge[20]. Würde der derzeitige IT-Standard der Industrieländer weltweit hochskaliert werden, entspräche das 40% der gesamten erzeugten Kraftwerksleistung. Und bei dieser Hochrechnung sind noch keine Verkehrsmittel vernetzt!

Wir setzen auf erneuerbare Energien und beschließen hierzulande den Kohleausstieg. Gleichzeitig importiert Deutschland jährlich Millionen Tonnen Steinkohle. So sieht der reale Ausstieg aus der Kohleenergie aus. China setzt verstärkt auf E-Mobilität, weil seine Innenstädte mit Verkehr und Emissionen überlastet sind. Hauptenergielieferant ist in China nach wie vor Kohle. Alternative Wasserkraftwerke zeigen ungewünschte Nebeneffekte, dem Mekong wird wörtlich das Wasser abgedreht, ein Flussriese, der mit seinem fruchtbaren Schwemmland rund 250 Mio. Menschen mit Nahrung versorgt[21].

Mit nachwachsenden Rohstoffen wird dem Individualverkehr Umweltfreundlichkeit suggeriert. Dabei erzeugt der Anbau von Raps mehr klimaschädliche Gase, als der zehnprozentige Anteil des Biodiesels an Treibhausgasen einspart[22]. Deutschland importiert die Zutaten für Biosprit größtenteils aus Brasilien und Indonesien, wo die Anbauflächen für Ölpalmen durch Landraub gewonnen werden[23]. Diese Probleme sind weit weg von unseren sauberen Wohlstandsgesellschaften. Vielleicht müsste die Brennstoffzelle wieder aus dem Museum geholt werden, denn Wasserstoff lässt sich gut mit alternativen Energien herstellen, lagern und transportieren.

---

[19] welt.de, „*Wie das Internet zum Klimakiller wird*" 25.5.11.
[20] onlinemarketing.de, „*Mindestens 64.000 Anfragen pro Sekunde*", 29.5.2016.
[21] deutschlandfunk.de, „*Staudämme am Mekong schaden Mensch und Umwelt*", 27.2.2018.
[22] greenpeace.de, „*Biodiesel Mogelpackung auf Kosten der Umwelt*", 4.5.2008.
[23] Frankfurter Rundschau, „*Palmöl als Waldvernichter Nummer 1*", 12.12.2014.

Der Energieaufwand und Ressourcenverbrauch für jedes neu herstellte Auto steht in keinem Verhältnis zur weiteren Nutzung eines bereits gebauten Autos. Das sauberste Fahrzeug ist eines, das erst gar nicht gebaut wurde. Danach folgt das nur selten genutzte Auto. Am umweltschädlichsten ist das neue „saubere" Fahrzeug, das täglich zum Einsatz kommt[24].

Entspricht diese Vision unserer wirklichen Vorstellung von Mobilität? Oder ist es die Vorstellung von Industrie und Wirtschaft? Wo werden sozialgesellschaftliche Aspekte berücksichtigt? Politik und Wirtschaft diskutieren, wie Verkehr sauberer und sicherer werden kann. Wesentliche Antriebe dabei sind Begriffe wie *Klima* und *Umwelt*. Schlagworte der Industrie sind *Effizienz*, *Autonom* und *Vernetzen*. Unter wirtschaftlichen Aspekten heißt der Ansatz *Neue Märkte schaffen*, was unterstrichen wird mit Prognosen wie „*Steigerung um x Prozent*". Die Möglichkeit, den Verkehr generell zu reduzieren, wird nicht als wirkliche Alternative diskutiert.

Vergessene Alternativen

Zwischen 1969 bis 1979 wurde in Deutschland der Metrorapid einwickelt, erfolgreich getestet und später als Transrapid exportiert. Energetisch verbraucht ein ICE heutiger Bauart bei gleicher Transportleistung 30% mehr Strom. Ein Kurzstreckenflug hat einen viermal höheren Energieverbrauch[25], bei fast gleicher Reisezeit.

In Osteuropa noch im Einsatz: Oberleitungsbusse. Als Interimslösung für den nicht zu Ende gedachten Stromspeicherbedarf der batteriebetriebenen Elektromobilität (Lithiumgewinnung, Entsorgung) und faktisch überall nachrüstbar. Nicht gerade eine Zierde für das Straßenbild, aber unterstützend in der Sache.

Im Bereich Gütertransporte startete 1998 an der Ruhr-Universität Bochum das Projekt „*Transport- und Versorgungssysteme unter der Erde*". Das Ergebnis lautete *CargoCap*[26] zum automatisierten Stückguttransport durch unterirdische Rohrleitungen. Quasi eine überdimensionierte Rohrpost, deren erfolgreiche Prototypen die Machbarkeit und Vorteile aufzeigten. Leider konnte sich das System nicht durchsetzen, denn der Metrorapid bekam den Vorrang, *CargoCap* geriet aufs Abstellgleis. Dabei

---

[24] Zeit.de/mobilitaet/ „*So sauber ist das Elektroauto*", 16.1.2014.
[25] de.wikipedia.org/wiki/Transrapid.
[26] Ruhr-Uni-Bochum.de, „*Rohrpost unterm Ruhrgebiet*", 11.9.2002 siehe auch www.cargocap.de.

liegen seine Vorteile auf der Hand: Witterungsunabhängig, wartungsärmer und ohne zusätzliche Versiegelung der Fläche.

Für die Personenbeförderung in dichtbesiedelten Gebieten brachte der Bonner Verkehrsforscher Heiner Monheim Seilbahnen wieder ins Gespräch[27]. Für Megacitys stellen sie ein etabliertes Beförderungsmittel dar. Nicht nur für Messestandorte wie seinerzeit in Köln, Koblenz oder Lissabon. In Rio de Janeiro binden Seilbahnen die Randbezirke mit ein, um so die Straßen zu entlasten. Ein wesentlicher Vorteil der Seilbahnen ist die leicht zu realisierende Integration in bestehende Stadtbebauungen.

Zukunft II: Der menschliche Ansatz

Die menschliche Mobilität als Gegenstück zeigt statt technischer Ansätze mehr menschliche und soziale Züge. Nicht gelenkt von Industrie und Wirtschaft, sondern gelenkt vom Menschen und seinem Naturell. Das Naturell des Menschen in Bezug auf Mobilität ist das Gehen. Schon in der Umgangssprache mit Aussagen wie „*Ich gehe arbeiten*" die gleichbedeutend sind mit der Tatsache, dass ich Arbeit habe. Unabhängig wie man zur Arbeit kommt. Die Frage: „*Wie geht es Dir*"?

Warum erinnern wir uns nicht mehr an unsere natürliche Fähigkeit des Gehens? Kant und Nitzsche hätten ohne ihre ausschweifenden fußläufigen Spaziergänge und die verbundene Freiheit des Denkens nicht ihre richtungsweisenden *Gedanken-Gänge* zu Wege gebracht. Synonym für Freiheit und uneingeschränkte Mobilität ist das Gehen. Sind wir ehrlich: Wir gehen gerne! Das belegen Zahlen einer Umfrage „Mobilität in Deutschland" aus dem Jahre 2017[28]. Der Zuspruch für „das Gehen" liegt knapp über dem Zuspruch zum Autofahren. Über alle Altersgruppen hinweg stimmen deutlich über 30% der Aussage „*ich gehe gerne zu Fuß*" zu. Warum wird das nicht im Mobilitätsdiskurs aufgenommen? Dieses Ergebnis entspricht nicht den Erwartungen einer auf Automobilität gebauten Marktwirtschaft.

Lassen wir das Auto mal in seiner Garage: Welche *menschlichen* Erwartungen haben wir an Mobilität? „Ich gehe noch mal schnell Brot holen". Man *ging* das Brot holen. Offline, ohne Auto und in Echtzeit, ohne Bäcker-APP und Lieferservice. Der Laden um die Ecke, das geliebte „Eckstübchen". Wer kennt noch die klassischen Kioske, die letzte rettende Instanz für kaputte Glühbirnen und leere Füller?

---

[27] General-anzeiger-bonn.de „*Verkehrsforscher: Wir brauchen eine Verkehrswende*" 9.11.2015.
[28] Kurzreport Mobilität in Deutschland, Version 1.1 6/2018.

Kurze Wege, ihr Bäcker, ihr Lebensmittelgeschäft. Der Trend heute heißt: „Ich lasse mir bringen", Ladensterben inklusive. Wie hat sich dabei unser sozialesgesellschaftliches Umfeld verändert? Entspricht das unserer Vorstellung von Gemeinschaft?

Es gilt, die gewollte und überflüssige Mobilität auf ein erträgliches Maß zu reduzieren. Selbst unser Freizeitverhalten baut auf unbegrenzte Möglichkeiten, die scheinbar nur ein „SUV" („sports utility vehicle") befriedigen kann. Das Geschäftsmodell funktioniert, denn damit befruchten sich mehrere Branchen gegenseitig: Automobilindustrie, Freizeitindustrie und Tourismusbranche.

Statt der immer weiter ausufernden Mobilität brauchen wir wieder echten „NAH"-Verkehr. Aber nicht durch Verdichtung der Innenstädte. Die Industrie 4.0. sei keine Industrie mit Arbeitern mehr, denn alles ist und wird automatisiert, wir werden eine Dienstleistungs- und Wissensgesellschaft. Aber warum muss dann jemand noch zur Arbeit fahren? Die Arbeit muss wieder zu den Menschen und nicht umgekehrt. Erholungs- und Freizeiträume müssen wesentlich umfangreicher mit in die Stadtplanung integriert werden und erübrigen damit das „hinaus ins Grüne fahren".

Die Zukunft kann beginnen

Der Personennahverkehr ist mittels freundlichem und hilfsbereitem Personal besser aufgestellt. Das schafft soziale Verhältnisse, Sicherheit und Arbeitsplätze. Die Arbeitswelt kann nicht nur aus Programmierern* und Elektronikern* bestehen. Der motorisierte Individualverkehr ist deutlich zu reduzieren, die täglich zurückgelegten Entfernungen sind zu verkürzen. Das persönliche mobile *Wollen* muss in richtige Bahnen gelenkt werden. Der Güterverkehr muss in bestehende und vor allem neue Logistiksysteme investieren. Per Bahn werden die Güter zu den Ballungsräumen befördert, ab dort übernehmen autonome Cargo Systeme. Für den letzten Kilometer dient ein kleines elektrifiziertes Transportmittel. Es kam schon im alten Ägypten zum Einsatz: der Esel. Dank neuer Technologien erlebt er seine Wiederauferstehung: Der eSEL, ein **e**lektrisches **SE**rvice-Lastenmobil. Klein, kompakt mit ausreichender Ladekapazität, nicht autonom, sondern mit Fahrer. Ungereimtheiten klären sich direkt vor Ort und Dienstleistungen sind mit eingebunden. So erfolgreich und effizient wie vor 4000 Jahren.

Ob Personen- oder Güterverkehr, schienengebundene Systeme haben nach wie vor die größtmöglichen Transportkapazitäten bei geringstem Flächenverbrauch. Der prophylaktische Ansatz wäre jedoch, Gütermobilität von Beginn an zu begrenzen. Nichtproduzierte Produkte müssen nicht transportiert werden, verbrauchen keine Ressourcen, haben kein Entsorgungsproblem. Die EU verbietet bereits ressourcenhungrige und umweltschädliche Produkte wie Glühbirnen, Staubsauger und demnächst Plastikbesteck. Wieso werden keine zu schweren und unnötig großen Fahrzeuge verboten? Wer entscheidet in der EU über *sinnhafte* und *sinnlose* Produkte? Menschliche Mobilität beeinflusst notwendigerweise Städtebau und unsere Siedlungsformen. In den Städten sind die Mieten bereits so hoch, dass die Menschen aus den Städten in die Randgebiete ziehen müssen, die dadurch weiter expandieren. Auf dem Land keine Arbeit, keine Infrastruktur: Megacitys auch in Deutschland?

Egal ob Stadt oder Land, man muss vor Ort wieder leben können: Wohnen, Einkaufen und Arbeiten. Zersiedelte, dezentrale Lösungen. Wir fordern Rechte auf Kitaplätze, Mobilfunkempfang und schnelles Internet, warum nicht auf Grundversorgung vor Ort wie Lebensmittel, Bäcker, Metzger? In der näheren Umgebung Schuhe, Kleidung und Haushaltswaren, Handwerker. Damit ließe sich eine Verdichtung der Großstädte verhindern und die Landflucht bliebe aus. Das Berufspendlertum würde sich drastisch reduzieren. Dezentrale Strukturen sind zudem unabhängiger und weniger anfällig gegen Naturkatastrophen, Stromausfälle und Grippewellen. Sie sind sozial beherrschbar, Integration wird erleichtert. Hilfe kann von „außen" kommen, weil es ein „außen" gibt.

Unsere Gesellschaft definiert Wohlstand über Besitz, der eindeutig zu einer materiellen Übersättigung tendiert. Somit wäre es ein Leichtes, Verzicht zu üben. Nicht produzierte Güter stellen nicht die Fragen nach Energieeinsatz und Ressourceneffizienz und benötigen keine Transporte.

Mobilität reduziert sich nicht nur auf Verkehrsmittel und die Wahl der Fortbewegungsmöglichkeit. Sie beinhaltet mehr als nur Straße und Schiene, sie beinhaltet Raum, Umwelt, Soziales und Gemeinwesen. Mobilität ist eine Lebens- und Gesellschaftsphilosophie, die wir mittels technischer Mittel zu gestalten in der Lage sind. Die menschliche Mobilität verfolgt daher folgende Ansätze:

- Wiederauf- und Ausbau des Schienenverkehrs,
- Reduzierung des motorisierten Individualverkehrs,
- neue, kombinierte Logistikkonzepte,

- Ausbau der Fuß- und Radwege (auch Fernverkehr),
- Reduktion der Güterproduktion und somit des Frachtaufkommens,
- neue Städtekonzepte und dezentrale Siedlungsstrukturen.

Diese zweite vorgestellte Zukunft ist eine notwendig gewordene Version, die sich unter Berücksichtigung aller Fakten abzeichnet. Sie ist plan- und umsetzbar, die Kernaussage lautet „*keiner muss fahren*" statt „*fahren müssen*". Ingenieure und Stadtplaner dürfen sich ihrer technischen und ethischen Verantwortung für unsere zukünftige menschliche Mobilität nicht entziehen, gemäß ihren eigenen Ansprüchen:

„*Ingenieure*innen sind sich bewusst über die Zusammenhänge technischer, gesellschaftlicher, ökonomischer und ökologischer Systeme und deren Wirkung in der Zukunft*" (Verein Deutscher Ingenieure, VDI)[29].

Das sehen auch Staat und Kirche und fordern daher folgerichtig:

„*Nicht alles, was technisch möglich ist, darf erlaubt sein. Aufgabe für die Zukunft ist es, die Grenzen zwischen Erlaubtem und Nicht-Erlaubtem wieder neu zu ziehen*" (Frank Walter Steinmeier)[30].

„*Letztlich gilt immer das Prinzip, dass nicht alles, was technisch möglich und machbar ist, auch ethisch vertretbar ist*" (Papst Franziskus)[31].

Technische Möglichkeiten sollten dem Wohle der Menschheit dienen und nicht wirtschaftlichen Interessen. „Die Grenzen des Wachstums" mahnte bereits 1972 der Club of Rome an. Diese Grenzen sind schon lange überschritten.

---

[29] VDI: „Ethische Grundsätze des Ingenieurberufs", VDI Düsseldorf, März 2002.
[30] Interview mit der Rhein-Neckar-Zeitung, spdfraktion.de/presse/interviews/, 11.9.2013.
[31] kath.net/news/61736, *Päpstlicher Kulturrat berät über "Die Zukunft der Menschheit"*, 20.11.17.

Zukunft – Design – Ethik. Ein exploratives Gemisch

Manja Unger-Büttner

Nach diversen Ansätzen, Ethik in der Technologiegestaltung als *experimentell* zu beschreiben,[1] zeigt meine Forschungs-Synthese aus dem Praktizieren des Designs und dem Philosophieren über Technik und Ethik, dass das Gestalten der Zukunft und gleichzeitig auch dessen ethische Reflexion und Begleitung *explorativ* vor sich gehen.

Mit Blick auf das Tagungsthema *Zukunft gestalten* ergibt sich im Hinzuziehen des Designs nicht nur zum Nutzen des Wortwitzes ein *Gemisch*. Diese Wendung führt nämlich direkt auf zwei Herangehensweisen an meine Arbeit als Industriedesignerin und Technikphilosophin hin: Das Design, das Gestalten betrachte ich als ein genuin *exploratives*, also *forschend-explorierendes* Vorgehen und sollte hier vom Begriff des Experiments abgegrenzt verstanden werden. Die Art des phänomenologisch-hermeneutischen Philosophierens, das ich hauptsächlich in meinen Studien der Technikphilosophie bei Prof. Dr. Dr. Irrgang in Dresden gelernt habe, ist ihrerseits kaum von der sie bestimmenden explorativen Perspektive abtrennbar. Dieses, ja, *Explorativ-Phänomenologisch-Hermeneutische* könnte man dann vielleicht als eine Art *Gemisch* bezeichnen.

Zudem ist zunehmend kein Hehl mehr daraus zu machen, dass ein solches Vorgehen als *eklektisch* bezeichnet werden kann – dies allerdings mit einer Grundausrichtung, die das Eklektische seinerseits reflektiert zu positionieren sucht. Dies geschieht nicht nur in der Dresdener Technikphilosophie,[2] sondern so hat sich z. B. auch der Philosophiehistoriker und heutige Direktor der Universitätsbibliothek Leipzig Ulrich Johannes Schneider bereits 1995 mit dem *philosophischen Eklektizismus*

---

[1] Vgl. u.a. Verbeek, Peter-Paul: Technology Design as Experimental Ethics. In: van der Burg, Simone/Swierstra, T. (Hrsg.): Ethics on the Laboratory Floor. Palgrave McMillan 2013, S. 79-96; Rose, David/Danks, David: In Defense of a Broad Conception of Experimental Philosophy. In: Metaphilosophy 44, 2013, S. 512–532; Rusch, Hannes/ Lütge, Christoph/Voland, Eckart: Experimentelle und Evolutionäre Ethik: Eine neue Synthese in der Moralphilosophie? In: Maring, Matthias (Hrsg.): Bereichsethiken im interdisziplinären Dialog. KIT Scientific Publishing Karlsruhe 2014; S. 163-179. Online verfügbar: http://books.openedition.org/ksp/3127.

[2] Vgl. u.a. Irrgang, Bernhard: *Hermeneutische Ethik. Pragmatisch-ethische Orientierung in technologischen Gesellschaften.* WBG Darmstadt 2007, S. 9.

befasst. Schneider stellte in seinem gleichnamigen Aufsatz fest, dass, was postmodern genannt werde, häufig auch eklektizistisch geschimpft werde – was dann meist eine gewisse Beliebigkeit und Unverbindlichkeit kennzeichnen solle. Es könne aber vielleicht an der Zeit sein, diesen Begriff zu rehabilitieren und zumindest neu zu problematisieren:

„Vielleicht ist es Zeit, daran zu erinnern, daß der Eklektizismus in der europäischen Geistesgeschichte eine Denkfigur darstellt, die mit dem verächtlichen Gebrauch des Ausdrucks nur insoweit zu tun hat, als die wissenschaftliche Orientierung der westlichen Rationalität seit langem schon das freie, problematisierende Denken funktionalisierte und hermeneutische Formen des philosophischen Selbstverständnisses perhorreszierte."[3]

In Zusammenhang mit technikhermeneutischen Ansätzen scheint das Zusammenlesen und -denken verschiedener Ansätze bereits selbstverständlich.[4] Das griechische *eklégein* / εκλέγειν – *auswählen* enthält auch *légein* / λέγειν – *lesen*, aber auch *sammeln*.[5] Martin Heidegger hat in seinen Überlegungen zum Begriff des Lesens auf diese gleichzeitige Bedeutung im Sinne des Sammelns und der Lese (auch der Weinlese) hingewiesen.[6] Neue Tendenzen zum Eklektizismus zeigen sich in einer Vielzahl über Gebietsgrenzen hinweg vergleichender Untersuchungen, betont auch der Berliner Ästhetiker Georg W. Bertram. Mehr als zuvor könne über die Grenzen parteilicher Zugehörigkeiten hinweg gedacht und gearbeitet werden.[7]

In Überlegungen zu Philosophie und Ethik in Zusammenhang mit dem Design – zur Designphilosophie[8] im direktesten Falle also – sollte freilich auch die Thema-

---

[3] Schneider, Ulrich Johannes: Über den philosophischen Eklektizismus. In: Steffens, Andreas (Hrsg.): Nach der Postmoderne. Köln 1995, S. 202-224, hier S. 202.
[4] Vgl. Leidl, Lars / Prinzer, David (Hrsg.): Technikhermeneutik. Technik zwischen Verstehen und Gestalten. Peter Lang 2010.
[5] In wesentlichen Nachschlagewerken für angehende Philosophen wird dieser Zusammenhang nicht erwähnt, leicht zu finden war er in einem architekturhistorischen Büchlein: Engmann, Birk: Bauen für die Ewigkeit: Monumentalarchitektur des zwanzigsten Jahrhunderts und Städtebau in Leipzig in den fünfziger Jahren. Sax, Beucha, 2006, S. 11.
[6] Heidegger, Martin [1954]: Was heißt Lesen? In: Gesamtausgabe Bd. 13: Aus der Erfahrung des Denkens 1910–1976, hrsg. v. Hermann Heidegger; Frankfurt am Main 1983, S. 111.
[7] Georg W. Bertram: Hermeneutik und Dekonstruktion: Konturen einer Auseinandersetzung der Gegenwartsphilosophie. Fink, München 2002, S. 10.
[8] An dieser Stelle ein großer Dank an APHIN und insbesondere Jürgen Franz für das aktive Netzwerken unter den APHIN-Mitgliedern, das zu einer neuen Verbindung im Sinne der (namentlichen!) Designphilosophie geführt hat: Aus direkter Vermittlung durch Jürgen erwuchs bei APHIN 2018 ein angenehmer Austausch zwischen der bisher deutschlandweit ein-

tisierung des Eklektischen in Zusammenhang mit dem Ästhetischen zumindest nicht unerwähnt bleiben. Und auch hier erscheint der Eklektizismus nicht ausschließlich verdammenswert, zeigt er doch Übergangsphasen in Kunst und Architektur an. Zudem kann man auch an ausdrücklich eklektizistischen Bauwerken den Blick besonders gut und lange schweifen lassen, was der Designtheoretiker Klaus Schwarzfischer 2015 in seiner *Integrativen Ästhetik* als ein wesentliches Merkmal des Ästhetischen überhaupt bezeichnet hatte.[9] Das Postamt in Traben-Trarbach gilt als Beispiel eklektizistischer Baukunst in Nähe des APHIN-Tagungsortes Enkirch.[10]

Aber dies nur kurz zum Einordnen der Herangehensweise. Nicht nur mit Blick auf das Ästhetische am Design ist hier erneut[11] ein Umstand zu betonen, für den eine eklektische Bau- und Gestaltungsweise vielleicht schlicht als ein auf die Spitze getriebenes Symptom verstanden werden könnte: Designer und andere Gestalter müssen in ihrer Tätigkeit tagtäglich die Erfahrung machen, dass es immer auch irgendwie anders gehen könnte. Und das, selbst wenn sie den schönen Satz Ludwig Wittgensteins noch nie gehört haben sollten, dass *alles, was wir überhaupt beschreiben können, auch anders sein könnte.*[12] Dies muss nicht allein erkenntnistheoretisch, sondern kann auch im Gestalten von Dingen, Oberflächen und Prozessen gesehen werden – die ihrerseits ja in die Zukunft hinein entwickelt werden.

In seinen Überlegungen zu Formbildungsprinzipien bei zweckdienlichen Dingen hat der Philosoph Eduard von Hartmann schon 1888 in seiner *Philosophie des Schönen* auf die *Spielräume* hingewiesen, die sich im Rahmen der Suche nach der zweckmäßigsten Form ergeben. Auf diese Spielräume zwischen Zwecken, Technik und Material könne sich die Tendenz zur ästhetischen Durchbildung dann *werfen*, wie von Hartmann sich ausdrückt; sie dürfe aber dabei aber nie die Zweckmäßigkeit über-

---

zigen Professorin für Designphilosophie an der Hochschule Düsseldorf, Prof. Dr. Hyun Kang Kim, und der Autorin als Lehrbeauftragter für Designphilosophie an der FH Dresden.
[9] Vgl. Schwarzfischer, Klaus: Integrative Ästhetik. Schönheit und Präferenzen zwischen Hirnforschung und Pragmatik. Incodes 2015, S. 77.
[10] Vgl. Ochs, Richard: Traben-Trarbacher Häuser mit sprechenden Gesichtern. Jahrbuch Bernkastel-Wittlich 2002; Datenbank der Kulturgüter in der Region Trier: Kaiserliches Postamt 1908, online unter: https://kulturdb.de/einobjekt.php?id=6178 (zuletzt gesehen 12.1.2019).
[11] Vgl. z.B. Unger-Büttner, Manja: Guest Editoral. In: Philosophy and Design for All. A Publication of Design for All Institute India. December 2017 – Vol. 12, No. 12, S. 10-14, hier S. 10; Unger-Büttner, M./Palatini, Kerstin: Vom Sitzen zwischen Stühlen – Philosophie in der Technikgestaltung. In: Berr, Karsten/Franz, Jürgen (Hrsg.): Prolegomena – Philosophie, Natur und Technik. Frank & Timme 2015, S. 79-96, hier S. 89.
[12] Vgl. Wittgenstein, Ludwig: Tractatus logico-philosophicus 5.634, Suhrkamp 1969.

rumpeln, denn dann werde der Gegenstand hässlich.[13] Design ist nun also – neben aller Problemlösung und vorheriger Problemdefinition auch und vor allem, diese Spielräume zu nutzen. Und innerhalb dieser könnten die Dinge eben auch immer irgendwie anders gestaltet werden.

Es ist gut vorstellbar, dass Wittgenstein selbst so seine Mühen hatte mit diesen Spielräumen, als der das heute sogenannte Wittgenstein-Haus entworfen hat. Zu einem Freund und Schüler Maurice O'Connor Drury soll Wittgenstein einmal gesagt haben: „Sie glauben, die Philosophie sei ein schwieriges Geschäft, aber ich kann Ihnen sagen: Verglichen mit den Schwierigkeiten, die in der Architektur stecken, ist das gar nichts."[14] Hierfür wird freilich vorausgesetzt, dass die Architektur das Entwerfen und die dabei entstehenden Spielräume augenscheinlich mit dem Design gemeinsam hat. Etwas stark nach Sollens-Aussage klingend, aber die Spielräume implizit in den Raum stellend, scheint hierzu die Weisung des Medien- und Designwissenschaftlers sowie Philosophen Norbert Bolz zu passen, Design müsse „Abschied nehmen von der modernen Weisung »Nur so, und nicht anders«."[15]

In dem im Design regelmäßig vorgebrachtem Wunsch nach Leitlinien oder ethischen Manifesten[16] für das Design zeigt sich eine teilweise ähnlich normativ orientierte Perspektive auf die Reflektion des Moralischen im Design. Die Forderung nach einer Ethik am besten *für* das Design, scheint ihrerseits schon lange nicht mehr „begründungspflichtig"[17] – wie es der Grafiker und Philosoph Thomas Friedrich 2007 für das Design im Allgemeinen betont hatte. Diese Begründungspflicht des Designs betonte Friedrich damals unter dem Titel: *Wer hat Angst vor der Theorie?* Angst vor der Ethik scheint jedenfalls derzeit kaum zu bestehen, gerade auch im

---

[13] Hartmann, Karl-Eduard von: Philosophie des Schönen. In: Ausgewählte Werke, 2. Ausgabe, Bd. IV, Haake Leipzig 1887, S. 140.
[14] Vgl. Drury, M. O'Connor.: Bemerkungen zu einigen Gesprächen mit Wittgenstein. In: Rhees, Rush: Ludwig Wittgenstein. Porträts und Gespräche. Suhrkamp 1987, S. 117-141, hier S. 117f.
[15] Bolz, Norbert: Design als Sensemaking. In: Matthias Götz: Der TABASCO-Effekt. Wirkung der Form, Formen der Wirkung. Beiträge zum Design des Design. Schwabe & Co., 1999, S. 29-40, hier S. 31.
[16] Vgl. Verband Deutscher Industriedesigner (Hrsg.): VDID Codex der Industriedesigner. Industriedesign. Der gesellschaftliche Auftrag. online unter: www.vdid.de/positionen/berufscodex.php (zuletzt gesehen 12.1.2019); ebenso das Z. B. das Design-Manifest first things first 2000, das eine Erneuerung des The First Things First Manifesto ist, das 1964 von Ken Garland publiziert worden war – online unter: http://www.designishistory.com/1960/first-things-first/ (zuletzt gesehen 12.1.2019).
[17] Friedrich, Thomas: Wer hat Angst vor Theorie? Der Kommunikationspraktiker muß sein Tun begründen können. In: Komma. Kommunikationsdesign aus Mannheim 0. 2007, S. 42-47.

Design. In den Design-Studiengängen können sich Module oder Kurse zum Thema Ethik wachsender Beliebtheit – oder zumindest einer demonstrativen Wichtigkeit – erfreuen. In Rahmen meiner Lehre zur Ethik im Design habe ich allerdings immer wieder erleben dürfen, dass junge Designer ihre Verantwortung teilweise sehr ernst nehmen, was sie manchmal in regelrechte Krisen stürzen kann. Aus solchen wiederum erwachsen manchmal ganz besonders reflektierte Bachelor-, Master- und auch Doktorarbeiten zwischen Design und Ethik jenseits irgendeines Begründungspflichtgefühls, sondern aus dem Verstehen-Wollen und einem daran anschließenden Selberdenken heraus.[18]

Zu dieser zunächst scheinbar nur gefühlten moralischen Verpflichtung im Design können nun immer wieder die Ausführungen des Grazer Ästhetikers Andreas Dorschel bemüht werden, dass es im Gestalten von Welt und Zukunft unumgänglich zu gestaltungswirksamen Entscheidungen kommt, egal wie man es auch dreht und wendet: Wenn der Designer, Architekt oder Ingenieur sich hierbei irgendwelchen *Konventionen* überlässt und das Ding so entwirft, wie man es eben *immer schon* gemacht hat, ist das eine Gestaltungsentscheidung. Selbst wenn man sich dem Prinzip des *Zufalls* überließe und die Sache einfach aussehen ließe, wie sie dann eben aussieht, ist auch das eine gestaltungswirksame Entscheidung mit all ihren Einflüssen auf Nutzer und Umwelt, Naturverbrauch, Kultur usw., zumal selbst dies die Frage *Kriterien zur Beurteilung* von Formen noch nicht aus der Welt zu schaffen vermag.[19] Hinzuzufügen wäre hier, da Dorschel selbst von Prinzipien schreibt, die Gefahr des bloßen *Habens* von Prinzipien oder Regeln, die v. a. von Hannah Arendt bestechend diskutiert worden ist.[20] Dies mit Blick auf das Moralische freilich, aber auch interessant für Gestaltungsentscheidungen und deren Zusammenhang mit Regeln, Kodizes, Werten und Moral.

---

[18] Es scheint mir passend, in dieser Publikation meinen Absolventinnen und Absolventen für ihr Vertrauen und Interesse an Themen zu Design und Ethik zu danken.
[19] Vgl. Dorschel, Andreas: Gestaltung – Zur Ästhetik des Brauchbaren. Universitätsverlag Winter 2003, S. 63f: „Per Zufall entstehen nämlich nicht ästhetisch unangekränkelte Tassen, Stühle oder Lampen, sondern gar keine derartigen Dinge. Selbst die schlichtesten Gebrauchsgegenstände sind Resultat von Absichten geleiteten Tuns, mithin von etwas, das schierem Zufall entgegengesetzt ist."
[20] Vgl. Arendt, Hannah: Denken ohne Geländer. Texte und Briefe. Bundeszentrale für politische Bildung 2006, S. 34; ebenso vgl. Unger-Büttner, M.: „Ich, der ich Einer bin" – von sokratischen Stechfliegen, eingefrorenen Häusern und kreativem Umgang mit Moral. In: Allianz deutscher Designer (AGD) e.V. (Hrsg.): agenda design. Magazin für Gestaltung. Ausgabe 1. 2015, S. 12 -17.

Auf der anderen Seite können junge Designer Ethik und Moral aber auch an sich in Frage stellen, was man vielleicht als eine weitere Folge ihrer gestalterisch-fragenden Herangehensweise bezeichnen könnte. Der Exkurs zum moralischen Skeptizismus, den diese Problematik tangiert, kann hier und hiermit nur angedeutet werden. Allerdings soll für den Moment einmal auf denkbare Verbindungen hingewiesen werden zwischen – vor allem normativen – Ansprüchen unter dem Titel Ethik und dem *Wissen* seitens der Gestalter, dass es eben immer auch irgendwie *anders* gehen könnte.

Mit Blick auf Auswirkungen auf den *Nutzer* sind Spielräume ebenfalls in der Benutzung denkbar. Im Design wird diese Betrachtungsweise heute meist unter dem Begriff des *Design durch Gebrauch*[21] untersucht, früher haben es dieselben Designtheoretiker mit dem Begriff *non intentional design*[22] versucht – aber das Intentionale scheint Schwierigkeiten zu bereiten und der Design-Begriff an dieser Stelle ebenfalls. Allerdings wird jedermann Beispiele beitragen können: Wenn man einen leeren Bierkasten als Sitzmöbel benutzt, ist das eine Umnutzung, bei der sich die Frage eines gewissen *Design durch Gebrauch* bereits stellen könnte. Wenn eine Jacke an einen Nagel in der Wand gehängt wird, kann das wirklich auffällige Folgen haben für die gesamte Atmosphäre oder Ästhetik des jeweiligen Ortes.

In der Technikphilosophie wird das Phänomen der teils bewussten, teils unbewussten Um- und Fehlnutzung mit Blick auf die Intention, die beim Gestalten sicherlich in eine bestimmte Richtung geht, *designer fallacy* genannt. Don Ihde, emeritierter amerikanischer Professor für science, technology and society studies entnahm den Literaturwissenschaften ihre Erkenntnis zum sogenannten *intentional fallacy* – dem intentionalen Fehlschluss. In seinem gleichnamigen Aufsatz im Sammelband *Philosophy and Design. From Engineering to Architecture* von 2007 hob Ihde hervor, dass die meisten Literaturkritiker sich heute längst von der Idee verabschiedet hätten, die Intentionen eines Autors könnten direkt aus dem Text hervorgehen oder herausgelesen werden.

Der *designer fallacy* wiederum wäre nun der Trugschluss, dass ein Designer die Zwecke und Verwendungsweisen eines Produktes in seinen Entwurf ‚hinein-

---

[21] Vgl. Brandes, Uta/Stich, Sonja/Wender, Miriam: Gebrauch durch Design. Die alltägliche Metamorphose der Dinge. Birkhäuser 2008; Bredies, Katharina: Design als Gebrauch. Über eine unterschätzte Form der Gestaltung. transcript 2014.
[22] Vgl. Brandes, Uta/Erlhoff, Michael: Non Intentional Design. daab Media 2006.

designen' könnte. Interessant ist Ihdes Bemerkung, dass hier ein gewisses *deistisches Denken* wie im 18. Jahrhundert durchblinzele, dass nämlich der ‚Designer-Gott' aus künstlichen Materialien eine Maschine oder ein Artefakt kreieren könnte, das aus seinem Design heraus ‚intelligent' wirke – und das auch in seiner ihm verliehenen Form ‚performt', also dementsprechend wirksam sei.[23] Der Design-Prozess operiert jedoch auf vielen verschiedenen Wegen, die wiederum ein noch komplexeres Set an Beziehungen hervorrufen („inter-relations") zwischen dem Designer, den Materialien, welche die Technologie überhaupt ermöglichen, und den Nutzungsweisen, denen jegliche Technologie zugeführt wird. Hier wiederum zeigen sich erneut die über hundert Jahre alten Hinweise des Eduard von Hartmann, zu den Spielräumen zwischen Zwecken, Technik und Material.[24]

Ihdes Beispiele zeigen fatale, moralisch relevante Missverständnisse aus dem Ingenieurwesen auf.[25] Ich selbst nutze und lehre die Idee des Designer-Fehlschlusses gern mit Blick auf eben diese gestalterischen und nutzungsmäßigen *Spielräume*, innerhalb derer ganz eigene Entscheidungen getroffen werden (können), die dann wiederum den entsprechenden Personen zugeschrieben werden können. Desweiteren kann hierbei auch die Relevanz des *Kontextes* der jeweiligen Gestaltungs- wie auch Nutzungs-Entscheidungen deutlich werden.

Schon Thomas von Aquin hat z. B. die *Umstände*, den Kontext von Handlungen in deren ethische Betrachtung einbezogen, weil jede Handlung ein Singularium ist und die Verantwortlichkeit eines Tuns ohne den Blick auf Umstände nicht richtig beurteilt werden kann. In seiner *summa theologiae* hat Thomas also schon vor 750 Jahren die Berücksichtigung der Umstände in der Betrachtung sittlich relevanter Handlungen betont. Für seinen Handlungsbegriff sind Wille und Ziel bestimmend – ihre eigentliche Sittlichkeit erhält eine Handlung vom anvisierten Ziel, betont Irrgang. Die Umstände allerdings sind die „individuierenden Akzidentien" der jeweils singulären Handlung. Zweckdienlichkeit und Nützlichkeit einer Handlung können für Thomas nicht ohne die Betrachtung der Umstände erfasst werden.[26]

---

[23] Vgl. Ihde, Don: The Designer Fallacy and Technological Imagination. In: Kroes, Peter / Vermaas, Pieter (Hrsg.): Philosophy and Design. From Engineering to Architecture. Springer 2008, S. 51 – 59, hier S. 51.
[24] Vgl. oben, Fußnote 13.
[25] Vgl. Ihde, The Designer Fallacy, S. 52ff.
[26] Vgl. Aquin, Thomas von: Thomas: Summa Theologiae I-II, 7,2; Irrgang, Bernhard: Praktische Ethik aus hermeneutischer Sicht. Schöningh 1998, S. 50f.

Diese Überlegungen wiederum können verweisen zu einem *forschenden, suchenden Vorgehen* im Gestalten genau wie zur Bewertung von Handlungen oder auch zur Festlegung moralischer Prinzipien in einer sich wandelnden, technologisch ausstaffierten Welt. Don Ihde hat am Schluss seines Aufsatzes zum designer fallacy betont, dass die Interaktion mit Technologien und Artefakten *explorativ und interaktiv* seien und aus dieser Perspektive nun der Nutzer eine deutlich wichtigere Rolle spiele als bisher angenommen. Er gebe zu, dass diese Erkenntnis für Designer/Ingenieure auch ein wenig demotivierend wirken könne, aber sie rufe auch auf zu mehr kooperativen und auch gegenseitig ko-kritischen Ansätzen.[27]

So ist also nicht nur der Designprozess inmitten der verschiedensten Spielräume und Möglichkeiten als explorativ zu bezeichnen, sondern Aneignungs- und Nutzungsweisen ebenfalls.

Mit Blick auf die Ethik nun ist allerdings nur an wenigen Punkten vom Explorativen zu lesen. An dieser Stelle können Überlegungen zur *Ethik* von den Beobachtungen im *Design* profitieren. Bernhard Irrgang betont (im Rahmen seiner Ausführungen zur *Kasuistik*), dass nur ein *experimenteller* Zugang zur Ethik in eine korrekturoffene *Ethik des Suchens und Findens* führen könne – in eine *zetetische Ethik* also (von altgriech.: ζήτησις – zétesis: Suche, Untersuchung). Hierbei betont er auch explizit eine ethische Bewertung in Abhängigkeit von Gedankenexperimenten.[28]

Anhand eines Artikels der Philosophin Karen Gloy von 2009 zur *Bedeutung des Experiments bei Kant für die neuzeitliche Naturwissenschaft* verwies Irrgang 2015 dann noch näher auf die Rolle des Experiments bei Kant. Für Kant, hier vor allem im opus postumum, sei das physikalische Experiment Vorbild für das metaphysische.

Bei Gloy ist zu lesen, dass dem Experiment bei Kant eine erkenntnistheoretische Aufgabe zufalle und dass es *nur die Bestätigung oder Nichtbestätigung* der angesetzten Hypothese zu liefern im Stande sei. Das scheint für Überlegungen zur experimentellen Ethik besonders interessant; ganz ähnlich auch der Satz von Gloy: „Das Experiment ist beliebig iterierbar."[29] Die Iteration (von lat. iterare – wiederholen) wie-

---

[27] Vgl. Ihde: The Designer Fallacy and Technological Imagination, a.a.O. S. 59.
[28] Vgl. Irrgang, Bernhard: Hermeneutische Ethik. Pragmatisch-ethische Orientierung in technologischen Gesellschaften. WBG 2007, S.14 f.
[29] Gloy, Karen: Die Bedeutung des Experiments bei Kant für die neuzeitliche Naturwissenschaft. In: Onnasch, Ernst-Otto (Hrsg.): Kants Philosophie der Natur: ihre Entwicklung im Opus postumum und ihre Wirkung. De Gruyter 2009, S. 189-202, hier S. 195.

derum ist ein beliebter Begriff im Reden und Reflektieren über Entwicklungsprozesse in Design und Informatik.

Bei Irrgang ist also von der zetetischen Ethik zu lesen, einer Ethik des Suchens und Findens. Und gleichzeitig wird dabei auf das Experiment verwiesen, und sei es nur ein Gedankenexperiment. Von diesem scheinen auch einige der bisherigen Überlegungen zu einer experimentellen Ethik auszugehen, im Rahmen einer experimentellen Philosophie im Ganzen – die Rose und Danks dann entsprechend als Teildisziplin eines philosophischen Naturalismus diskutieren.[30] Das *Experimentelle*, das Gedankenexperiment, scheint für Momente des Abwägen-Müssens zwischen zwei oder mehr Handlungs- oder Entscheidungsmöglichkeiten von zentraler Bedeutung.

An den eben genannten iterativen Prozessen, wie auch vielen anderen, vor allem auch im Design, kann man etwas Pfad-Artiges erkennen. Ein zentraler Begriff in Irrgangs aktueller Technikphilosophie ist der der Entwicklungspfade.[31] Das ist freilich ein sehr groß gedachter Begriff, aber es sollte auch darin eine Ähnlichkeit zum Pfad-Begriff aus dem menschlichen Alltag erkennbar sein. Pfade, Trampelpfade sind häufig Wege, die erst im bzw. durch das Gehen gebahnt werden. Selbst wenn man sich zuvor sogar eine Art Rahmen für das Gehen zu setzen versucht – das Ergebnis könnte auch innerhalb dessen immer auch anders ausfallen.

An diesem Punkt ist auf den eingangs erwähnten Unterschied zwischen Experiment und Exploration zurückzukommen, der schon vom alltäglichen Sprachverständnis her deutlich werden können sollte. Die deutsche Übersetzung des lateinischen *explorare* scheint in der Geschichte seiner Übersetzung und Deutung eine Veränderung erfahren zu haben: Erst im nachklassischen Latein, kurz nach Beginn unserer Zeitrechnung, hat *explorare* auch das Testen, das Prüfen, das Untersuchen bedeutet. Vorher war es offenbar mehr auf das Verstehen als ein Auskundschaften, Erkunden, Erforschen ausgerichtet.[32]

Der *Experiment*-Begriff, vom lateinischen *experiri*, wiederum bedeutet, einen *Versuch* machen. Und so haben sich, nach dem Historischen Wörterbuch der Philoso-

---

[30] Vgl. oben, Fußnote 1.
[31] Vgl. z. B. Irrgang, Bernhard: Technologische Entwicklungspfade: Innovation und Folgelasten. Königshausen & Neumann 2016.
[32] Vgl. z. B. Georges, Karl Ernst: Ausführliches lateinisch-deutsches Handwörterbuch: Band 3 (E-L) Neusatz der 8. Auflage von 1813. Vollständige Neuausgabe von Karl-Maria Guth. BoD 2014, S. 114.

phie, Philosophen unter dem Experiment-Begriff immer eher qualitativen und quantitativen Experimenten und rechtlichen Studien zugewandt. Das Explorative oder die Exploration als Begriffe haben in so wichtigen Nachschlagewerken wie z. B. dem Historischen Wörterbuch der Philosophie von Ritter, Gründer und Gabriel leider keine Erwähnung gefunden.

Das Experiment scheint häufig *Teil* eines explorativen Vorgehens, vor allem mit Blick aufs Design. Im Design würde ich z. B. die meisten Entwurfsprozesse als explorativ bezeichnen. Darin wiederum finden auch Experimente statt: Material-Testing, Usability-Tests usw. Hierzu muss unbedingt der Designtheoretiker Björn Franke zitiert werden, der 2010 betont hatte, dass Designer nicht fragen, ‚was sollte sein'/„what ought to be", sondern eher: ‚was könnte sein?'/ „what could be" oder ‚was wäre wenn?'/"what would be if...?". Das nennt Franke in Abgrenzung zu normativen Bewertungen *exploratives Design*.[33]

Der Literaturwissenschaftler Hans-Robert Jauss hat 1996, kurz bevor ihm eine Vergangenheit bei der SS vorgeworfen und öffentlich diskutiert wurde,[34] die Formulierung einer „*explorativen Moral*"[35] als Alternative zu präskriptiven, also vorschreibenden Moralen vorgeschlagen. Seine Beispiele für eine (zudem ästhetische, also sinnen- und leib- und vollzugsorientierte) Auseinandersetzung mit den Handlungs- und Entscheidungsmöglichkeiten kamen freilich aus der Literatur. Diese kann man beim Lesen auf sich anwenden und sich fragen: Was wäre wenn? Dieses Fragen wäre nicht aufs Generelle bezogen, sondern ganz direkt auf den fragenden Einzelnen – der letztlich im Rahmen individuen-orientierter Moral auch als der Verantwortliche gilt. Es geht um die Erprobung eigener Handlungsprinzipien mit Blick auf die der Anderen.[36] Anhand der hierbei auch spezifischen Verbindung zum Ästhetischen, das letztlich auch nur im Einzelnen im Hier und Jetzt wirksam werden kann – ein m. E. wichtiger Definitionsansatz von Martin Seel[37] – ist hier eine

---

[33] Franke, Björn: Design as Ethical and Moral Inquiry. In: Copenhagen Working Papers on Design // 2010 // No 1. Kopenhagen 2010, S. 71-72, hier S. 71.
[34] Vgl. z. B. Universität Konstanz: Zur Aufarbeitung der NS-Vergangenheit von Hans Robert Jauß. Online: https://www.uni-konstanz.de/universitaet/aktuelles-und-medien/aktuelle-meldungen/schwerpunkte-jubilaeum-bibliothekssanierung/hans-robert-jauss/ (zuletzt gesehen 12.1.2019).
[35] Vgl. Jauss, Hans Robert: Die problematische Moral des Ästhetischen. In Lenk, Hans: Neue Realitäten – Herausforderung der Philosophie. Berlin 1995, S. 37-52, hier S. 37f.
[36] Vgl. ebd.
[37] Vgl. Seel, Martin: Ethisch-Ästhetische Studien. Frankfurt/M. 1996, S. 14.

zusätzliche Verbindung zwischen dem Moralischen und dem Individuum möglich. Bewusst wird hier auf Formulierungen wie individualistische oder Individual-Moral verzichtet, weil keine solche anvisiert wird, sondern in erster Linie eine Konzentration einer explorativen Moral wie auch des Ästhetischen im *Vollzug* durch den je Einzelnen. Der reflektierende, nicht-präskriptive Umgang mit diesen explorativen Ansätzen im Moralischen dürfte wohl in Richtung einer explorativen Ethik weisen.

Dies nur in aller Kürze zum Einordnen dieser Ansätze aus verschiedenen Denkrichtungen hin zu meinem Vorschlag, aus den Überlegungen zum *Experimentellen in der Ethik* und dem *Explorativen* im Design auch der Ethik ein exploratives Vorgehen zuschreiben bzw. auch ermöglichen zu können. Letztlich könnte sich dieser explorative Zugang zur Ethik auch für einen Umgang mit der oben erwähnten Skepsis bzw. auch dem moralischen Skeptizismus als günstig erweisen, aber dies nur zur Abrundung: Mit Blick auf den Unterschied zwischen dem Experiment und dem Explorativen könnte man ein Zitat von Nietzsche aus der *Fröhlichen Wissenschaft* neu zu interpretieren versuchen:

„Ich lobe mir eine jede Skepsis, auf welche mir erlaubt ist zu antworten: »Versuchen wir's!« Aber ich mag von allen Dingen und allen Fragen, welche das Experiment nicht zulassen, Nichts mehr hören."[38]

Literatur

Aquin, Thomas von: *Summa Theologiae* I-II.
Arendt, Hannah: *Denken ohne Geländer. Texte und Briefe*. Bundeszentrale für polit. Bildung 2006.
Bolz, Norbert: *Design als Sensemaking*. In: Matthias Götz: Der TABASCO-Effekt. Wirkung der Form, Formen der Wirkung. Beiträge zum Design des Design. Schwabe & Co., 1999, S. 29-40.
Brandes, Uta/Stich, Sonja/Wender, Miriam: *Gebrauch durch Design. Die alltägliche Metamorphose der Dinge*. Birkhäuser 2008.
Brandes, Uta/Erlhoff, Michael: *Non Intentional Design*. daab Media 2006.
Bredies, Katharina: *Design als Gebrauch. Über eine unterschätzte Form der Gestaltung*. transcript 2014.
Dorschel, Andreas: *Gestaltung – Zur Ästhetik des Brauchbaren*. Universitätsverlag Winter 2003.
Drury, M. O'Connor.: *Bemerkungen zu einigen Gesprächen mit Wittgenstein*. In: Rhees, Rush: Ludwig Wittgenstein. Porträts und Gespräche. Suhrkamp 1987, S. 117-141.
Franke, Björn: *Design as Ethical and Moral Inquiry*. In: Copenhagen Working Papers on Design // 2010 // No 1. Kopenhagen 2010, S. 71-72.
Friedrich, Thomas: *Wer hat Angst vor Theorie? Der Kommunikationspraktiker muß sein Tun begründen können*. In: Komma. Kommunikationsdesign aus Mannheim 0. 2007, S. 42-47.
Georges, Karl Ernst: *Ausführliches lateinisch-deutsches Handwörterbuch*. Band 3 (E-L) Neusatz der 8. Auflage von 1813. Vollständige Neuausgabe von Karl-Maria Guth. BoD 2014, S. 114.

---

[38] Nietzsche, Friedrich: Fröhliche Wissenschaft, 51 (1882/87). z.B. online unter: http://gutenberg.spiegel.de/buch/die-frohliche-wissenschaft-3245/4 (zuletzt gesehen: 12.1.2019).

Gloy, Karen: *Die Bedeutung des Experiments bei Kant für die neuzeitliche Naturwissenschaft*. In: Onnasch, Ernst-Otto (Hrsg.): Kants Philosophie der Natur: ihre Entwicklung im Opus postumum und ihre Wirkung. De Gruyter 2009, S. 189-202.

Hartmann, Karl-Eduard von: *Philosophie des Schönen*. In: Ausgewählte Werke, 2. Ausgabe, Bd. IV, Leipzig.

Ihde: *The Designer Fallacy and Technological Imagination*. In: Kroes, Peter / Vermaas, Pieter (Hrsg.): Philosophy and Design. From Engineering to Architecture. Springer 2008, S. 51 – 59.

Irrgang, Bernhard: *Technologische Entwicklungspfade: Innovation und Folgelasten*. Königshausen & Neumann 2016.

Irrgang, Bernhard: *Hermeneutische Ethik. Pragmatisch-ethische Orientierung in technologischen Gesellschaften*. WBG 2007.

Irrgang, Bernhard: *Praktische Ethik aus hermeneutischer Sicht*. Schöningh 1998.

Jauss, Hans Robert: *Die problematische Moral des Ästhetischen*. In Lenk, Hans: Neue Realitäten – Herausforderung der Philosophie. Berlin 1995, S. 37-52.

Leidl, Lars/Pinzer, David (Hrsg.): *Technikhermeneutik. Technik zwischen Verstehen und Gestalten*. Peter Lang 2010.

Nietzsche, Friedrich: *Fröhliche Wissenschaft* 1882/87). z.B. online unter: http://gutenberg.spiegel.de/buch/die-frohliche-wissenschaft-3245/4.

Ochs, Richard: *Traben-Trarbacher Häuser mit sprechenden Gesichtern*. Jahrbuch Bernkastel-Wittlich 2002; Datenbank der Kulturgüter in der Region Trier: Kaiserliches Postamt 1908, online unter: https://kulturdb.de/einobjekt.php?id=6178.

Rose, David/Danks, David: *In Defense of a Broad Conception of Experimental Philosophy*. In: Metaphilosophy 44, 2013, S. 512–532.

Rusch, Hannes/Lütge, Christoph/Voland, Eckardt: *Experimentelle und Evolutionäre Ethik: Eine neue Synthese in der Moralphilosophie?* In: Maring, Matthias (Hrsg.): Bereichsethiken im interdisziplinären Dialog. KIT Scientific Publishing Karlsruhe 2014; S. 163-179. Online verfügbar: http://books.openedition.org/ksp/3127.

Schneider, Ulrich Johannes: *Über den philosophischen Eklektizismus*. In: Steffens, Andreas (Hrsg.): Nach der Postmoderne. Köln 1995, S. 202-224.

Schwarzfischer, Klaus: *Integrative Ästhetik. Schönheit und Präferenzen zwischen Hirnforschung und Pragmatik*. Incodes Verlag 2015.

Seel, Martin: *Ethisch-Ästhetische Studien*. Frankfurt/M. 1996.

Unger-Büttner, Manja: *„Ich, der ich Einer bin" – von sokratischen Stechfliegen, eingefrorenen Häusern und kreativem Umgang mit Moral*. In: Allianz deutscher Designer (AGD) e.V. (Hrsg.): agenda design. Magazin für Gestaltung. Ausgabe 1. 2015, S. 12 -17.

Unger-Büttner, Manja: Guest Editoral. In: Philosophy and Design for All. A Publication of Design for All Institute India. December 2017 – Vol. 12, No. 12, S. 10-14

Unger-Büttner, M./Palatini, Kerstin: *Vom Sitzen zwischen allen Stühlen – Philosophie in der Technikgestaltung*. In: Berr, Karsten/Franz, Jürgen (Hrsg.): Prolegomena – Philosophie, Natur und Technik. Frank & Timme 2015, S. 79-96.

Universität Konstanz: *Zur Aufarbeitung der NS-Vergangenheit von Hans Robert Jauß*. Online unter: https://www.uni-konstanz.de/universitaet/aktuelles-und-medien/aktuelle-meldungen/schwerpunkte-jubilaeum-bibliothekssanierung/hans-robert-jauss/.

Verband Deutscher Industriedesigner (Hrsg.): *VDID Codex der Industriedesigner. Industriedesign. Der gesellschaftliche Auftrag*. online unter: www.vdid.de/positionen/berufscodex.php.

Verbeek, Peter-Paul: *Technology Design as Experimental Ethics*. In: van der Burg, Simone/Swierstra, T. (Hrsg.): Ethics on the Laboratory Floor. Palgrave McMillan 2013, S. 79-96.

Wittgenstein, Ludwig: Tractatus logico-philosophicus. Suhrkamp 1969.

Teil II
Zukunft gestalten mit Epikur, Kant und Bergson

In Epikurs Lustgarten:
Gedanken über Nachhaltigkeit

Torsten Nieland

Narren hasten, Kluge warten,
Weise gehen in den Garten.
(Rabindranath Tagore)[1]

Epikur, so stellt Malte Hossenfelder zurecht fest, „ist sicherlich einer der populärsten Philosophen der Geschichte", allerdings „nicht in dem Sinne, daß er besonders angesehen und beliebt wäre, denn da müßte man ihn eher unpopulär nennen".[2] Schon dieser Satz macht deutlich, daß wir es hier mit einer Persönlichkeit der Philosophiegeschichte zu tun haben, die ganz besonders dazu einlädt, kontrovers zu diskutieren und sich zu streiten. Epikur provoziert, ja, er entrüstet, schon zu seinen Lebzeiten und bis heute. Er galt und gilt vielen als ausschweifender Lüstling und überhaupt verdorbener Charakter, der in seine Schule sogar Sklaven und Prostituierte aufnahm, sein „Name ist geradezu zum Synonym für *Genußmensch* geworden."[3]

Auch Diogenes Laertius (ca. 3. Jh. n. Chr.), der in seinem Werk *Leben und Meinungen berühmter Philosophen* keinem anderen so viel Raum gibt wie Epikur, beginnt seine Darstellung mit einer Auflistung von Schmähreden gegen ihn und zitiert den Skeptiker Timon von Phleius (ca. 320-ca. 230) folgendermaßen:

Letzter der Physiker, säuisch und hündisch, aus Samos entsprossen,
Kam er, ein Lehrer der Kleinen, ein Muster von mangelnder Bildung.[4]

Diogenes Laertius selbst beschließt diese Auflistung mit den Worten:

Doch sie alle sind nicht recht bei Sinnen. Denn es stehen dem Manne als vollgültige Zeugen seiner unübertrefflichen Güte zur Seite erstens seine Vater-

---

[1] Ob der Aphorismus tatsächlich von Tagore stammt oder ob er lediglich seine Sicht auf Welt und Leben treffend und konzis umschreibt, ist umstritten. Bei Joachim Ringelnatz findet sich dieser Vers: „Kinder weinen. / Narren warten. / Dumme wissen. / Kleine meinen. / Weise gehen in den Garten." (Joachim Ringelnatz: *Kinder-Verwirr-Buch*. 1931).
[2] Hossenfelder S. 9.
[3] Ebd.
[4] Diogenes Laertius, X 3, S. 224.

stadt, die ihn durch Erzstatuen geehrt hat, sodann seine Freundesschar, die so groß ist, daß selbst ganze Städte sich nicht mit ihr messen können, ferner alle seine Anhänger und Schüler, die durch den Zauber seiner Lehren an ihn gekettet bleiben, mit einziger Ausnahme des Metrodor [...], wahrscheinlich weil ihm die übergroße Gutherzigkeit des Epikur drückend wurde.[5]

So unberechtigt der schlechte Ruf des Epikur sich bei näherem Hinsehen auch erweisen wird, so verständlich ist er doch auch. Was ist zu halten von einem, der sagt:

Ich spucke auf das Gute und auf die, die es grundlos bewundern, wenn es keine Lust bereitet.[6]

Und an anderer Stelle:

Ich aber rufe zu fortdauernden Lustempfindungen auf und nicht zu sinnlosen und nichtssagenden Tugenden, die nur verworrene Illusionen über mögliche Früchte in sich hegen.[7]

Epikur macht auch kein Geheimnis daraus, daß er beim Guten und bei der Lust an ganz individuelle, sinnliche Befriedigung denkt:

Ich wüßte nicht, was ich mir überhaupt noch als ein Gut vorstellen kann, wenn ich mir die Lust am Essen und Trinken wegdenke, wenn ich die Liebesgenüsse verabschiede und wenn ich nicht mehr meine Freude haben soll an dem Anhören von Musik und dem Anschauen schöner Kunstgestaltungen.[8]

Wir dürfen bei diesem Musik- und Kunstgenuß freilich nicht an Konzert- oder Museumsbesuche denken, sondern an die Lust am Schönen, wie es sich jedem einzelnen unserer Sinne darbietet: Epikur empfiehlt seinen Freunden und Anhängern den Rückzug aus aller öffentlichen kulturellen, sozialen und politischen Gemeinschaft, was einer seiner berühmtesten Aussprüche zum Ausdruck bringt: „Lebe im Verborgenen (λάθε βιώσας, *lathe biosas*)!",[9] aber auch beispielsweise dieser freundschaftliche Rat: „Aller Bildung, Verehrtester, entfliehe mit vollen Segeln."[10]

---

[5] Diogenes Laertius, X 9, S. 227.
[6] *Brief an Anaxarchos*, Athenaios 547a, Hackemann S. 20 (vgl. Krautz S. 53, Rapp S. 38).
[7] *Brief an Anaxarchos*, Plutarch mor. 1117a, Krautz S. 53 (vgl. Hackemann S. 18).
Epikur ist zwar der Überzeugung, daß nur der Tugendhafte auch zum Glück finden kann, doch sollen die Tugenden kein Selbstzweck sein.
[8] *Über das Endziel*, DL X 6 (Athenaios 546e), Diogenes Laertius S. 225 (vgl. Hackemann S. 22).
[9] Plutarch mor. 1128, Usener 551, Hackemann S. 37; vgl. *Hauptlehrsätze XIV*, Rapp S. 15.
[10] *Brief an Pythokles*, DL X 6, Diogenes Laertius S. 225 (vgl. Krautz S. 61).

Als weiteres, besonderen Anstoß erregendes und zentrales Moment der Lehre Epikurs ist seine Auffassung über den Tod zu nennen:

[A]lles Gute und Schlimme ist nur in der Empfindung gegeben; der Tod aber ist die Vernichtung der Empfindung. [... Daraus folgt:] Das Schauererregendste aller Übel, der Tod, betrifft uns überhaupt nicht; wenn »wir« sind, ist der Tod nicht da; wenn der Tod da ist, sind »wir« nicht.[11]

Schon diese wenigen Zitate machen deutlich, daß wir es mit einem in der diesseitigen und individuellen Sinnlichkeit verhafteten, nutzenorientierten, materialistischen Philosophen zu tun haben, für den Mit- und Nachwelt eine marginale Rolle spielen, wenn überhaupt. Er scheint damit ein denkbar ungeeigneter Kandidat zu sein, um ein tragfähiges Konzept für nachhaltige Zukunftsgestaltung zu liefern. Dennoch behaupte ich, daß wir in Epikurs Lehre einen frühen Verwandten nachhaltigen Denkens finden können, und möchte dies im Folgenden zu zeigen versuchen.

Unter *Nachhaltigkeit*[12] sei hier schlicht ein vorsorgliches Schaffen von Voraussetzungen für ein *Nachwachsen* von – keineswegs nur materiellen – Ressourcen verstanden, das dem jeweils prognostizierten zukünftigen Bedarf entspricht. Zu beachten ist, daß die einfache Formel, in einem Zeitraum nur so viel einer Ressource zu *verbrauchen*, wie im gleichen Zeitraum *nachwächst*, nicht hinreicht, vielmehr ist ein steigender *voraussichtlicher* Bedarf ebenso einzukalkulieren wie ein sinkender oder gar endender. Kehren wir nach dieser kurzen Begriffsklärung zu Epikur zurück.

Seine Eltern aus angesehener Athener Familie gingen als Kolonisten auf die Insel Samos, wo er im Jahre 341 geboren wurde. Bereits als Zwölfjähriger soll er philosophische Schriften studiert und sich bald darauf Lehrern unterschiedlicher Schulen angeschlossen haben.[13] Schon früh entwickelte er sich also zu einem profunden Kenner der verbreiteten philosophischen Richtungen, die er später so provokant kritisieren und ablehnen sollte. In den Jahren 323 und 322 hielt er sich erstmalig in Athen auf. Aristoteles (384-322), der zu dieser Zeit noch nicht aus Athen geflohen war, dürfte er vermutlich dennoch nicht begegnet sein, wohl aber Xenokrates (396-314), der damals Platons (428-348) Akademie leitete. Im Jahre 306 kehrte er nach uns heute teilweise unbekannten Aufenthalten an verschiedenen Orten endgültig

---

[11] *Brief an Menoikeus*, DL X 124f, Krautz S. 43, 45 (vgl. Rapp S. 4, Hackemann S. 56f).
[12] Den Begriff prägt 1713 Hans Carl von Carlowitz (1645-1714). Auf die Begriffsgeschichte und die Verständnisvarianten kann hier aus Raumgründen nicht eingegangen werden.
[13] Für eine genauere Auflistung sh. bspw. Rapp, S. XVI.

nach Athen zurück, erwarb ein Gartengrundstück am Stadtrand und gründete dort seine nach diesem Garten (κῆπος, *kepos*) benannte Schule. Sie sollte ein halbes Jahrtausend lang bestehen. In diesem Garten starb Epikur im Jahre 271 und nannte diesen letzten wegen der Erinnerungen an die Gespräche mit den Freunden und trotz großer Schmerzen den glücklichsten Tag seines Lebens.[14]

Um den für diese Darstellung relevanten Ausschnitt von Epikurs Lehre zu verdeutlichen, möchte ich sie gegen einen derjenigen des Aristoteles kontrastieren und daher zunächst höchst kursorisch[15] auf letzteren eingehen:

Die Ethik, so der Stagirite, beschäftigt sich mit dem guten und richtigen Handeln. Jedes Handeln verfolgt Zwecke. Es stellt sich daher für die Ethik die Frage, ob es einen letzten oder obersten Zweck gibt – genannt das *höchste Gut* – und, wenn ja, welcher dies ist. Das *höchste Gut* muß drei Bedingungen erfüllen: 1. Jeder strebt danach. 2. Es wird um seiner selbst willen erstrebt. 3. Alles andere wird um dieses willen erstrebt. Solcherart ist lediglich das Glück.[16]

Nun jedoch stellt sich die Frage, was hier genau unter *Glück* zu verstehen sei. In der deutschen Sprache wird das Wort *Glück* für gleich drei deutlich unterschiedene Begriffe verwandt: 1. Das *zufallende Glück*: Wir sprechen davon, daß wir *Glück haben*; im Griechischen heißt dies *eutychia* (ευτυχια). 2. Das *empfundene Glück*: Wir sprechen davon, daß wir *glücklich sind*; im Griechischen heißt dies *hedone* (ηδονη). 3. Das *erreichte Glück*: Wir sprechen davon, daß uns *etwas glückt*; im Griechischen heißt dies *eudaimonia* (ευδαιμονια). Diese Bedeutung ist die ursprüngliche in der deutschen Sprache, vom mittelhochdeutschen *gelucki*, das soviel bedeutet wie: *eine Lücke schließen*;[17] im griechischen Wort steckt der *gute Dämon*, der mein Handeln begleitet.[18]

Aristoteles hat alle drei Dimensionen des Glücks im Blick, sein Fokus ist jedoch eindeutig: Das *höchste Gut* besteht im *insgesamt glückenden Leben*, und damit in der *eu-*

---

[14] *Brief an Idomeneus*, Krautz S. 61, 63
[15] Eine solchermaßen gedrängte Darstellung der Glückskonzeption des Aristoteles ist sicherlich unlauter und darf hier lediglich als *Vorbemerkung* zu derjenigen Epikurs verstanden werden.
[16] Dieselbe Argumentation findet sich bei Epikur; vgl. Cicero, I 29 u. I 42.
[17] Vgl. auch die etymologisch verwandten englischen Worte *luck*, *lag* und *lock*; vgl. Hörisch, S. 13f.
[18] Neben einer begrifflich spannenden Frage begegnen wir hier einem gravierenden Übersetzungsproblem: Zwecks Unterscheidbarkeit wird *eutychia* in der Regel schlicht als *Glück* ins Deutsche übertragen, *hedone* mit allen unmoralisch anmutenden Beiklängen als *Lust* und *eudaimonia* theologisch überfrachtet als *Glückseligkeit*. Das müssen wir unbedingt bedenken, wenn wir bei Epikur die in der Übersetzung sogenannte Lust zum *höchsten Gut* erhoben finden! Die Rede ist vom *empfundenen Glück*.

daimonia. Die *eutychia* kommt schon deshalb nicht in Frage, weil sie sich qua Begriff als *zufallendes*, ergo *zufälliges* Glück unserer je eigenen Zwecksetzungen gänzlich entzieht. Doch einerseits entzieht sich auch die *hedone*, das *empfundene* Glück, *direkter* Zwecksetzungen, andererseits sind unsere individuellen Glücksempfindungen so unterschiedlich, daß sich hier kein *für jeden* mit einem solchen Glück verbundener Zweck ausmachen ließe, und das war doch die erste Bedingung für das *höchste Gut*. Diesen beiden gegen die *hedone* als *höchstes Gut* gerichteten Argumenten wird Epikur widersprechen, wohlbegründet innerhalb seines eigenen Entwurfs.

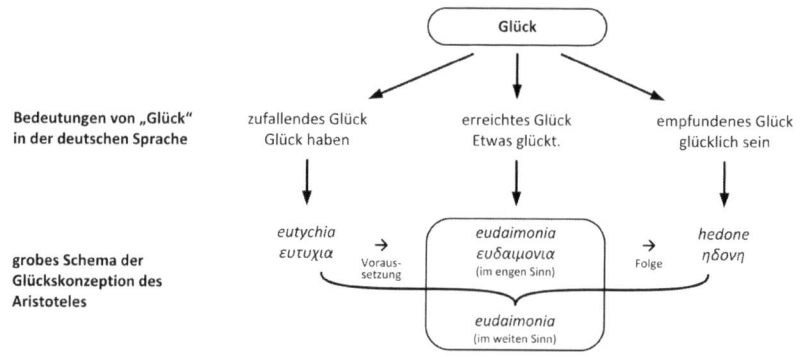

	Glück		
Bedeutungen von „Glück" in der deutschen Sprache	zufallendes Glück Glück haben	erreichtes Glück Etwas glückt.	empfundenes Glück glücklich sein
grobes Schema der Glückskonzeption des Aristoteles	*eutychia* ευτυχια → Voraussetzung	*eudaimonia* ευδαιμονια (im engen Sinn) → Folge	*hedone* ηδονη
		eudaimonia (im weiten Sinn)	

Abb. 1: **Glück in der deutschen Sprache und bei Aristoteles**[19]

Aristoteles sieht außerdem, daß die drei Dimensionen des Glücks in Beziehungen zueinander stehen: Damit das Leben als Ganzes gelingen kann, bedarf es eines gewissen Maßes an zufallendem Glück,[20] beginnend schon mit der Lebenssituation – etwa körperliches Wohlbefinden, politische Gegebenheiten, soziale Position und uns zugängliche äußere Güter –, in die wir hineingeboren werden. Außerdem ist es der Wunsch nach Glücksempfindungen, der uns überhaupt motiviert, uns Zwecke zu setzen, Pläne zu entwerfen und ihnen gemäß zu handeln und unser Leben zu gestalten, und so ist, wenn uns die Verwirklichung dieser Zwecke und Pläne gelingt, das empfundene Glück Folge des erreichten Glücks.[21] Indem er diese Zusammen-

---

[19] Die Anregung zu dieser Darstellung verdanke ich Hubertus Busche.
Aus Zeit- und Raumgründen habe ich in diesem Artikel unter anderem übergangen, daß Aristoteles durchaus Lust als direkte Folge aus äußeren Glücksgütern kennt, zu denen neben dem angemessenen, d.i. maßvollen Wohlstand auch bspw. Gesundheit und Freundschaften gehören. Auch die Bedeutung der Freundschaft in den Konzepten Aristoteles' und Epikurs würde einmal eine interessante vergleichende Betrachtung lohnen.
[20] Aristoteles, 1099a-b (I 9), 1153b (VII 14), 1178a-1179a (X 8f) und anderorts.
[21] Aristoteles, 1099a (I 9), 1152b-1153b (VII 13f), 1175a (X 4f), 1177a (X 7) und anderorts.

hänge in den Blick nimmt, kann Aristoteles von *eudaimonia* in einem weiten Sinn sprechen und alle drei Dimensionen in sein Glücksverständnis integrieren.[22]

Bevor wir nun einen Vergleich zur Lehre Epikurs anstellen, ist es unabdingbar, einen ganz grundlegenden Umbruch in der Philosophie der Antike auszumachen: Obschon die griechische Polis bereits im 4. Jahrhundert im Niedergang begriffen ist, stellt sie doch für das Denken eine Selbstverständlichkeit dar. Für Platon wie für Aristoteles gilt nicht nur, daß der Mensch sich *als Mensch* nur innerhalb der Polisgemeinschaft vollständig verwirklichen kann, sondern vielmehr, daß nur der Mensch *als Bürger* und damit als konstitutiver Teil der Polisgemeinschaft ein vollständig verwirklichter Mensch werden kann. Die Schrift, in der Platon seine Ethik am deutlichsten entfaltet, ist die *Politeia*, und Aristoteles weist in der *Nikomachischen Ethik* immer wieder darauf hin, daß es sich bei der Wissenschaft der Ethik grundsätzlich um eine Propädeutik zur Politik handelt.[23] Im Hellenismus[24] ist dies nicht mehr der Fall; alle bedeutenden Schulen der Zeit, auch die von Platon und Aristoteles gegründeten, prägt nun eine Tendenz zum Individualismus.[25] Salopp gesagt: Während der Ethik der klassischen Antike immer ein Hauch von Gemeinschaftskundeunterricht anhängt, prägt die Lehren des Hellenismus ein therapeutischer Charakter. Dieser ist bei Epikur besonders deutlich ausgeprägt, er selbst vergleicht die Philosphie gerne mit der Medizin[26] und faßt die vier Kernsätze seiner Lehre als *tetrapharmakos* (τετραφαρμακος) zusammen: „Die Gottheit braucht keinen Schrecken zu erregen, der Tod keine Furcht, das Gute ist leicht zu beschaffen, das Schlimme aber leicht zu ertragen."[27]

---

[22] Die *Nikomachische Ethik* ist nicht nur die bedeutendste der drei Ethiken des Aristoteles, sie ist auch eine der wirkmächtigsten Schriften, die zur Ethik je verfaßt wurden. Weite Teile des Buches lesen sich wie ein Ratgeber zur Erreichung eines insgesamt glückenden Lebens. Zentral sind dabei die Ausbildung und Habitualisierung von Fertigkeiten (*ethische Tugenden*) und die Schulung der Geistesgaben, insbesondere der Vernunft und der Klugheit (*dianoetische Tugenden*). Sehr bedauerlicherweise kann hier aus Raumgründen nicht auf Aristoteles' Erörterung von vier *Lebensformen* und später auf deren Beurteilung durch Epikur eingegangen werden.

[23] Aristoteles, 1094a-1095b (I 1f), 1102a (I 13), 1152a-b (VII 12), 1179a-1181b (X 10) und andernorts. Welche Lebensform auch immer gewählt wird: Das gelingende Leben ist das eines Polisbürgers.

[24] Die Epoche wird in der Regel zwischen 323 und 30 v. Chr. angesetzt; vgl. Rapp, S. XIV.

[25] Vgl. bspw. Ottmann, S. 255-309; Hossenfelder, S. 11.

[26] „[W]ie die Heilkunde unnütz ist, wenn sie nicht die Krankheiten aus dem Körper vertreibt, so nützt auch die Philosophie nichts, wenn sie nicht die Erregung der Seele vertreibt.", Origenes c. Cels. 7 66, Usener 221, Krautz S. 143, Hackemann S. 66.

[27] *Fragment aus Herculaneum*, 1005 4, Hackemann S. 9; vgl. *Brief an Minoikeus*, DL X 133, Krautz S. 51, Rapp S. 8; *Hauptlehrsätze I-IV*, Krautz S. 67, Rapp S. 11 und andernorts.

Uns interessiert hier vor allen Dingen die dritte Regel[28] und damit die Frage nach dem *höchsten Gut*, dem Glück, soweit sind sich Aristoteles und Epikur einig. In einem fiktiven Gespräch würden sie sich allerdings möglicherweise gegenseitig ein Mißverständnis des Glücksbegriffs vorwerfen. Einfach ausgedrückt vertritt Epikur die Überzeugung, daß das empfundene Glück keine *Folge* des insgesamt glückenden Lebenswandels ist, sondern daß ein insgesamt glückender Lebenswandel genau *darin besteht*, das Maximum möglichen Glücks zu empfinden,[29] und zwar prinzipiell unabhängig davon, ob einzelne Handlungen oder auch größere Lebensentwürfe vorherigen Vorstellungen gemäß glücken oder nicht. Und kennen wir das nicht alle, daß uns gelegentlich Vorhaben ganz nach Plan gelingen, wir aber dann vom damit verbundenen empfundenen Glück enttäuscht sind (durchaus im Sinne einer Aufhebung der Täuschung in unserer Vorfreude), oder daß uns bei anderen Gelegenheiten Vorhaben vollkommen mißlingen, sich jedoch im Nachhinein just dieses Scheitern als unser größtes Glück erweist?[30]

Die Lust ist zu Beginn des Hellenismus gewiß kein neuer Kandidat für das *höchste Gut*, eher ist sie quasi seit jeher *gängige Münze*, doch bringt sie mannigfaltige Probleme mit sich, von denen zwei bedeutende ja bereits genannt sind. Allgemein wird unter *Lust* die Befriedigung eines Bedürfnisses verstanden und damit die Ablösung eines Gefühls geringeren Wohlbefindens durch ein solches größeren Wohlbefin-

---

Beinahe das gesamte, ursprünglich sehr umfangreiche Werk Epikurs ist verloren. Dennoch läßt sich aus den erhaltenen Texten und den Schriften anderer antiker Autoren eine systematisch (für die Antike) erstaunlich geschlossene Philosophie rekonstruieren. Seine zentralen Lehrsätze wiederholt er häufig, beinahe mantraartig. Auf die Nennung von Parallelstellen wird hier mit wenigen Ausnahmen aus Raumgründen verzichtet.

[28] Auf Epikurs Naturphilosophie, insbesondere seine Atomlehre, die Lukrez in seinem Lehrgedicht *Über die Natur der Dinge* ausführlich darlegt und die unter anderem zur Begründung dient, Götter und den Tod nicht zu fürchten, kann hier nicht genauer eingegangen werden. Bemerkenswert ist allerdings, darauf sei immerhin hingewiesen, daß es einerseits überraschende, wenngleich nicht visionäre, sondern zufällige Parallelen zur Quanten- und zur Evolutionstheorie gibt, daß andererseits Epikurs zentrale naturphilosophische Fragen gerade denen der späteren Metaphysik entsprechen: derjenigen nach der Ontologie in der *allgemeinen Metaphysik*, denen nach Freiheit, Unsterblichkeit und Gott (oder den Göttern) in der *speziellen*.

[29] Wenn die Lust „Ausgangspunkt für jedes Wählen und Meiden" (*Brief an Menoikeus*, DL X 129, Rapp S. 6 (vgl. Krautz S. 47)) ist, wie ja auch Aristoteles eingesteht, so ist sie konsequenterweise auch „Ursprung und Ziel des glückseligen Lebens" (ebd., DL X 128, Krautz S. 47 (vgl. Rapp S. 6)).

[30] Dabei predigt Epikur keineswegs einen Fatalismus; einen solchen lehnt er ganz entschieden ab und ist sich mit Aristoteles einig, daß es des Ausbildens der Fertigkeiten und der Vernunft und Klugheit für gute Aussichten auf ein glückendes Leben bedarf. Der entscheidende Unterschied liegt in der Antwort auf die Frage, worauf es letztlich ankommt beim Urteil, *ob* ein Leben als glückend betrachtet werden kann.

dens. Platon etwa spottet, wenn die Lust das *höchste Gut* sei, dann müsse der an der Krätze Leidende der glücklichste aller Menschen sein, da er sich ohne Pause kratzen und damit seinem Bedürfnis nachkommen könne.[31]

Nach Epikur liegt hier ein Mißverständnis im Lustbegriff vor, das sich durch eine genauere Betrachtung menschlicher Bedürfnisse beheben läßt. Diese teilt Epikur zunächst in *natürliche* und *nicht natürliche* (leere) Bedürfnisse ein. Zu ersteren zählt er primär „nicht hungern, nicht dürsten, nicht frieren";[32] sie sind unbedingt zu suchen, „[d]enn wenn einer dies besitzt und *erwarten kann, es zukünftig zu besitzen*, könnte er selbst mit Zeus um das Glück wetteifern."[33] Zu letzteren zählt er beispielsweise Reichtum und Luxus, Ruhm und Ehre, Status und Macht und überhaupt jedwede politische Tätigkeit; solcherlei Bedürfnisse beruhen auf verhängnisvollen Irrtümern[34] und sind unbedingt gänzlich zu meiden: „Jeder muß sich selbst aus dem Gefängnis befreien, das Alltagsgeschäfte und Politik bilden."[35] Die Polis als Grundlage der Lebensgestaltung ist also fernab von einer Selbstverständlichkeit allenfalls eine mögliche Option, für Epikur eine schlechte, irrige Wahl: Weise gehen in den Garten!

In einer zweiten Stufe betrachtet Epikur die Formen der Befriedigung natürlicher Bedürfnisse und teilt diese in *notwendige* und *nicht notwendige*. Immer wieder betont Epikur, daß üppige Ausschweifungen jeder Art nicht notwendig sind:

> Wenn wir also sagen, die Lust sei das Ziel, meinen wir damit nicht die Lüste der Hemmungslosen und jene, die im Genuß bestehen, wie einige [...] annehmen, sondern: weder Schmerz im Körper noch Erschütterung in der Seele zu empfinden. Denn nicht Trinkgelage und aneinandergereihte Umzüge, auch nicht das Genießen von Knaben und Frauen, von Fischen und allem übrigen, was eine aufwendige Tafel bietet, erzeugen das lustvolle Leben, sondern ein nüchterner Verstand.[36]

An anderer Stelle, um ein weiteres von vielen Beispielen anzuführen:

---

[31] Platon, 494c.
[32] *Vatikanische Spruchsammlung 33*, Krautz S. 87 (vgl. Rapp S. 28).
[33] Ebd., Herv.: TN.
[34] *Hauptlehrsätze XXV*, Rapp, S. 17f.
[35] *Vatikanische Spruchsammlung 58*, Hackemann S. 38 (vgl. Krautz S. 93, Rapp S. 31).
[36] *Brief an Menoikeus*, DL X 131f, Krautz S. 49.

Ich quelle in meinem Körperchen über vor Lust, wenn ich Wasser und Brot zu mir nehme, und ich spucke auf jene Lustempfindungen, die durch aufwendige Mittel hervorgerufen sind.[37]

Anders als nicht natürliche Bedürfnisse sind nicht notwendige Formen der Bedürfnisbefriedigung nicht unbedingt zu meiden, doch gilt es, eine vorsichtige Klugheit walten zu lassen. Nichts spricht dagegen, statt Wassers gelegentlich ein Glas Moselwein zu genießen – sofern dies in mir nicht ein Verlangen auslösen wird, zukünftig nur noch Wein und immer feinere Tropfen trinken zu wollen, und zwar in einem Maß, in dem ich meinen Bedarf nicht werde decken können. Denn der Durst kehrt immer wieder, der Moselwein jedoch ist vielleicht nicht immer zu haben.[38]

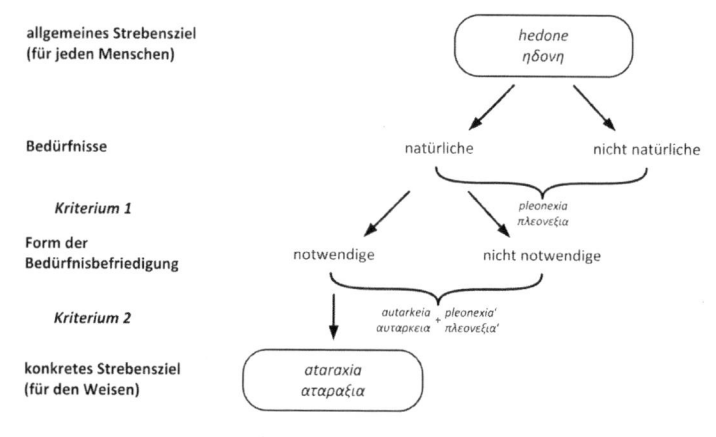

allgemeines Strebensziel (für jeden Menschen)		hedone ἡδονή
Bedürfnisse	natürliche	nicht natürliche
Kriterium 1 Form der Bedürfnisbefriedigung	notwendige	nicht notwendige / pleonexia πλεονεξία
Kriterium 2	autarkeia αυταρκεια + pleonexia' πλεονεξια'	
konkretes Strebensziel (für den Weisen)	ataraxia αταραξια	

Abb. 2: Glück bei Epikur

Durch die beiden Unterscheidungen gelingt es Epikur, die beiden obengenannten Argumente des Aristoteles gegen die Lust als *höchstes Gut* aufzuheben: Natürliche Bedürfnisse sind nicht individuell verschieden, sondern anthropologische Konstanten, und die notwendige Form der Befriedigung derselben ist leicht zu erfüllen, so daß die damit verbundene Lust sich auch zum direkten Zweck setzen läßt. Es geht Epikur also keineswegs um ein Schwelgen in endloser Bedürfnisbefriedigung – das genau ist das große Mißverständnis –, sondern um *Bedürfnisreduktion*. Die wahre Lust des Weisen besteht dann in der Seelenruhe (αταραξια, *ataraxia*), die sich bei einem solch genügsamen, klugen Lebensvollzug einstellt.

---

[37] *Brief an Anaxarchos*, Krautz S. 53.
[38] Eine konzise Darstellung des Schemas findet sich in: *Hauptlehrsätze XXIX*, Rapp, S. 18.

Nun hat Epikur die natürlichen Bedürfnisse und ihre notwendigen Formen der Befriedigung keineswegs *auf gut Glück rhapsodistisch aufgerafft, wie sie ihm aufstießen*, er liefert klar feststellbare Unterscheidungskriterien von nicht natürlichen Bedürfnissen und nicht notwendigen Formen ihrer jeweiligen Befriedigung, und genau auf diese Kriterien kommt es mir hier an. Nicht natürliche Bedürfnisse lassen sich an der mit ihnen verbundenen *pleonexia* (πλεονεξία) erkennen: Es stellt sich *kein Sättigungsgefühl* ein.[39] In der Theorie vernetzter Systeme wird dies als *positive Rückkopplung* bezeichnet. Auch Hunger und Durst kehren immer wieder, doch werden sie auch immer wieder durch Sättigung aufgehoben; eine solche *negative Rückkopplung* hält ein System in einem natürlichen Gleichgewicht.[40] Ähnlich ist das Unterscheidungsmerkmal zwischen notwendiger und nicht notwendiger Bedürfnisbefriedigung, weshalb ich es hier als ,*pleonexia*' bezeichnet habe: Auch über das notwendige Maß hinausgehende Formen der Bedürfnisbefriedigung kennen keine natürliche Grenze. Das Problem hierbei ist allerdings nicht, daß das System von selbst zu wuchern anfängt, sondern daß wir uns möglicherweise in eine Abhängigkeit begeben, deren Deckung wir nicht garantieren können, während gerade die *Unabhängigkeit* (αυταρκεια, *autarkeia*), insbesondere vom zufallenden Glück, Zukunftssicherung und damit die gewünschte Sorglosigkeit und Seelenruhe mit sich bringt.

Nun liegt klar vor Augen, wie sich diese Kriterien Epikurs für ein modernes Nachhaltigkeitskonzept fruchtbar machen lassen: Wir sollten unsere vernetzten Systeme auf *pleonexia* hin analysieren und überall dort, wo wir dominante positive Rückkopplungen antreffen, negative als Regulierungsmechanismen einführen, denn anders ist Nachhaltigkeit wie sie oben beschrieben wurde systembedingt ausgeschlossen. Innerhalb solcher dann stabiler Systeme sind Ressourcengewinnung und -flüsse auf langfristig gewährleistete *autarkeia* hin zu analysieren und gegebenenfalls eine ressourcenschonende Anspruchsreduktion zu fördern und eine moderne Besinnung auf Seelenruhe.

Damit ist noch kein *moderner Nachhaltigkeits-Epikur* gewonnen: Durch seine Ausrichtung am greifbaren Nutzen für den Einzelnen einerseits und seinen atomistischen Materialismus andererseits ist Epikurs Ansatz zwar für Utilitaristen wie Jere-

---

[39] Eine in nicht natürlichen Bedürfnissen gesuchte Lust kann schon deshalb nicht das *höchste Gut* sein, weil die gesteckten Ziele niemals erreicht werden: Es ist nie genug.
[40] Epikurs Benennung als *natürlich* ist treffend: Alle vernetzten Systeme in der Natur sind von negativen Rückkopplungen sozusagen eingeklammert, die Stabilität gewährleisten.

my Bentham (1748-1832) und Adam Smith (1723-1790) gleichermaßen attraktiv gewesen wie für Karl Marx (1818-1883).[41] Epikurs radikale Ablehnung aller institutionalisierten Gemeinschaft (über den Garten hinaus) allerdings macht seine Lehre in der Neuzeit zunächst so *unbrauchbar*, wie sie in der klassischen Antike noch *undenkbar* war. Provokant – wie er selbst es mochte – können wir Epikur als einen *asozialen Philosophen* bezeichnen, der zuerst einer *philosophischen Resozialisierung* bedarf, bevor sein Ansatz für das *größte Glück der größten Zahl* fruchtbar gemacht werden kann. Bentham, Smith und Marx jedoch könnte er entgegenhalten, ihre Vorstellung einer alternativlosen Realisierung des individuellen Glücks innerhalb von politischen Gebilden sei so sehr eine dogmatische Setzung, wie sie es für Platon und Aristoteles war. Ein *Hineinziehen* der (über einen Garten hinausgehenden) Gesellschaft in individuelle Glückskonzeptionen muß, soll es innerhalb von Epikurs Konzeption geschehen, vernunftbegründet sein, die genannten Unterscheidungskriterien erfüllen und im Bereich notwendiger Befriedigung natürlicher Bedürfnisse verortet sein. Es bedarf, anders ausgedrückt, eines Übertrags vom nach Glück strebenden individuellen *Menschen* auf die *Gesellschaft* oder gar die *Menschheit*, die im wohlverstandenen *Selbstverständnis des Menschen als Menschen* ihren *vernunftgegründeten* Ursprung hat. Ein solcher läßt sich meiner Überzeugung nach mit Immanuel Kant (1725-1804) konstruieren, so fern dessen Ethik auch von derjenigen Epikurs sicherlich zu verorten ist: Die *Selbstachtung eines Menschen als Menschen* ist zweifellos ein natürliches Bedürfnis *des Menschen*,[42] die *Achtung vor dem moralischen Gesetz* die notwendige Form der Befriedigung dieses Bedürfnisses innerhalb der Kantischen Moralphilosophie.[43] Andererseits lassen sich beide Unterscheidungskriterien Epikurs auf Kants *Autonomieprinzip* abbilden, und ihre Beachtung läßt sich durch den *kategori-*

---

[41] Letzterer hat sich weit über seine Dissertation hinaus mit Epikur und insbesondere mit dessen Verhältnis zu Aristoteles auseinandergesetzt; vgl. Lange et al.
[42] Es kann uns schlechterdings nicht gleichgültig sein, uns *als Menschen* selbst *achten zu können* und entsprechend von unseren *Mitmenschen* tatsächlich *geachtet zu werden*.
[43] Sh. den Abschnitt *Nachhaltigkeit als Pflicht* in Nieland, S. 198-200.
Kant spricht in der Regel wohlwollend und mit Kenntnis von Epikur, so bspw. in seiner im Wintersemester 1781/82 gehaltenen Anthropologie-Vorlesung: „Epikur empfahl das vergnügte Herz, das so sehr getadelt worden ist, das aber in nichts weiter als in der Sorglosigkeit bestand. Sonst war sehr wenig sinnliches Vergnügen in seinen Gärten; das vornehmste bestand darin, daß sie Brei aßen und Wasser tranken, und sich freundliche Gesichter machten. Jetzt würde man sich wohl dafür bedanken, so epikuräisch behandelt zu werden. Die Epikuräer waren also die rechtschaffensten Leute unter allen, sie behaupteten, daß der Mensch beim tugendhaften Verhalten das größte Vergnügen genösse." (Kant, AA XXV 1078).

schen Imperativ als Pflicht erkennen. So gelingt eine Erweiterung beider Entwürfe, die ein *Nachhaltigkeitskonzept* liefert, dessen wir dringend bedürfen und dessen wir uns als vernunftbegabte Wesen mit Blick in einen gewöhnlichen Haushaltsspiegel nicht entziehen können.

Soviel also sei für heute gesagt über „Epikur von Samos, der die Menschen mit Demokrits Atomlehre und einer schmalen Diät aus Brot, Käse und Wein schon auf dieser Erde glücklich machen wollte und den Kirchenvätern ein Greuel, Luther ein Schimpfwort und Marx ein Dissertationsthema gewesen ist."[44]

Literatur

Ausgaben der Texte Epikurs:

Diogenes Laertius (Hrsg.): *Leben und Meinungen berühmter Philosophen. Zehntes Buch: Epicuros*. Deutsch von Otto Apelt, Berlin 1955
Matthias Hackemann (Hrsg.): *Von der Lust zu Leben*. Deutsch von Matthias Hackemann, Köln 2014
Hans-Wolfgang Krautz (Hrsg.): *Briefe, Sprüche, Werkfragmente*. Deutsch von Hans-Wolfgang Krautz, Stuttgart 1980, 2000
Christof Rapp (Hrsg.): *Ausgewählte Schriften*. Deutsch von Christof Rapp, Stuttgart 2010

Andere antike Autoren:

Aristoteles: *Die Nikomachische Ethik*. Deutsch von Olof Gigon, München 1998
Marcus Tullius Cicero: *Vom höchsten Gut und vom größten Übel*. Deutsch von Otto Büchler, Köln 2012
Diogenes Laertius: *Leben und Meinungen berühmter Philosophen*. Deutsch von Otto Apelt, Berlin 1955
Titus Lucretius Carus: *Über die Natur der Dinge*. Deutsch von Hermann Diels, Hamburg 2017
Platon: *Gorgias*. Deutsch von Otto Apelt, Leipzig 1914

Weitere Literatur:

Carl-Friedrich Geyer: *Epikur zur Einführung*. Hamburg 2000
Harro Heuser: *Als die Götter lachen lernten. Griechische Denker verändern die Welt*. München 1992
Jochen Hörisch: *Glück im Deutschen*. In: Dieter Thomä / Christoph Henning / Olivia Mitscherlich-Schönherr (Hrsg.): *Glück. Ein interdisziplinäres Handbuch*. Stuttgart 2011
Christoph Horn: *Glück im Hellenismus. Zwischen Tugend und Lust*. In: Thomä et al (Hrsg.), sh. o.
Malte Hossenfelder: *Epikur*. München 1991, 2006
Immanuel Kant: *Anthropologie / Menschenkunde*. [Wintersemester 1781/82], Berlin 1997
Erhard Lange / Ernst-Günther Schmidt / Günter Steiger / Inge Taubert: *Die Promotion von Karl Marx – Jena 1841*. Berlin 1983
Torsten Nieland: *Kants transzendentale Teleologie als Zugang zu zukünftiger Wirklichkeit*. In: Ders. (Hrsg.): *Erscheinung und Vernunft – Wirklichkeitszugänge der Aufklärung*. Berlin 2018
Henning Ottmann: *Geschichte des Politischen Denkens*. Band 1/2, Stuttgart 2001
Christof Rapp: *Einleitung des Herausgebers*. In: Rapp (Hrsg.), sh. o.

---

[44] Heuser, S. 8.

Kants Vision eines ewigen Friedens als Menschheitsprojekt der Zukunft

Alfred Berlich

Als Thomas Hobbes ein Jahrhundert vor Kant seine Theorie der staatlichen Souveränität nach dem Modell der Vertragstheorie entwickelt, sieht er dadurch den Naturzustand innerhalb des Staatsgebietes durch einen Rechtszustand überwunden. Zwischen den Staaten besteht indes noch immer der Naturzustand, in dem der Stärkere sich nimmt, was ihm der Schwächere nicht verwehren kann.

Im gleichen Jahrhundert entwirft der Niederländer Hugo Grotius, Ideen des spanischen Jesuiten und Naturrechtlers Francisco Suarez aufgreifend, in seinem Werk „*De jure belli ac pacis*" seine Idee eines Völkerrechts, das die Souveränität der einzelnen Staaten anerkennt, aber Regeln für den Umgang untereinander im Frieden wie im Krieg formuliert. Eine Instanz, die diese Regeln durchsetzen könnte, gibt es zwar nicht. Der Gedanke eines Rechts für den Umgang der Staaten miteinander ist jedoch in der Welt. Samuel Pufendorf führt diese Ideen in seinem Werk weiter.

Ein Jahrhundert später – zum Ende des 18. Jahrhunderts – greift Kant die Idee eines Rechtszustandes zwischen souveränen Staaten auf, um sie im Kontext seiner staats- und rechtstheoretischen sowie seiner anthropologischen und geschichtsphilosophischen Schriften zu erörtern und zu konkretisieren.

Geschichtsphilosophie

Bereits in der 1784 erschienenen Schrift „*Idee zu einer allgemeinen Geschichte in weltbürgerlicher Absicht*" sieht Kant als Ziel der menschlichen Geschichte, „*aus dem gesetzlosen Zustande der Wilden hinaus zu gehen, und in einen Völkerbund zu treten; wo jeder, auch der kleinste, Staat seine Sicherheit und Rechte nicht von eigener Macht, oder eigener rechtlicher Beurteilung, sondern allein von diesem großen Völkerbunde (...), von einer vereinigten Macht, und von der Entscheidung nach Gesetzen des vereinigten Willens, erwarten könne*" (IGwA, A 400).

Diese Formulierung, in deren Zusammenhang er auf die Ideen von Abbé von Saint Pierre und Rousseau verweist, läßt an einen Weltstaat denken – ein Konzept, das Kant in späteren Schriften allerdings explizit als utopisch und nicht wünschenswert ablehnt.

Im Gegensatz zur zivilisationskritischen Haltung von Rousseau sieht Kant in der Kultivierung und Zivilisierung des natürlichen Menschen den Weg zur Etablierung auch des zwischenstaatlichen Rechtszustandes. Die Natur selbst treibt den Menschen dazu, den Fortschritt zu Kultur und Frieden anzustreben. Denn die Naturanlagen des Menschen seien dazu bestimmt, *„sich einmal vollständig und zweckmäßig auszuwickeln"* (IGwA, A 388).

Die *„ungesellige Geselligkeit des Menschen"* (IGwA, A 392) bewirkt, daß der Mensch nicht vereinzelt leben will, aber auch nicht in einer Gemeinschaft aufgehen kann. Schon Aristoteles hatte den Menschen als „Zoon Politikon", als ein Wesen, das nur im Gemeinwesen gedeiht, bestimmt. Bei Kant liest sich das so:

„Man kann die Geschichte der Menschgattung im großen als die Vollziehung eines verborgenen Plans der Natur ansehen, um eine innerlich - und, zu diesem Zecke, auch äußerlich - vollkommene Staatsverfassung zu Stande zu bringen, als den einzigen Zustand, in welchem sie alle ihre Anlagen in der Menschheit völlig entwickeln kann." (IGwA, A 403)

Rechts- und Staatsphilosophie

Ich will an dieser Stelle innehalten und näher auf die grundlegenden Begriffe in Kants politischem Denken eingehen, um anschließend den Faden aus seiner Geschichtsphilosophie wieder aufzunehmen.

Der Rechtszustand ist seinem Wesen nach ein gesellschaftlicher Zustand, in dem kein Mitglied der Gesellschaft mehr Richter in eigener Sache ist. Im Naturzustand ist es jedem einzelnen aufgegeben, seine Rechtsauffassung gegen die anderen durchzusetzen. Das probate Mittel ist in der Regel die Gewalt. Es herrscht das sogenannte Recht des Stärkeren. Erst indem eine Staatsgewalt sich das Monopol auf die Anwendung von Gewalt nimmt und die Mitglieder der Gesellschaft zwingt, auf eigene Gewaltanwendung zur Durchsetzung ihrer Rechtsauffassung zu verzichten, entsteht ein Zustand des gesellschaftlichen Friedens. Dies war das große Thema von Hobbes.

Doch was qualifiziert diesen Zustand des Friedens als Rechtszustand? Es ist die Herrschaft des Rechts. Kant gründet den Begriff des Rechts auf den der äußeren Freiheit. Er verwendet den Terminus „Willkür", um sie gegen die innere, sprich Willensfreiheit, abzugrenzen. Ich zitiere aus der *„Rechtslehre"* der *„Metaphysik der Sitten"*:

„*Das Recht ist (…) der Inbegriff der Bedingungen, unter denen die Willkür des einen mit der Willkür des andern nach einem allgemeinen Gesetze der Freiheit zusammen vereinigt werden kann.*" (MdS, A 33).

Der Begriff des Rechts betrifft hierbei „*nur das äußere und zwar praktische Verhältnis einer Person gegen eine andere*" (MdS, A 33). Oder, wie Kant in seiner Schrift „Über den Gemeinspruch…" schreibt:

„*Der Begriff aber eines äußeren Rechts überhaupt geht gänzlich aus dem Begriffe der Freiheit im äußeren Verhältnisse der Menschen zu einander hervor*" (ÜdG, A 234).

Es gibt nur ein angeborenes, jedem Menschen kraft seiner Menschheit zustehendes Recht, die Freiheit. Im Rechtszustand bleibt jeder sein eigener Herr, stellt sich aber unter das Gewaltmonopol des Staates und die Herrschaft des positiven Rechts, indem er darauf verzichtet, Richter in eigener Sache zu sein.

Kant definiert den Staat als „*die Vereinigung einer Menge von Menschen unter Rechtsgesetzen*" (MdS, B 195). Im Sinne Montesquieus werden drei Gewalten unterschieden:

1. Die gesetzgebende Gewalt, die „nur dem vereinigten Willen des Volkes zukommen" (B 196) kann.
2. Die vollziehende Gewalt als die an das Gesetz gebundene Regierung (Regent, Rex, Princeps).
3. Die rechtsprechende Gewalt, verkörpert durch Richter. Sie dürfen zwar von den beiden anderen Gewalten eingesetzt werden, aber nicht diesen Gewalten angehören.

Kant nimmt die Idee eines Gesellschaftsvertrages auf, wie ihn Hobbes und Rousseau gedacht hatten. Der Gesellschaftsvertrag ist auch hier nicht als historisches Faktum anzusehen. Vielmehr handelt es sich hierbei um eine „*bloße Idee der Vernunft*" (ÜdG, A 250), die dem Gesetzgeber die Pflicht auferlegt, „*daß er seine Gesetze so gebe, als sie aus dem vereinigten Willen eines ganzen Volks haben entspringen können*" (ÜdG, A 250). Kant spricht von einem „*Probierstein der Rechtmäßigkeit eines jeden öffentlichen Gesetzes*" (ÜdG, A 250).

Wie ein Staat zustande kommt, was sein Ursprung ist, spielt keine Rolle. Es mag durch Vertrag oder durch Gewalt geschehen. Von Bedeutung ist nur, daß der Staat mit diesen Gewalten existiert. Besteht einmal ein Staat, so ist er nach Kant sakrosankt, da er den Rechtszustand verkörpert und es kein Recht geben kann, diesen Rechtszustand zu verlassen. Eine Revolution ist also per se Unrecht. Entsteht allerdings aus einer Revolution selbst wieder ein neuer Rechtszustand, so ist dieser nicht weniger sakrosankt. Entscheidend ist, daß ein Zustand vermieden wird, in dem jeder, *"seinem eigenen Recht, zu tun, was ihm recht und gut dünkt"* (MdS, B 193) folgt.

Die Möglichkeiten der Kombination von Freiheit, Gesetz und Gewalt führt Kant in seiner Anthropologie zu einer Unterscheidung von vier Staatstypen:

"Freiheit und Gesetz (durch welche jene eingeschränkt wird) sind die zwei Angeln, um welche sich die bürgerliche Gesetzgebung dreht. – Aber damit das letztere auch von Wirkung und nicht leere Anpreisung sei: so muß ein Mittleres hinzu kommen, nämlich Gewalt, welche, mit jenen verbunden, diesen Prinzipien Erfolg verschafft. – Nun kann man sich aber viererlei Kombinationen mit den beiden ersteren denken.

    A.   Gesetz und Freiheit, ohne Gewalt (Anarchie).

    B.   Gesetz und Gewalt, ohne Freiheit (Despotism).

    C.   Gewalt, ohne Freiheit und Gesetz (Barbarei).

    D.   Gewalt, mit Freiheit und Gesetz (Republik)." (ApH B 329)

Die Anarchie als Freiheit und Gesetz ohne Gewalt ist für Kant offenbar lediglich eine logische Möglichkeit, die aufgrund der moralisch zweifelhaften Natur des Menschen (*"Aus so krummem Holze, als woraus der Mensch gemacht ist, kann nichts ganz Gerades gezimmert werden"* (IGwA)) ohne Wirklichkeit bleibt.

Interessant ist der Status der Barbarei. Ist sie wirklich noch Staat im Sinne von Rechtszustand oder bereits Naturzustand? Gerade für die Frage des Widerstandsrechts – das es nach Kant nicht gibt, solange ein Rechtszustand besteht – ist dies entscheidend.

An anderer Stelle unterscheidet Kant republikanische und despotische Herrschaft. Das entscheidende Kriterium ist die Gewaltenteilung. Ohne Gewaltenteilung ist die Herrschaft despotisch. Eine republikanische Herrschaft – Kant spricht hier auch von Regierungsart oder Form der Regierung – erfordert Gewaltenteilung.

Davon werden wieder die Formen der Beherrschung Autokratie, Aristokratie und Demokratie unterschieden, je nachdem ob einer, einige oder alle herrschen. Autokratie und Aristokratie können republikanisch oder despotisch regiert werden; die Demokratie ist Kant zufolge notwendig despotisch, da eine Gewaltenteilung hier angeblich nicht möglich ist. (S. ZEF B 25). Erst in der Metaphysik der Sitten bezieht sich Kant auf so etwas wie die repräsentative Demokratie (MdS, B 205f.).

Ein Staat, in dem jeder Bürger den Staatsgewalten – sei es der Regierung und ihren Verwaltungsorganen, sei es den Vorschriften der Gesetze, sei es den Urteilen der Gerichte – zu gehorchen hat, muß seinen Bürgern, wenn er denn als Republik gelten will, eines gewähren: von ihrer Vernunft „*öffentlichen Gebrauch zu machen*" (WiA, A 484). In seiner Schrift „*Was ist Aufklärung?*" macht Kant als einer der ersten die Öffentlichkeit (und damit die Meinungs- und Pressefreiheit) zu einem wesentlichen Bestandteil eines republikanischen Staatswesens.

Völkerrecht und Völkerbund

Die republikanische Staatsverfassung und die politische Öffentlichkeit sind dann auch die entscheidenden politischen Garanten für die Herbeiführung und Bewahrung des äußeren Friedens. In seiner Schrift „*Über den Gemeinspruch…*" fordert Kant: „*Daß ein jeder Staat in seinem Inneren so organisiert werde, daß nicht das Staatsoberhaupt, dem der Krieg (weil er ihn auf eines andern, nämlich des Volks, Kosten führt) eigentlich nichts kostet, sondern das Volk, dem er selbst kostet, die entscheidende Stimme habe, ob Krieg sein solle oder nicht…*" (ÜdG, A 281).

Auch dies garantiert noch nicht Frieden. Weiter heißt es nämlich: „*Die menschliche Natur erscheint nirgend weniger liebenswürdig, als im Verhältnisse ganzer Völker gegen einander. Kein Staat ist gegen den andern wegen seiner Selbständigkeit, oder seines Eigentums, einen Augenblick gesichert. Der Wille, einander zu unterjochen, oder an dem Seinen zu schmälern, ist jederzeit da; und die Rüstung zur Verteidigung, die den Frieden oft noch drückender und für die innere Wohlfahrt zerstörender macht, als selbst den Krieg, darf nie nachlassen.*" (ÜdG, A 283)

Bereits in seiner „*Idee zu einer allgemeinen Geschichte in weltbürgerlicher Absicht*" sieht Kant in einem Völkerbund, „*wo jeder, auch der kleinste, Staat seine Sicherheit und Rechte*" erwarten könne, als Ziel der Geschichte (IGwA, A 400).

In seiner Schrift „*Zum ewigen Frieden*" legt Kant in der Form eines Vertragsentwurfs dar, was er als Voraussetzungen eines dauerhaften äußeren Friedens sieht. Dieser fiktive Friedensvertrag beschreibt, wie aus einem latenten oder sogar offenen Kriegszustand zu einem nachhaltigen Frieden gefunden werden kann.

Der Vertrag setzt sich zusammen aus:

A. 6 sogenannten Präliminarartikeln, die verbieten, was einem dauerhaften Frieden entgegensteht,

B. 3 Definitivartikeln, die gebieten, was für einen dauerhaften Frieden unverzichtbar ist,

C. 2 Zusätzen zur Rolle der Natur und der Philosophen bei der Erreichung des Friedens und

D. einem Anhang, der sich dem Verhältnis von Moral und Politik widmet.

Ich will nun näher auf diese Vertragsbestandteile eingehen. Beginnen wir mit den Präliminarartikeln. Sie werden von Kant unterteilt in leges strictae, die ohne Aufschub einzuhalten sind, und leges latae, deren Einhaltung an zukünftig zu erreichende Umstände gebunden sind.

1. Der erste Präliminarartikel ist lex stricta:

„Es soll kein Friedensschluß für einen solchen gelten, der mit dem geheimen Vorbehalt des Stoffs zu einem künftigen Kriege gemacht worden." (ZEF, B 5)

Nach Henning Ottmann (Geschichte des politischen Denkens) geht es hier um die Frage, ob mit dem Friedensschluß der Status-quo anerkannt wird – zumindest in dem Sinne, daß der Status-quo auf keiner Seite als etwas gesehen wird, das irgendwann mittels Gewalt zu ändern sei. Sonst wäre das Ergebnis kein dauerhafter Frieden, sondern nur ein Waffenstillstand, wie Kant schreibt. Ob Kant nach Ottmanns Interpretation einen gerechten Status-quo in Europa bereits voraussetzt, ist freilich nicht gewiß.

Die Anerkennung des Status-quo hat heute für die Friedensbemühungen sowohl der UNO als auch der Europäischen Union große Bedeutung. Die Europäische Union geht sogar soweit, den Status-quo selbst dann für sakrosankt zu erklären, wenn die Beteiligten selbst sich auf eine Änderung der Verhältnisse einigen könnten (s. Kosovo und Bosnien-Herzegowina).

2. Der zweite Präliminarartikel ist lex lata, muß also nicht sofort umgesetzt werden:

„Es soll kein für sich bestehender Staat (klein oder groß, das gilt hier gleichviel) von einem andern Staate durch Erbung, Tausch, Kauf oder Schenkung erworben werden können." (ZEF, B 6)

Kant begründet dieses Verbot damit, daß ein Staat kein Besitztum sei, sondern eine Gesellschaft von Menschen. Einen Staat einem anderen wie eine Sache übertragen zu wollen, *„widerspricht ... der Idee des ursprünglichen Vertrags, ohne die sich kein Recht über ein Volk denken läßt"* (ZEF, B 7). Hintergrund ist die mit der Idee des Gesellschaftsvertrages verbundene Idee der Volkssouveränität.

Kant weiß sehr wohl, daß in seiner Zeit Regenten, die sich als Eigentümer ihrer Gebiete und sich selbst als Inbegriff des Staates sehen, diese Praktiken nicht einfach ablegen werden. Daher betrachtet er das im 2. Präliminarartikel formulierte Verbot als etwas, das wohl erst in der Zukunft zu erreichen sein wird.

In der Tat setzt sich ein auf Volkssouveränität beruhendes Staatsverständnis erst mit dem in der französischen Revolution aufkommenden Nationalstaatsgedanken durch.

3. Der dritte Präliminarartikel ist ebenfalls lex lata:

„Stehende Heere (miles perpetuus) sollen mit der Zeit ganz aufhören." (ZEF, B 8)

Stehende Heere sind für Kant eine ständige Bedrohung anderer Staaten und eine Ursache von Angriffskriegen. Sie verschlingen zudem einen großen Teil der Ressourcen eines Landes – was für das zeitgenössische Preußen auf jeden Fall galt.

Ein zweiter Grund ist moralischer Natur. Die stehenden Heere zu Kants Zeit sind Söldnerheere. Ein Mensch aber, der um des Geldes willen einen anderen tötet, wird zu einem Werkzeug degradiert, was ein Vergehen gegen die Menschheit in seiner Person ist.

Auch hier sah Kant keine sofortige Durchsetzbarkeit. Stehende Heere sind auch zu unserer Zeit allgemein üblich. Ihrer Abschaffung steht offensichtlich die Problematik einseitiger Abrüstung im Wege.

4. Auch der vierte Präliminarartikel ist lex lata:

„Es sollen keine Staatsschulden in Beziehung auf äußere Staatshändel gemacht werden." (ZEF, B 10) Damit will Kant verhindern, daß es leichter wird, Kriege zu führen.

Kant ist bewußt, daß die drei letztgenannten Artikel etwas verbieten, das bereits gängige Praxis ist und nicht durch die Unterschrift unter einen Vertrag einfach so abgeschafft werden kann. Daher spricht er von leges latae oder auch leges permissivae (Erlaubnisgesetzen). Letztlich ist es ein Zugeständnis an die Verhältnisse seiner - und zum Teil auch unserer – Zeit.

5. Der fünfte Präliminarartikel ist lex stricta:

„Kein Staat soll sich in die Verfassung und Regierung eines andern Staats gewalttätig einmischen." (ZEF, B 12)

Kant anerkennt mit diesem Artikel die traditionelle Souveränitätslehre mit ihrem Interventionsverbot. Er hat vor allem den Fall eines Bürgerkriegs in einem anderen Staat vor Augen. Hier ist die Einmischung äußerer Mächte strikt verboten. Nur dann, wenn sich ein Staat in zwei Staaten aufgespalten hat, die einander bekriegen, darf einem der beiden Staaten Beistand geleistet werden.

Man sieht hier, daß Kant das, was man heute als humanitäre Intervention bezeichnet und für völkerrechtlich erlaubt oder sogar geboten hält, gar nicht erst in den Blick nimmt. Erst im späten 20. Jahrhundert wird dieser neue Gedanke aufkommen.

6. Der sechste Präliminarartikel ist ebenfalls lex stricta:

„*Es soll sich kein Staat im Kriege mit einem andern solche Feindseligkeiten erlauben, welche das wechselseitige Zutrauen im künftigen Frieden unmöglich machen müssen: als da sind, Anstellung der Meuchelmörder (percussores), Giftmischer (venefici), Brechung der Kapitulation, Anstiftung des Verrats (perduellion) in dem bekriegten Staat etc.*" (ZEF, B 13)

Kant bezieht sich hier auf das ius in bello. Grotius hatte es als durchaus erlaubt gesehen, daß der Feind im Kriege getäuscht und ausspioniert werden dürfe. Kant geht es hier indes um grundsätzlichere Dinge. Der Krieg ist „*nur das traurige Notmittel im Naturzustande…(wo kein Gerichtshof vorhanden ist, der rechtskräftig urteilen könnte), durch Gewalt sein Recht zu behaupten; wo keiner von beiden Teilen für einen ungerechten Feind erklärt werden kann (weil das schon einen Richterspruch voraussetzt)*" (B 13). Daher ist kein Bestrafungskrieg denkbar. Auch ein Vernichtungskrieg „*muß schlechterdings unerlaubt sein*" (B 14).

Wird in den Präliminarartikeln das verboten, was einem dauerhaften Frieden entgegensteht, so werden in den drei Definitivartikeln die für einen dauerhaften Frieden unerläßlichen rechtlichen Voraussetzungen beschrieben. Es handelt sich daher um Gebote.

Der erste Definitivartikel bezieht sich auf das Staatsrecht:

„*Die bürgerliche Verfassung in jedem Staate soll republikanisch sein.*" (ZEF, B 20)

Wir erinnern uns: Die republikanische Verfassung ist definiert durch Gewaltenteilung und den Umstand, daß die Regierung den Gesetzen unterworfen ist. Die Gesetzgebung selbst an die Norm gebunden, daß als Gesetz nur gelten kann, was die Bürger in ihrer Gesamtheit, das Volk, über sich selbst beschließen könnten. Zu den Merkmalen einer Republik gehört auch die Meinungs- und Pressefreiheit, auf deren Grundlage ein öffentlicher politischer Diskurs geführt werden kann.

Auf diese Elemente baut Kant seine Zuversicht, daß die republikanische Staatsform ein starker Garant dauerhaften Friedens sei. „*Wenn (wie es in dieser Verfassung nicht anders sein kann) die Beistimmung der Staatsbürger dazu erfordert wird, um zu beschließen, "ob Krieg sein solle, oder nicht", so ist nichts natürlicher, als daß, da sie alle Drangsale des Krie-*

ges über sich selbst beschließen müßten (...) sie sich sehr bedenken werden, ein so schlimmes Spiel anzufangen" (ZEF, B 24, 25).

Das klingt so, als müsse das Volk selbst über einen Kriegseintritt abstimmen. Kant will indes die Republik nicht mit einer Demokratie verwechselt wissen. Unter Demokratie versteht Kant die direkte politische Beteiligung der Staatsbürger an politischen Entscheidungen. Das aber ist ihm zufolge despotisch, *„weil alles da Herr sein will"* (ZEF, B 27). Auf die Möglichkeit einer repräsentativen Demokratie verweist Kant (wie oben bereits erwähnt) in der Rechtslehre der Metaphysik der Sitten (MdS, B 205f). In allen Fällen aber sind die Inhaber der Staatsgewalt als solche Repräsentanten aller Staatsbürger – auch wenn sie von ihnen weder gewählt werden, noch ihnen rechenschaftspflichtig sind.

Kant sieht in der Monarchie sogar die einer republikanischen Staatsform gemäßeste Form der Beherrschung (ZEF, B 27). Allerdings darf der Monarch als ausführende Gewalt nicht auch die gesetzgebende Gewalt innehaben. Sonst würde er den „öffentlichen Willen" als seinen „Privatwillen" handhaben (ZEF, B 26).

Es fällt auf, wie wenig stimmig diese Ausführungen Kants sind. Zum einen wird die Beistimmung der Staatsbürger zu wichtigen politischen Entscheidungen gefordert. Zum anderen wird das Hohe Lied auf die Monarchie gesungen. Der Monarch ist Repräsentant der Staatsbürger. Es bleibt ungeklärt, ob er nur die ausführende Gewalt oder auch die gesetzgebende Gewalt, was Despotie wäre.

Der Grund für diese Inkohärenz liegt in der politischen Situation, auf die Kant Rücksicht nehmen muß. Es ist das Jahr 1795. Preußens Monarchie gehört nicht gerade zu den Bewunderern der Französischen Revolution. Eine Republik ist das letzte, was der preußische König in seinem Land dulden würde. Kant laviert also mit seinen Begriffen und Unterscheidungen. Mit den Grundideen Gewaltenteilung, Unterwerfung der Regierung unter das Recht und kritischer Öffentlichkeit hat er eigentlich das Wesentliche gesagt. Aber es darf für die Zensur so klar nicht stehen bleiben.

Kant ist sich auch im Klaren darüber, daß die Definitivartikel – wie die leges latae der Präliminarartikel – in die Zukunft weisen.

Der zweite Definitivartikel bezieht sich auf das Völkerrecht:

„Das Völkerrecht soll auf einen Föderalism freier Staaten gegründet sein." (ZEF, B 30).

Ausgangspunkt Kants ist der Naturzustand zwischen den Staaten. Hier gilt, daß

„die Art, wie Staaten ihr Recht verfolgen, nie, wie bei einem äußern Gerichtshofe, der Prozeß, sondern nur der Krieg sein kann, durch diesen aber und seinen günstigen Ausschlag, den Sieg, das Recht nicht entschieden wird, und durch den Friedensvertrag zwar wohl dem diesmaligen Kriege, aber nicht dem Kriegszustande (...) ein Ende gemacht wird" (ZEF, B 35).

Um diesen latenten Kriegszustand zu überwinden, schlägt Kant einen Vertrag der Völker unter sich vor, dessen Zweck ein Friedensbund ist, *„der vom Friedensvertrag (...) darin unterschieden sein würde, daß dieser bloß einen Krieg, jener aber alle Kriege auf immer zu endigen suchte"* (ZEF, B 36). Inhalt dieses Vertrages wäre die *„Erhaltung und Sicherung der Freiheit eines Staats, für sich selbst und zugleich anderer verbündeten Staaten"* (ZEF, B 36).

Kant stellt sich eine Entwicklung vor, in der zunächst einige Staaten beginnen, durch Verträge untereinander einen Friedensbund zu schließen, dem dann immer mehr Staaten beitreten können. Damit wächst allmählich ein Völkerbund von Staaten heran, die sich vertraglich zum Frieden untereinander verpflichten. Einen Völkerstaat oder eine Weltrepublik sieht Kant dadurch nicht entstehen, da die Einzelstaaten ihre Souveränität nicht aufgeben werden, wohl aber „das negative Surrogat eines den Krieg abwehrenden, bestehenden, und sich immer ausbreitenden Bundes" (ZEF, B 40). Dies meint Kant mit dem Ausdruck *„Föderalism freier Staaten"*.

Zwei Dinge unterscheiden diesen Völkerbund vom Rechtszustand wie er in einem Staat begründet wird.

Erstens, Kant hat keinen Gerichtshof vorgesehen, der in einem Streit zwischen Staaten Recht sprechen könnte. Und wenn es einen solchen gäbe – was heute durchaus der Fall ist, gibt es keine Gewalt, die seinen Rechtsspruch durchsetzen könnte.

Zweitens, ist es jedem Staat unbenommen, aus diesem Bund wieder auszutreten – oder gar nicht erst in ihn einzutreten. In diesem Fall herrscht nach wie vor der Naturzustand zwischen ihm und den anderen.

Wie sehr beide Einschränkungen gelten, wird uns heute vor Augen geführt durch die nach wie vor häufigen kriegerischen Auseinandersetzungen zwischen Staaten, die gleichwohl dem Völkerbund der Vereinten Nationen angehören. Nichtsdestotrotz ist davon auszugehen, daß das Geflecht von völkerrechtlichen Verträgen Kriege zum Teil verhindert oder zumindest eingedämmt hat.

Der dritte Definitivartikel widmet sich dem Weltbürgerrecht.

„*Das Weltbürgerrecht soll auf Bedingungen der allgemeinen Hospitalität eingeschränkt sein.*" (ZEF, B 40)

Dieser Artikel enthält zwei wichtige Aussagen. Erstens, es gibt ein Weltbürgerrecht. Zweitens, es gibt Einschränkungen.

Das Weltbürgerrecht ist Kant zufolge „*das Recht eines Fremdlings, seiner Ankunft auf dem Boden eines andern wegen, von diesem nicht feindselig behandelt zu werden. Dieser kann ihn abweisen, wenn es ohne seinen Untergang geschehen kann; so lange er aber auf seinem Platz sich friedlich verhält, ihm nicht feindlich begegnen.*" (ZEF, B 40). Die Rede ist von „Hospitalität (Wirtbarkeit)" oder einem Besuchsrecht, „*welches allen Menschen zusteht, sich zur Gesellschaft anzubieten*" (ZEF, B 40).

Es handelt sich aber nicht um ein Gastrecht, „*wozu ein besonderer wohltätiger Vertrag erfordert werden würde, ihn auf eine gewisse Zeit zum Hausgenossen zu machen*" (ZEF, B 40).

Kant formuliert die Einschränkungen des Weltbürgerrechtes vor allem im Hinblick auf die Errichtung von Kolonialregimen europäischer Mächte auf fremdem Boden. Ginge es hier nur um wirtschaftlichen und geistigen Austausch, wäre nichts einzuwenden. Kant sieht hier aber Beherrschung, Versklavung und Beraubung am Werk.

Er hält dagegen, daß sich das Hospitalitätsrecht „*nicht weiter erstreckt, als auf die Bedingungen der Möglichkeit, einen Verkehr mit den alten Einwohnern zu versuchen. – Auf diese Art können entfernte Weltteile mit einander friedlich in Verhältnisse kommen, die zuletzt öffentlich gesetzlich werden, und so das menschliche Geschlecht endlich einer weltbürgerlichen Verfassung immer näher bringen können*" (ZEF, B 41f).

Letztlich gilt: Es gibt ein Recht auf Auswanderung. Niemand darf gezwungen werden, in einem Staat zu bleiben. Aber es gibt kein Recht auf Einwanderung. Sofern es ohne seinen Untergang geschehen kann, darf jeder abgewiesen werden, wenn ein Staat die Einwanderung nicht gestatten will.

Damit wird innerhalb des Besuchsrechts ein Recht auf Einreise definiert, ohne indes näher zu bestimmen, wie die Klausel „*ohne seinen Untergang*" zu interpretieren sei.

In einem ersten Zusatz äußert sich Kant optimistisch, daß es letztlich zu einem Völkerbund im dargestellten Sinne kommen werde. Die Natur selbst wirke darauf hin, wie er es ja schon in seiner „*Idee einer Geschichte in weltbürgerlicher Absicht*" beschrieben hatte.

In einem zweiten Zusatz, den er „*Geheimer Artikel zum ewigen Frieden*" nennt, fordert er:

„*Die Maximen der Philosophen über die Bedingungen der Möglichkeit des öffentlichen Friedens sollen von den zum Kriege gerüsteten Staaten zu Rate gezogen werden.*" (ZEF, B 67)

Gemeint ist damit, daß die Philosophen nicht Könige werden sollten, daß ihr Rat aber und vor allem die von ihnen erkannten praktischen Prinzipien von den Regierenden gehört werden sollen.

Es folgt ein Anhang, der das Verhältnis von Moral und Politik erörtert. Kant spricht sich für eine moralischen Prinzipien verpflichtete Politik aus, die gleichwohl die realen Umstände im Blick behält. Als Politiker kann man moralische Prinzipien nicht suspendieren. Eine politische Klugheit, wie sie Macchiavelli in seinem „Principe" propagiert, wird abgelehnt wie alle Staatsräson, die sich über moralische Grundsätze hinwegsetzen zu können glaubt. Kant bleibt auch im politischen Denken Gesinnungsethiker. Lediglich der Umstand, daß die Zeit noch nicht reif sei, kann ein Abweichen vom Prinzip rechtfertigen.

Man muß hier beachten, daß Kant immer das politisch handelnde Individuum im Sinn hat, wenn er den moralischen Politiker beschreibt.

Es wird Max Weber sein, der den Begriff einer Verantwortungsethik für politisch Handelnde als eine Ethik dessen, der politische Verantwortung trägt diskutieren und von der Gesinnungsethik des nur sich selbst verpflichteten moralischen Individuums unterscheiden wird.

Literaturverzeichnis:
Immanuel Kant
(WiA) Was ist Aufklärung, 1784
(IGwA) Idee zu einer allgemeinen Geschichte in weltbürgerlicher Absicht, 1784
(ÜdG) Über den Gemeinspruch: Das mag in der Theorie richtig sein, taugt aber nicht für die Praxis, 1793
(SdF) Der Streit der Fakultäten, 1794
(ZEF) Zum ewigen Frieden. Ein philosophischer Entwurf, 1795
(MdS) Metaphysik der Sitten, 1797
(ApH) Anthropologie in pragmatischer Hinsicht, 1798

Andere im Text genannte Autoren:
Thomas Hobbes, Leviathan, 1651
Hugo Grotius, De jure belli ac pacis, 1625
Samuel Pufendorf, De jure naturae et gentium libri octo, 1672
Max Weber, Politik als Beruf, 1919

Kann man die Zukunft gestalten? Henri Bergson und die Unvorhersehbarkeit und Vorhersehbarkeit der Zukunft

Matthias Vollet

Einleitung

Menschen gestalten die Zukunft, ob sie es wissen oder nicht, ob sie es wollen oder nicht. Zukunft soll hier (etwas unterbestimmt) heißen: was in einer zukünftigen Zeit geschehen wird. Die Zukunft, die die Menschen wissentlich gestalten (ob gewollt oder nicht), können sie erwarten, erhoffen, befürchten oder einfach abwarten. Aber selbst, wenn sie sie gestalten wollen und zu wissen vermeinen, was sie tun: können sie wissen, wie die Zukunft aussehen wird, die sie gestaltet haben werden? Hat jemals jemand die Zukunft genau vorhergesehen?

Wie aber findet solche Gestaltung der Zukunft statt? Wer ist das Gestaltende überhaupt (im Titel der Tagung, die zu diesem Band geführt hat, nämlich „Zukunft gestalten", gab es übrigens nur eine infinite Verbform ohne Subjekt)? Wie weit hat es Kenntnis und Verfügung über das, was es tut, und das, was es bewirkt durch sein Tun?

Das Thema „Zukunft gestalten" spricht sichtbar einerseits das Planbare, andererseits das weniger Vorhersehbare, einerseits das dem Menschen Unterworfene (und den Menschen Unterwerfende), andererseits das von ihm zu Entwerfende an. Was die Zukunft bringt, insofern sie von Menschen (auch und gerade einem selbst) gestaltet wird, lässt sich umso weniger vorhersagen, je mehr diese Gestaltung aus inneren Entschlussprozessen entsteht, die Bergson Akte der Freiheit nennt. Durch solche Akte wird nun die Zukunft gestaltet, in dem Sinne, dass sie entworfen, ihr eine neue Gestalt geschaffen wird, aber die Zukunft wird im Moment der Freiheit Bergson zufolge eben nicht geplant und dadurch auch nicht planbar. Solche freie Akte sind Ergebnisse nicht planbarer Entscheidungsprozesse, in denen wirkliche Entwicklungsschritte entstehen – aus Tendenzen heraus, die im Grunde auch erst im Nachhinein bestimmbar sind. Freie, kreative Zukunftsgestaltung ist so ein nicht greifbarer und nicht planbarer Prozess.

1 Die Zukunft des Einzelnen Menschen; das Individuum als Gestaltendes

„Wenn ich wüsste, was das große dramatische Werk von morgen sein wird, so würde ich es selbst schaffen". Mit diesen Worten verblüffte Henri Bergson vor hundert Jahren den Journalisten, der ihn über die Zukunft nach dem Ersten Weltkrieg interviewte und ihn dabei fragte, wie wohl das Nachkriegsdrama aussehen würde. Auf welche Weise die Zukunft so geworden sein wird, wie sie sein wird, weiß man aber erst, nachdem sie geworden sein wird - so Bergson. Dann erst werde man auch das Warum erklären können, also warum und auf welchen Wegen sie so geworden sein wird.

In dem Aufsatz „Das Mögliche und das Wirkliche", zu dem Bergson seine Dankesrede zur Verleihung des Literaturnobelpreises 1927 ausarbeitete und den Bergson 1934 in „Denken und Schöpferisches Werden" publizierte, schildert er diese Begebenheit, in der Grundzüge seines Denkens in Bezug auf das Entstehen des Zukünftigen deutlich werden – und auch die (falschen) Erwartungen, die man bezüglich der Zukunft hegen kann. Der Journalist vermutet, so Bergson, die Zukunft als bereits vorgeformte in einem „Schrank voller Möglichkeiten"[1].

---

[1] Henri Bergson: „Das Mögliche und das Wirkliche", in: Denken und schöpferisches Werden. Aufsätze und Vorträge. Mit einem Nachwort von Konstantinos P. Romanòs. Übers. v. Leonore Kottje. Mit einer Einführung hg. v. Friedrich Kottje. Frankfurt a.M. (Syndikat) 1985; zuerst: Meisenheim am Glan (Hain) 1948, S. 121 [Übersetzung leicht überarbeitet, M.V.]; frz. Original: „Le possible et le réel", in: La pensée et le mouvant, Paris (PUF), S. 110f. „Im Laufe des Weltkrieges wandten sich Zeitungen und Zeitschriften manchmal von der schrecklichen Unruhe der Gegenwart ab, um darüber nachzudenken, was sich einst nach Wiederherstellung des Friedens ereignen würde. Die Zukunft der Literatur beschäftigte sie dabei vor allem. Man kam eines Tages zu mir mit der Frage, wie ich sie mir vorstellte. Ich erklärte ein wenig verwirrt, dass ich sie mir überhaupt nicht vorstellte. „Nehmen Sie nicht zum mindesten", sagte man mir, „gewisse mögliche Richtungen wahr? Zugegeben, dass man Einzelheiten nicht vorhersehen kann, so mindesten haben Sie als Philosoph doch eine Vorstellung vom Ganzen. Wie denken Sie z.B. über das große dramatische Werk von morgen?" Ich werde nie die Überraschung des Fragenden vergessen, als ich ihm antwortete: „Wenn ich wüsste, was das große dramatische Werk von morgen sein wird, so würde ich es selbst schaffen!" Ich sah wohl, dass er das zukünftige Werk gleichsam in einem irgendwie beschaffenen Schrank der Möglichkeiten eingeschlossen sah; ich sollte in Anbetracht meiner langjährigen Beschäftigung mit der Philosophie von ihr den Schlüssel zu diesem Schrank erhalten haben. Ich antwortete ihm: „Aber das Werk, von dem Sie sprechen, ist überhaupt noch nicht möglich." – „Es muss aber doch möglich sein, da es sich einmal verwirklichen wird." – „Nein, das ist es nicht. Ich räume Ihnen höchstens ein, dass es einmal möglich gewesen sein wird." – „Was verstehen Sie darunter?" – „Das ist ganz einfach. Es tauche ein Mann von Talent oder ein Genie auf und schaffe ein Werk: in diesem Augenblick ist es wirklich, und dadurch gerade wird es rückblickend oder rückwirkend erst möglich. Es würde das nicht sein, es würde das nicht gewesen sein, wenn dieser Mann nicht aufgetaucht wäre. Aber darum sage ich Ihnen, dass es heute möglich gewesen sein wird, aber dass es das noch nicht ist".

Diesen ‚Möglichkeitenschrank', der nur auf die Verwirklichung des in ihm Enthaltenen wartet, entlehnt Bergson wohl der „Théodicée" von Leibniz, an deren Ende Leibniz dem Leser bildhaft vor Augen stellt, wie Gott die beste aus allen möglichen Welten auswählt. Diese existieren ewig im Geiste Gottes als widerspruchsfrei denkbare und mögliche (und das heißt vorgeformte). Da die Auswahl der Welt vernünftig ist, müsste sie nun auch ein Mensch vorhersehen können. Diesem Denken in Stabilitäten, denen eine Ewigkeit des nunc stans unterliegt, die die Zukunft auf den ersten Blick vorherbestimmt, auf jeden Fall aber vorhersehbar scheinen lässt, stellt Bergson seine Philosophie der *durée* entgegen. Seiner Wirklichkeitsauffassung zufolge ist die Wirklichkeit selbst ein Zeitstrom, in dem nicht etwa (nach platonischer Manier) ewig Vorhergesehenes zeitlich einfach abrollt, sondern durch das Neues, und das heißt Unvorhersehbares, entsteht. Den Grund für die Gestalt der Zukunft wird man erst entwerfen können, nachdem sie geworden sein wird - so Bergson. Erst im Nachhinein wird man erklären können, wie es möglich war, dass gerade Dieses entstand – so wird „Möglichkeit" von einer vorhergesehenen Substanzbestimmtheit noch in den kleinsten Falten zu einer erklärenden Rückprojektion von Warum und Wie des Werdens, die der Verstand vornimmt. Statt dass „Möglichkeit" Präexistenz meint, ist sie für Bergson als Begriff ein retrograd entworfener Stabilitätsanker des Verstandes.[2]

Die Frage nach der Gestaltung der Zukunft lässt sich übertragen in die Frage nach der Freiheit. Seinen Ausgang nimmt Bergsons Denken der Zeitlichkeit als Kreativität in der Introspektion, wie sie in seinem ersten Werk „Zeit und Freiheit" („Essais sur les données immédiates de la raison", 1889)[3] entwickelt und am Beispiel des Freiheitsproblems verdeutlicht wird. Üblicherweise wird, so Bergson, das Problem der Freiheit als eines der Entscheidung zwischen festgelegten Alternativen verstanden, wobei für Deterministen die Entscheidung vorhersehbar, für Indeterministen unvorhersehbar ist; jeweils aber findet die Entscheidung nach rationalen Gründen zwischen bestehenden Alternativen statt. Der Streit, ob eine solche Entscheidung und somit Gestaltung der Zukunft vorhersehbar (determiniert) oder frei (indeterminiert) sei, lässt sich, so Bergson, nicht lösen, da die ihn beschreibende

---

[2] Dazu Matthias Vollet: Die Wurzel unserer Wirklichkeit. Problem und Begriff des Möglichen bei Henri Bergson. Freiburg (Alber) 2007.
[3] Henri Bergson: „Zeit und Freiheit". Üs. Paul Fohr. Frankfurt (Athenäum) 1989 (zuerst: 2. Aufl, Jena (Diederichs) 1920).

Anordnung falsch aufgebaut sei: das Problem ist falsch gestellt, da die Anordnung nicht der Wirklichkeit entspricht. Tatsächlich stellen wir, wenn wir genau beobachten, fest, dass bei wirklichen Entscheidungen sich Varianten überhaupt erst im Prozess der Entscheidung herausbilden: in uns reift über eine lange Zeit des Überlegens und vor allem Zögerns eine Entscheidung heran und geht schließlich, „wie eine überreife Frucht vom Baume" fallend, aus uns hervor. Freie Handlungen, freie Entscheidungen, so Bergson, reifen und entstehen aus einer Konzentration, einer Aufmerksamkeit auf das eigene Ich: erst wenn man dieses ganz zusammenrafft in seiner eigenen Prozessualität und nicht sich als vor ausgemachten Alternativen stehend wähnt, entscheidet man sich aus sich heraus zu einer bestimmten Handlung. Die freieste Gestaltung der Zukunft ist so die unplanbarste. Existenz, so wird Bergson in den ersten Seiten von „L'évolution créatrice" schreiben, heißt: „création de soi par soi"[4]. In uns selbst stellen wir das schöpferische Wirken der Zeit fest. Ja man müsste sagen: als uns selbst. Wir gestalten unsere Zukunft auf eine Weise, dass wir diesen Prozess nicht anhalten und seinen Status bestimmen können. Die Zeit dieses Entwicklungsprozesses ist nicht die gemessene Zeit der Uhr an der Wand oder gar die absolute Zeit Newtons, sondern unser innerer zeithafter Prozess selbst – die „durée". Die gemessene und vereinheitlichte Zeit unserer Alltäglichkeit ist eine gewissermaßen abgeleitete Verräumlichung der Zeit. Sie dient der praktischen Gestaltung einer geordneten und möglichst vorhersehbaren Lebenspraxis in einer materiellen, also prinzipiell vorhersehbaren Welt. Aus dieser praktischen Lebensbewältigungsstrategie erklärt Bergson auch unsere naturgegebene Fest-stellung unserer Welt in Dinge und Begriffe. Diese ist also nichts ‚Schlechtes', ist sogar notwendig für die Praxis, die in einer sozusagen verräumlichten, materiellen Welt wandlungsarmer körperlicher und sozialer Entitäten stattfindet Sie dient zur Vorbereitung und Gestaltung einer Zukunft, die fix und berechenbar ist. Aus dieser Praxis und ihren Notwendigkeiten entsteht überhaupt erst die ihr zuarbeitende Wissenschaft, die für Bergson weniger ein originäres Erkenntnisinteresse hat, sondern vielmehr immer dem Ziel des Handelns in stabilen Kontexten verpflichtet ist. Deswegen hat freies Handeln, so Bergson, Grade: Je nachdem, wie „verräumlicht", also zwischen stabilen Alternativen verortet das sich entscheidende Ich sich befin-

---

[4] Henri Bergson: L'évolution créatrice. Paris (PUF) 2007, S. 7. Deutsch : Schöpferische Evolution, üs. Margarethe Drewsen, Hamburg (Meiner) 2013, S. 17 : « Schöpfung von sich selbst durch sich selbst".

det – und dies gilt objektiv wie subjektiv -, kann es bzw. wird es eine mehr oder minder freie Entscheidung treffen. Danach aber richtet sich auch, welche Art von Zukunft und Gestaltung der Zukunft denn hier den Einsatz der Bemühung bildet, was sozusagen auf dem Spiele steht: eine offene oder eine in Alternativen eingeschlossene, also geschlossene Zukunft. Auf die Weise der Ausrichtung auf und Bestimmung von Stabilitäten als dem einzig Wirklichen verfehlt man aber zielgenau und absichtlich die Wirklichkeit als Zeit, als Verlauf und Bewegung – wofür die zenonischen Paradoxa stehen, die ja zeigen wollen, dass Bewegung nicht denkbar ist und deswegen nicht sein kann. In den Wind geschlagen wird dabei aber auch die Basis für das Verständnis der kreativen Freiheit. Bei Bergson findet sich somit etwas wie eine axiologisch umgedrehte platonische Zweiweltentheorie – die „wahre" Welt ist die zeithafte, die verräumlichte und materielle sowie die zu ihr gehörenden Erkenntnismöglichkeiten sind von der ersten nur abgeleitet, aber sie ‚existiert' eben auch als ihr minderer, abgeleiteter Grad.

2 Die Zeitlichkeit der äußeren Wirklichkeit

Die Wirklichkeit ist für Bergson wesentlich Bewegung, und das heißt Zeit. In der 1920 entstandenen Einleitung zu seinem letzten Buch „Denken und schöpferisches Werden"[5] beschreibt Bergson seinen Denkweg: er habe eigentlich vorgehabt, das Spencersche Denken in einigen Punkten zu ergänzen, dann jedoch bemerkt, dass Spencer mit der Zeit „nichts anfange": die Zeit spiele bei seiner Konzeption für die Wirklichkeit keine effektive Rolle, es sei gleichgültig, ob etwas schnell oder langsam geschehe. Was aber nichts bewirkt, ist nichts, so Bergson. Mit diesem Missverständnis der Zeit und dadurch auch der Wirklichkeit will Bergson aufräumen. Was aber ist die Rolle der Zeit? Für Bergson ist das Wesen der Zeit die Hervorbringung von Neuem. Das heißt: sie gestaltet sich aus sich heraus – in sich selbst trägt sie divergierende Tendenzen. Bergson findet die wesenhafte Zeitlichkeit des Bewusstseins in der äußeren Wirklichkeit insgesamt wieder, die er insgesamt „schöpferische Evolution" nennt. Die Frage nach der Erkennbarkeit dieser Wirklichkeit beantwortet er, anti-kantisch, positiv: mittels des Erkenntnisvermögens der Intuition ist die innere wie äußere Wirklichkeit erkennbar – allerdings handelt es sich hier nicht um eine Objekterkenntnis, sondern eher um einen Akt der Vereinigung in einem Pro-

---

[5] DSW, s. Anm. 1.

zess, der von einem erkennenden Außen zu einem mitvollziehenden Innen führt. Intuition ist somit kein Vermögen der abständigen Erkenntnis, sondern des Mitvollzugs. Die „Intuition" ist zu unterscheiden von der „Intelligenz", die durch Abstraktion und Systematik die Dinge und Begriffe „feststellt" und dadurch Orientierung bietet für eine praxisorientierte Erkenntnis. Die Intelligenz ist sozusagen für die materielle Welt gemacht, indem sie die Gestaltung i.S.v. Planung, Vorherbestimmung des Lebens in einer stabilen Welt leistet. Diese Stabilität gibt es aber nur auf der makroskopischen Ebene; im Grunde ist die gesamte Wirklichkeit in Bewegung. Den einfachsten und klarsten Ausdruck der Wirklichkeit als Entwicklung und der Möglichkeit, in diese bewusst einzutreten, findet sich in Bergsons Aufsatz „Einführung in die Metaphysik"[6]:

„1. Es gibt eine äußere Wirklichkeit, die dennoch unmittelbar unserem Geist gegeben ist. Der gesunde Menschenverstand hat in diesem Punkte gegenüber dem Idealismus und Realismus der Philosophen recht. 2. Diese Wirklichkeit ist reine Bewegung. Es existieren keine starren Dinge, sondern allein werdende Dinge, keine Zustände, die bleiben, sondern nur Zustände, die sich verändern. Die Ruhe ist nur scheinbar, oder vielmehr relativ. Das Bewusstsein, das wir von unserer eigenen Person haben, in seinem unaufhörlichen Fließen, führt uns in das Innere einer Wirklichkeit hinein, nach deren Muster wir uns alle andere Wirklichkeit vorstellen müssen. Jede Wirklichkeit ist also Tendenz, wenn man übereinkommt, unter Tendenz eine immer neu begonnene Richtungsänderung zu verstehen (Richtungsänderung in statu nascendi)".[7]

Zugleich aber hat die Wirklichkeit die Tendenz, sich zu verhärten; alles Materielle ist letzten Endes nichts anderes, so Bergson, als stillgestellte, nämlich oszillierende Bewegung. Zur Erkenntnis und Handhabung dieses Materiellen dient, wie schon gesagt, die „Intelligenz", die in Richtung einer bestimmten Praxis erkennt, plant und gestaltet. Durch diese ins Oszillierende abgebremste Bewegung hindurch müht sich nun, so Bergson, der „élan vital", um immer neu Leben zu entfalten und zu entwickeln. In „Die Schöpferische Entwicklung"[8] entwirft Bergson so eine Evolutionstheorie des Existierenden überhaupt. Aus einer unerschöpflichen (göttlichen) Quelle strömt „lebendige Kraft" („élan vital") hervor. Dieser élan jedoch ist je und

---

[6] In DSW, Anm 1.
[7] DSW 211; PM 211.
[8] EC; SE, s. Anm. 4.

je endlich und schlägt sich in Materiellem nieder, das Bewegung in verschiedenen Stufen in sich trägt. Der materialisierte Niederschlag verhält sich vorhersehbar, der „Lebensstrom", der ihn durchdringt, trägt den Grundzug des Unvorhersehbaren bei. So findet unser Leben in einem Rahmen des Vorhersehbaren statt, und doch bewegen wir uns in ihm als Zentren, als Ausgangspunkte von Freiheit.[9] Wir rechnen fest mit den festen Verhältnissen von Materiellem (und sei es das Materialisierte an einer Gesellschaft), und können dies auch, wenn auch graduell unterschiedlich, mit gewissem Erfolg; und doch liegt uns die Zukunft als eine Unvorhersehbare voraus, in der das Leben sich unvorhersehbar entwickelt, in der auch wir Unvorhersehbares schaffen. Wenn wir eine Handlung planen, gehen wir von festen Voraussetzungen aus und wollen Bestimmtes erreichen. So jedoch entsteht lediglich ein Umbau und letzten Endes eine Wiederholung desselben. Zukunft, wenn sie mehr sein soll als die Wiederholung des Gleichen, braucht Freiheit. Und Freiheit findet sich in der Evolution insgesamt und erst recht in der Existenz des Menschen. Gestalten im Zuge dieser Freiheit heißt neu formen, und neu formen heißt schaffen.

3 Eingebettete Virtualität

Unser Inneres ist ein Reservoir von Virtualität[10], dem stetig neu Unvorhersehbares entspringt. Durch seine Komplexität vermag unser Nervensystem, so Bergson, Reaktionen zu verzögern: dieses Zögern, auf das Bergson oft zu sprechen kommt, scheint für ihn so etwas wie der Kraftkern der Aufmerksamkeitskonzentration zu sein, durch die aus der inneren Virtualität heraus entsprossene freie Entscheidungen dann wie überreife Früchte von einem Baum fallen. Der Feind freier und unvorhersehbarer Entscheidungen sind auf den ersten Blick Mechanismen, im Materiellen, Psychischen und auch Sozialen: sie dienen zur Gewährleistung von Stabilität. Freilich kommt ohne sie keine Lebensform aus. Denn der schöpferische Prozess findet nicht in einem vollkommen freien geistigen Raume statt, sondern unter gewissen Bedingungen. Zwar kann auch die Kenntnis dieser Bedingungen die freie Entscheidung nicht vorhersehbar machen - freie Handlungen, schaffende Handlungen entstehen aber auf der Basis von Bestehendem, von Dingen, Umständen, aus dem Virtuellen des Gedächtnisses, das den individuellen Menschen ausmacht,

---

[9] Der Leib als Zentrum von Freiheit: Materie und Gedächtnis, Kap. 1.
[10] Vollet, Wurzel, passim.

und aus dem heraus als unserem Innersten wir uns je und je neu entwerfen. Das Sich selbst Schaffen, das die Existenz des Menschen ausmacht, geschieht so auch in abgestufter Form in der „Außenwelt". So wie sich das Leben des Individuums eben doch zumeist in festgefügten Bahnen bewegt und die Entscheidung doch nur zwischen Tee und Kaffee fällt und deswegen graduell mehr oder minder freie Handlungen vollzieht, bewegt sich die Evolution eben doch nur auf der Grundlage von festgefügten Individuen zumindest relativ stabiler Arten in materiellen Rahmenbedingungen fort. Und diese Dialektik (der Begriff fällt nicht) findet Bergson auch im Sozialen vor: in seinem letzten monographischen Werk, „Les deux sources de la morale et de la religion" von 1932[11], prägt er die Begriffe der geschlossenen und der offenen Gesellschaft: geschlossene Gesellschaften suchen mittels geschlossener Religionen und Moralen Stabilität, um die Fortexistenz in der Gestaltung einer vorhersehbaren Zukunft zu sichern. Offene Gesellschaften ermöglichen es einzelnen, besonderen Individuen, aus Freiheit Impulse zur schöpferischen Entwicklung zu geben. Hier geht es aber Bergson nicht mehr um die Freiheit des Einzelnen oder der Evolution, sondern um das Schicksal der Menschheit.

4 Die Zukunft der Menschheit: Individuum und Gesellschaft

Die Zukunft ist nirgends so planbar wie in geschlossenen, stabilen Systemen (materiellen, sozialen). Die Abschließung dient ja gerade zur Planbarkeit. Denn durch vollkommene Freiheit gerät ein entscheidender Faktor für das, was wir auch Gestaltung nennen, in Gefahr, nämlich gerade das Absichtsvolle und Vorhersehbare. Gestalten im Sinne von planend fortschreiben geschlossener Systeme für geschlossene Systeme ist hier zu Hause. Andererseits verhindert die geschlossene Gesellschaft dadurch aber gerade planmäßig offene, schöpferische Entwicklung.

Geschlossene Gesellschaften setzen auf Stabilität und Planbarkeit, offene Gesellschaften lassen Freiheit und Kreativität Raum, sind dadurch aber eben gewissermaßen unvorhersehbar. Die „Gestaltbarkeit der Zukunft" in der Gesellschaft geschlossenen Typs bedeutet: Planbarkeit und Gewissheit des Ergebnisses. „Gestaltbarkeit der Zukunft" bedeutet in der Gesellschaft offenen Typs: Kreativität qua

---

[11] Die beiden Quellen der Moral und der Religion. Üs. Eugen Lerch. Olten, Freiburg i.Br. (Walter) 1980; zuerst: Jena (Diederichs) 1933.

Unvorhersehbarkeit und Unsicherheit.[12] Entwicklung im tiefen Sinne freien Sich Entscheidens und Handelns ist aber gerade nicht planmäßig, und das heißt: sozial gesteuert, herbeiführbar. Deswegen kommt es für Bergson nur durch besondere, schöpferische Individuen als frei handelnde Existenzen zu solchen Akten, die Neues in die Welt setzen. Wirken wird dann dieses Neue nicht durch einen Plan, der ein sozialer Mechanismus ist, sondern als Appell. Der „Appell des Helden"[13] ist ein Appell zur Freiheit, zur Entscheidung, zur auto-genen Fortentwicklung. Sicher wird ein solcher Appell wieder zur Verfestigung des Impulses in festen Strukturen führen: er tendiert auch zum Sich Stabilisieren, zum Verlust von Elan. Gestaltung, Formierung drängt zur Stabilisierung. Es bilden sich Strukturen, Systeme, z.B. im Falle der christlichen Mystiker: Orden. Aber es wird sich wieder ein anderer „Held" finden, der den nächsten Appell lanciert und durch diesen Appell Menschen nicht durch ihre gesellschaftliche Einbettung schiebt, sondern individuell in der inneren Dynamik entzündet und so für die Freiheit und gegen die Erstarrung kämpft.

5 „Mechanik und Mystik"

In seinem letzten monographischen Werk, den „Zwei Quellen der Moral und der Religion", einem Werk, das Soziologie, Religionswissenschaft, Ethik, Metaphysik und Mystik in sich birgt, endet Bergsons Denken in einer eigenen Eschatologie. Im Ausgang von seinen bisherigen Werken dehnt er den Gedanken des „élan vital" ins Kosmische und Religiöse aus. Es geht nicht mehr darum, Freiheit des Einzelnen und Kreativität der Evolution zu verstehen. Es geht jetzt um die Zukunft der Menschheit. Das Ziel der Menschheit ist es für ihn, sich zu immer freierem Schöpfertum zu entwickeln. Das Werk endet mit dem Aufruf, dass sich die Menschheit entscheiden müsse, ob sie ihr Schicksal selbst in die Hand nehmen wolle. „Die Menschheit seufzt, halb erdrückt, unter der Last der Fortschritte, die sie gemacht

---

[12] Es scheint, dass wir heute in einem Ringen um diese beiden Formen der Gestaltbarkeit liegen. Der zentrale Streit ging dabei bislang darum, ob neuen Technologien zuliebe Ungewissheiten in Kauf genommen werden soll, oder ob möglichste Vorhersehbarkeit anzustreben ist. Aktuell aber ist der Kampf der Anhänger einer geschlossenen Gesellschaft gegen eine – in ihren Augen: zu – offene Gesellschaft ein ganz anderer, in dem es um die Gesellschaft selbst geht und nicht mehr nur um ihre technischen Produkte. Auf dem Spiel steht nicht mehr die Gestaltung, sondern die Gestaltbarkeit der Zukunft: wir beobachten weltweit Restriktionen der menschlichen Freiheit zugunsten einer angestrebten Uniformität mit dem Ausschluss von offener Entwicklung.
[13] Bergson, ZQMR 29ff.

hat. Sie weiß nicht genügend, dass ihre Zukunft von ihr selbst abhängt. Es ist an ihr, zunächst zu entscheiden, ob sie weiterleben will, an ihr, sich weiter zu fragen, ob sie nur leben oder außerdem noch die nötige Anstrengung leisten will, damit sich auch auf unserem widerspenstigen Planeten die wesentliche Aufgabe des Weltalls erfülle, das dazu da ist, Götter hervorzubringen".[14] Nur so könne sich die Bestimmung des Universums realisieren, aus Menschen Götter zu machen.

Der das Werk abschließende Halbsatz „l'univers qui est une machine à faire des Dieux" weist auf die Bedeutung des Maschinalen beim späten Bergson hin. Ist das Universum eine eschatologische Maschine, wird auch die Technik des Menschen eine eschatologische Valenz erlangen. Die Selbstbefreiung des Menschen sieht Bergson ermöglicht durch die neuen technischen Entwicklungen, die er zum Teil verwirklicht sieht, zum Teil am Horizont erblickt. Bei ihm findet sich ein prinzipieller Technikoptimismus – insbesondere in Verbindung mit seinem Optimismus, was die Konsequenzen betrifft, die der Mensch sich für sich daraus zieht: die durch die Technik mögliche Entlastung von körperlicher Arbeit, von der Last, sich um das Überleben kümmern zu müssen, kann den Menschen frei zu höherem Schöpfertum machen; ja er braucht die Technik zur Erlangung einer neuen Stufe der Evaluation: „Der Mensch wird sich nicht über die Erde erheben, wenn nicht ein mächtiger Apparat von Werkzeugen ihm den Stützpunkt liefert. Er wird auf der Materie ruhen müssen, wenn er sich von ihr lösen will. Mit anderen Worten: die Mystik ruft die Mechanik herbei".[15] Die eigentliche Bestimmung der Technik ist so die Befrei-

---

[14] QMR 317.
[15] QMR 308f. Um den Menschen von seiner Angewiesenheit auf die materiellen Lebensgrundlagen zu befreien, damit er von der Spezies zu einer „schöpferischen Kraft" (QMR 232) werde, sieht Bergson folgenden Weg: „Wie sollte unter diesen Umständen die Menschheit eine wesentlich an die Erde gebannte Aufmerksamkeit zum Himmel wenden? Wenn das möglich ist, dann kann es nur durch die gleichzeitige oder aufeinanderfolgende Anwendung zweier sehr verschiedener Methoden geschehen. Die eine würde darin bestehen, die intellektuelle Arbeit so sehr zu intensivieren, die Intelligenz so weit über das hinauszutragen, was die Natur für sie gewollt hat, daß das einfache Werkzeug seinen Platz an ein ungeheures System von Maschinen abträte, das imstande wäre, die menschliche Aktivität zu befreien, wobei diese Befreiung durch eine politische und soziale Organisation gefestigt würde, die dem Maschinentum seine wahre Bestimmung garantierte. Ein gefährliches Mittel, denn die Mechanik kann sich in ihrer Entwicklung gegen die Mystik wenden: am vollständigsten wird sie sich sogar in offenbarer Reaktion gegen die Mystik entwickeln. Aber es gibt Gefahren, die man auf sich nehmen muß: eine Aktivität höherer Ordnung, die eine Aktivität niederer Ordnung nötig hat, muß diese ins Leben rufen oder sie jedenfalls gewähren lassen, wobei es ihr freisteht, sich nötigenfalls zu verteidigen; wenn – das zeigt die Erfahrung – von zwei entgegengesetzten aber komplementären Tendenzen die eine so groß geworden ist, daß sie allen Raum / einnehmen will, so wird

ung für alle. Diese Befreiung wird nicht selbst in der Technik, sondern durch die Technik geschehen. Jedoch mischt sich hierein eine skeptische Note, wenn Bergson die aktuelle Lage betrachtet: zu seiner Zeit sieht er die Technik auf dem falschen Wege, in einer falschen Richtung unterwegs. Die Mechanik erfordert so eine Mystik, zu der sich die Menschheit erst wieder aufrichten muss: erst durch die passende Haltung zur Mechanik kann die Mechanik zum Instrument für die Befreiung der Menschheit werden. „Wir möchten hinzufügen, dass der vergrößerte Körper auch ein Mehr an Seele erwartet und dass die Mechanik eine Mystik erfordern würde. Die Ursprünge dieser Mechanik sind vielleicht mystischer als man glaubt; sie wird ihre wahre Richtung nur dann wiederfinden und ihrer Macht entsprechende Dienste nur dann leisten, wenn die Menschheit, die sie noch mehr zur Erde niedergedrückt hat, durch sie dazu gelangt, sich wieder aufzurichten und den Himmel zu sehen" (QMR 310).

6 Jenseits des Menschseins

„Kann oder mag" Bergson „von dem Menschen lassen" – nach einer Formulierung von Janina Loh – ?[16] Jedenfalls ist für Bergson die Evolution nicht abgeschlossen, und der mögliche Weg des Menschen ist der aus der animalischen Spezies hinaus, in Richtung auf eine freiere Form der Kreativität, also der zeithaften, lebendigen Geistigkeit. Man kann Bergson also, darauf weisen die im vorigen Abschnitt angeführten Stellen hin, zumindest zu den nachträglich möglichen Vorvätern von Trans- oder Posthumanisten rechnen.[17] Bergson sieht dabei aber die Gestaltung der Zukunft der Menschheit offen – es kommt darauf an, wozu sich die Menschheit aufrafft, wie sehr sie ihre Zukunft selbst in die Hände nimmt.

---

die andere gut dabei fahren, sofern sie sich zu erhalten wußte: sie wird wieder an die Reihe kommen, und dann wird sie von allem, was ohne sie getan worden ist, was sogar kraftvoll gegen sie ausgeführt worden ist, profitieren" (QMR, 233f.).

[16] Janina Loh: Trans- und Posthumanismus zur Einführung. Hamburg (Junius) 2018, S. 180.
[17] Diese mögliche latente Genealogie verdient eine eigene Untersuchung, zu der hier nicht mehr der Platz ist.

Literatur- und Siglenverzeichnis

Zitierte Werke von Henri Bergson

Œuvres ("Édition du centenaire"). Textes annotés par André Robinet. Introduction par Henri Gouhier. Paris (PUF) ^{5}1991.
Darin:
Essai : Essai sur les données immédiates de la conscience
EC: L'évolution créatrice
DS: Les deux sources de la morale et de la religion
PM : La pensée et le mouvant
IM : Introduction de la métaphysique, in : PM
PR : Le possible et le réel, in : PM

Übersetzungen ins Deutsche:

ZF: Henri Bergson: „Zeit und Freiheit". Üs. Paul Fohr. Frankfurt (Athenäum) 1989 (zuerst: 2. Aufl, Jena (Diederichs) 1920).
SE: Schöpferische Entwicklung. Üs. Margarethe Drewsen. Meiner (Hamburg) 2013.
QMR: Die beiden Quellen der Moral und der Religion. Üs. Eugen Lerch. Olten, Freiburg i.Br. (Walter) 1980; zuerst: Jena (Diederichs) 1933.
DSW: Denken und schöpferisches Werden. Aufsätze und Vorträge. Mit einem Nachwort von Konstantinos P. Romanòs. Üs. Leonore Kottje. Mit einer Einführung hg. v. Friedrich Kottje. Frankfurt a.M. (Syndikat) 1985; zuerst: Meisenheim am Glan (Hain) 1948.

Weitere Literatur:

Janina Loh: Trans- und Posthumanismus zur Einführung. Hamburg (Junius) 2018
Matthias Vollet: Die Wurzel unserer Wirklichkeit. Problem und Begriff des Möglichen bei Henri Bergson. Freiburg (Alber) 2007

Teil III
Mögliche Welten und Räume, modale Gestaltung und Logik

„Mögliche Welten" und die Struktur der Zukunft.
Ein philosophiegeschichtlicher Rundgang bis zur Modallogik

Hartmut W. Mayer

„*Mögliche Welten werden festgelegt und nicht durch mächtige Teleskope entdeckt*".
Saul A. Kripke (s. Fußnote 19)

Vorbemerkung

Wir begegnen unserer Zukunft über gedankliche Konstrukte. Die Zukunft ist das Mögliche, auf das wir blicken, ohne sicher sein zu können, ob wir jemals festen Boden betreten werden. Unsere Gedankenmodelle bestehen aus Analysen, Projektionen, Erwartungen, Hoffnungen, Befürchtungen. Immer sind das Möglichkeiten, die vielleicht eintreffen und oft sich auch nicht realisieren.

Potentiell realistische Gedankenmodelle über Ungewisses bezeichnen wir als „*Mögliche Welten*" (**MW**), eine treffliche Terminologie, denn MW eröffnen weitere Universen mit ungeahnten Möglichkeiten. Dieser Aufsatz[1] behandelt die Struktur der Ungewissheit, die Logik der Möglichkeiten oder die *Modallogik*.

Zusätzlich zu dem logischen Instrumentarium von „*wahr*" und „*falsch*" operiert die Modallogik mit Modalitäten wie „*möglich*", „*zufällig*", „*notwendig*", „*unmöglich*". Sie ist heute nicht mehr aus lernfähigen Maschinen und Robotern wegzudenken, genauer gesagt, aus den Algorithmen der *Künstlichen Intelligenz* (**KI**). Darüber hinaus findet sie Anwendung in der Ethik, Konflikt-, Spiel-, und Kommunikationstheorie.

Der vorliegende Aufsatz lädt mit einführenden Beispielen zu einem kleinen Rundgang durch die Modallogik ein. Den Schwerpunkt bildet die „*Mögliche Welten-Semantik*"[2] des Philosophen und Logikers **Saul Aron Kripke**.

Kurze Einführung in die Struktur der „Möglichen Welten"

Ungewissheiten begleiten uns unablässig, was den jungen Ulrich in Musils Roman konstatieren lässt: „*Wenn es Wirklichkeitssinn gibt, muss es auch Möglichkeitssinn geben*"[3].

---

[1] Vortrag für die APHIN III-Tagung „*Zukunft gestalten*" in Enkirch/Mosel (30.11.-2.12.2018).
[2] Wir sprechen von einer „**MW-Semantik**', da die formale Syntax der diversen Modallogiken einer anschaulichen und strukturell schlagkräftigen **Deutung** zugeführt wird.
[3] Musil, 2014, *Der Mann ohne Eigenschaften*, Bd.1, S.16.

Bezogen auf die Zukunft betont der Zukunftsforscher Robert Jungk: „*Das Morgen ist schon im Heute vorhanden, die Zukunft hat schon begonnen*"[4].

Ungewissheit bedeutet Möglichkeit oder Unmöglichkeit aus Sicht des faktisch bekannten (oder vermuteten) Hier und Jetzt. Ungewisses betrifft die Zukunft, aber auch alle Zustände über die wir ungenügend informiert sind, z.b. den Erfolg einer chirurgischen Operation oder Mutmaßungen gewonnen durch Spionage (Abb. 4). Auch im Vergangenen liegt Ungewisses[5]. So mögen Archäologen sich fragen, ob ein antiker Knochenhaufen auf eine Kultstätte oder einen Abfallhaufen verweist.

Wir fragen uns, wie die globalisierte Welt aussähe, wären Präsidentenwahlen anders verlaufen und hätte es keinen Reaktorunfall in Fukushima gegeben. Gedankenmodelle über Mögliches und Unmögliches finden sich vor allem in der Wissenschaft. Theoretische Modelle werden entwickelt über die Folgen des Klimawandels und über die Auswirkungen der KI auf unsere Gesellschaft.

Der aktuelle Ausgang eines Gedankenexperiments mag uns zwar verborgen sein, aber wir können eine formale Struktur erzeugen, die wir mit **G. W. Leibniz** (1646-1716) und **S. A. Kripke** (geb. 1940) als „*Mögliche Welten*" (MW) bezeichnen.

Im einfachsten Fall antizipieren wir Möglichkeiten als eine Baumstruktur (Abb. 1).

Beispiel zu **Abb. 1**: Kurt steht vor seinem Schulabschluss. Er denkt über drei Alternativen nach: MW1= Prüfung bestehen, dann Ausbildung beginnen. MW2= Prüfung nicht bestehen, dann das Jahr wiederholen. MW3= Prüfung nicht bestehen, dann eine Weltreise machen.

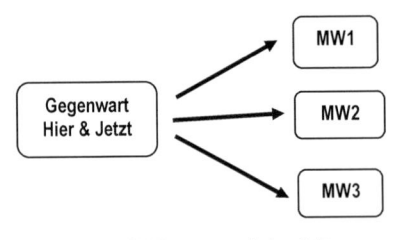

Abbildung 1: Drei MW aus gegenwärtiger Sicht

Eine vergleichbare Baumstruktur liegt in Gesellschaftsspielen vor. Das Würfeln einer „3" könnte zum sofortigen Sieg verhelfen, jedoch die MW beinhalten alle Würfe von „1" bis „6". Komplizierter ist es für einen Schachspieler, der nach jedem gegnerischen Zug seine Antwortstrategie anpassen muss.

---

[4] Jungk, R., 1970, *Die Zukunft hat schon begonnen*.
[5] „*Die* **Zukunft** *ist das Mögliche, auf das wir hinausblicken; und die* **Vergangenheit** *ist das ehemals Wirkliche, das, da es nicht mehr ist, wieder zur Möglichkeit geworden ist, die sich verschieden erinnern und interpretieren läßt*" (Safranski, 2009, S.77).

Modale Betrachtungen sind in der KI, Kommunikations-/Konflikttheorie und Ethik wesentlich komplexer als Abb. 1 nahelegt, da wechselseitige, partnerspezifische Annahmen über Glauben, Meinen, Wissen, etc. zu berücksichtigen sind. Als Modell diene hierfür das „*Atomium in Brüssel*" (Abb. 2).

Abbildung 2: **Atomium in Brüssel**
Foto: Dr. Karl-Friedrich Mayer (2010)

Die Kugeln des Atomiums mögen hier MW repräsentieren, von denen eine als unsere *faktische* Hier- und Jetzt-Welt ausgezeichnet ist. Die anderen Welten sind die sog. *kontrafaktischen* MW. Alle MW sind durch Zugänge verbunden, aber abhängig vom Problem (ob KI-, Kommunikations- oder Konfliktsituation etc.) müssen die Zugänge als Einbahnstraßen, symmetrische Hin- und Zurückwege oder auch als Zugänge zu sich selbst (sog. *Reflexivitäten*) behandelt werden. Dies wird unten genauer erklärt.

Kurze Einführung in die Modallogik[6]

Philosophen, Logiker und Informatiker erarbeiten Konzepte der Modallogik. Hier werden (neben dem bekannten logischen Instrumentarium von „*wahr*", „*falsch*", „*nicht*", „*und*", „*oder*", „*folgt*") die Begriffe „*möglich*" und „*notwendig*" verwendet[7].

„*Es ist möglich, dass A*" wird in der Fachliteratur üblicherweise mit: $\Diamond A$, und „*Es ist notwendig, dass A*" mit: $\Box A$ abgekürzt[8].

Interessanterweise kommt man allein mit dem Begriff „*möglich*" aus, denn „*notwendig*" lässt sich mittels „*möglich*" definieren:

„*Es ist möglich, dass A*" ist äquivalent zu „*Es ist nicht notwendig, dass nicht A*"[9], oder

$\Diamond A = \neg \Box \neg A$ (wobei $\neg$ für „*nicht*" steht).

Alternativ käme man auch nur mit dem Begriff „*notwendig*" aus:

„*Es ist notwendig, dass A*" ist äquivalent zu: „*Es ist nicht möglich, dass nicht A*"[10], oder

$\Box A = \neg \Diamond \neg A$ (wobei $\neg$ für „*nicht*" steht).

Aus praktischen Gründen behält man allerdings beide Begriffe bei.

---

[6] Beim ersten Lesen kann dieser Abschnitt übersprungen werden.
[7] Die Modallogik ist somit eine Erweiterung der klassischen Aussagen- und Prädikatenlogik.
[8] Merkhilfe: $\Diamond$=**möglich**: Das Zeichen „wackelt". $\Box$=**notwendig**: Das Zeichen steht stabil.
[9] „*Regen ist heute möglich*" bedeutet: „*Es ist nicht notwendig, dass es heute nicht regnet*".
[10] Die Relativitätstheorie fordert: „*Es ist notwendig, dass die Lichtgeschwindigkeit endlich ist*". Das ist gleichbedeutend mit: „*Es ist nicht möglich, dass die Lichtgeschwindigkeit unendlich ist*".

Es gilt zu unterscheiden zwischen $\lozenge\neg A$ und $\neg\lozenge A$ (z.B. „*Es ist möglich, dass es morgen nicht regnet*" und „*Es ist unmöglich, dass es morgen regnet*").

Der Begriff „*kontingent*" (oder: zufällig) ist besonders interessant. Eine *kontingente* Aussage A wird modallogisch ausgedrückt durch: $\lozenge A$ & $\lozenge\neg A$ (sowohl A und nicht-A sind möglich). Der Unterschied zwischen „*möglich*", „*kontingent*" und „*notwendig*" wird unten anschaulich mit der „*MW-Semantik*" nach Kripke verdeutlicht.

Der Leser wird erahnen, dass ein Logiker im modallogischen Kalkül eine unverständliche Hieroglyphen-Flut an Zeichenketten wie $\neg\square\lozenge\neg\lozenge\neg A$ ableiten kann. Diesem mühsamen Symbolspiel wollen wir hier nicht frönen; alles kann mit der „*MW-Semantik*" anschaulich dargestellt werden. Beginnen wir aber zuerst mit einem philosophiegeschichtlichen Spaziergang.

Kurzer philosophiegeschichtlicher Rundgang durch die Modallogik
Aristoteles (384-322 v. Chr.) gilt als „*Vater der Modallogik*". Er baute als Erster ein systematisches System für modale Begriffe wie „*möglich*", „*notwendig*", „*unmöglich*", „*kontingent*" für Aussagen auf und beschäftigte sich mit der Zeitlogik. So analysierte er eine vorstellbare zukünftige Seeschlacht[11] für die die zweiwertige Ja-Nein Logik um Ungewissheitsangaben erweitert werden muss, um Widersprüche zu vermeiden. Die Analysen wurden von der Logikschule der Stoa aufgegriffen, auch um zu klären, ob unsere Welt zufällig oder notwendig verursacht sei.

Die aristotelischen Untersuchungen wurden im Mittelalter weiterentwickelt und u.a. für Gottesbeweise verwendet. Alle Gottesbeweise, insbesondere die berühmten „*ontologischen*" von **Anselm von Canterbury** (1033-1109) und von **Descartes**[12] (1596-1650), folgern modallogisch die Notwendigkeit einer Existenz Gottes (d.h. die nicht-Möglichkeit, dass es keinen Gott gibt[13]).

Während bei nahezu allen Denkern des Altertums die Begriffe „*wahr*", „*falsch*", „*möglich*", „*notwendig*", „*unmöglich*" sich gleichberechtigt auf Dinge (ontologisch) wie auf das Denken (erkenntnistheoretisch) beziehen, leitet **Wilhelm von Ockham** (ca. 1274-1347) die moderne Sprach- und Logikphilosophie der Neuzeit ein: „*Notwendigkeit* [ist] *nicht in den Dingen, sondern in Aussagen*"[14]. Nur allein Gott ist notwendig,

---

[11] Aristoteles, Organon II, Kp. 9: *Aussagen über die Zukunft*. Kp. 12, 13: Modallogik.
[12] Descartes, 2009, *3. Meditation*, S.39ff.
[13] Modallogisch: $\square Gott = \neg\lozenge\neg Gott$; s.o.: *Kurze Einführung in die Modallogik*.
[14] Beckmann, 2018, S.152-155.

sonst gar nichts. Unsere gegebene Welt ist nur eine MW, denn Gott kann jede beliebige Welt erschaffen (bei Achtung der Widerspruchsfreiheit und Ordnungshaftigkeit).

Ockham unterscheidet also die *ontologische Notwendigkeit* (die es nicht gibt, da unsere faktische Welt eine MW ist) und eine *logische Notwendigkeit* einer Aussage, die aus rein logischen Gründen nicht falsch sein kann. Letzteres ist nur eine „bedingte Notwendigkeit" relativ zu unserer kontingenten[15] Welt in der wir leben.

Gottfried Wilhelm Leibniz (1646-1716) gilt als Vater der Wortschöpfung *„Mögliche Welten"* und sah unsere Welt als die beste aller MW an. Wichtig für die MW-Semantik von Kripke ist Leibniz´ Definition: *Notwendigkeit* ist Wahrheit in allen MW und *Möglichkeit* ist Wahrheit in mindestens einer MW.

Die Widerlegung der Gottesbeweise[16] durch **Immanuel Kant** (1724-1804) ist für die Modallogik wichtig. Kant unterscheidet die rein *logische* und die *reale* Möglichkeit[17]. *Logische Möglichkeit* eines Gedankens über einen Gegenstand bedeutet nicht, dass der Gegenstand selbst möglich ist. *Logische Möglichkeit* basiert allein auf der rein analytischen, formalen Widerspruchsfreiheit; die *reale Möglichkeit* einer empirischen Sache jedoch auf den formalen Bedingungen der empirischen Erfahrung.

Seit Beginn des 20.Jhds. haben Logiker, Philosophen und später auch Informatiker sich intensiv mit dem Aufbau der Modallogik(en)[18] beschäftigt. Zu nennen ist hier insbesondere **David Kellogg Lewis** (1941-2001), der MW als ontologisch real existierende Parallelwelten ansieht.

Saul Aron Kripke (geb. 1940) hingegen definiert MW als realistische Gedankenkonstrukte, und nicht als reale Parallelwelten, denn *„Possible worlds are stipulated, not discovered by powerful telescopes".*[19]

Kurt Gödel (1906-1978) formulierte im letzten Jahrhundert einen modallogischen Gottesbeweis, an dem sich noch heute Logiker die Zähne ausbeißen.

„Mögliche Welt"-Semantik nach Saul Aron Kripke

Kripke baut die MW-Semantik auf der Notwendigkeits- und Möglichkeitsdefinition von Leibniz auf. Sie ist nicht nur anschaulich, sondern auch logisch äquivalent zu

---

[15] Ebd. S.152-155: Dem Leser empfohlen: Ockhams zweifacher Begriff von „*kontingent*".
[16] Kant 1781/87: *Kritik der reinen Vernunft* (KrV), A592ff/B620ff.
[17] Vgl. ebd., A218/B266 ff: „*Die Postulate des empirischen Denkens überhaupt*".
[18] Es gibt viele Modallogiken – vereinfachend verwenden wir meistens nur den Singular.
[19] Kripke, 2001, S.44.

den zumeist schwerfälligen rein syntaktischen Axiomen Systemen. Die Ingredienzen der MW-Semantik bestehen aus drei Teilen:
1. Liste aller MW. Es gibt so viele MW, wie unterschiedliche Situationen gedanklich antizipiert werden (vgl. die Kugeln in Abb. 2)
2. Zugänge zu den MW (vgl. die Verbindungswege in Abb. 2). Vier Erreichbarkeiten sind wichtig: a) *Reflexive Zugänge* einer Welt zu sich selbst (symbolisch: MW1→MW1); b) *Einbahnstraßen* von einer Welt 1 nach Welt 2 (symbolisch: MW1→MW2); c) *Symmetrische Hin- und Rückwege* zwischen einer Welt 1 und Welt 2 (symbolisch: MW1←→MW2); d) *Transitive Fortsetzungen*. (symbolisch: wenn MW1→MW2 und MW2→MW3 dann MW1→MW3)
3. Aussagen A, B, ... mit Wahrheitswerten (wahr oder falsch) für jede MW.

Möglichkeiten entstehen vor allem bei Interaktionen („*Wie denkt mein Partner, was plant er?*"), oder in der KI („*Wie wird der Roboter reagieren und wie lernen?*").

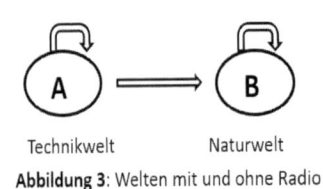

Ein Beispiel [20] möge das verdeutlichen (Abb. 3): Wir leben in einer Technikwelt mit Radio, TV, Mobiltelefon, Flugzeug etc. Wir kennen ein Naturvolk, das ohne Technik lebt und eine bestimmte Naturgottheit verehrt.

Abbildung 3: Welten mit und ohne Radio

Aussage **A** = „*Die Menschen kennen oder verwenden Technik (wie Radio, TV etc.)*".
Aussage **B** = „*Das Lebensschicksal ist durch bestimmte Naturgötter festgelegt*".
Die Ingredienzen dieser MW-Semantik bestehen aus:
1. Die Liste der MW: Technikwelt und Naturwelt.
2. Die Erreichbarkeit (Zugänge):
    a) beide Welten können über sich selbst nachdenken (*reflexive Zugänge*)
    b) die Technikwelt hat Zugang zur Naturwelt (aber nicht umgekehrt)
3. Aussage **A** ist in der Technikwelt wahr, in der Naturwelt falsch. Aussage **B** ist in der Naturwelt wahr, in der Technikwelt (kollektiv) falsch.

Halten wir uns die semantischen Definitionen nach Kripke vor Augen:
Eine Aussage **A** ist aus Sicht einer Welt „***notwendig***" (□A), wenn sie in allen MW wahr ist, zu denen diese Welt Zugang hat.

---

[20] Vgl. Stegmüller, 1987, S.155. Stegmüllers Beispiel wurde vom Autor modifiziert.

Eine Aussage **A** ist aus Sicht einer Welt „*möglich*" (◊**A**), wenn sie in mindestens einer MW wahr ist, zu der diese Welt Zugang hat.[21]

Eine Aussage **A** ist aus Sicht einer Welt „*unmöglich*" (¬◊**A**), wenn sie in allen MW falsch ist, zu der diese Welt Zugang hat.

Eine Aussage **A** ist aus Sicht einer Welt „*kontingent*" (◊**A** & ◊¬**A**), wenn sie in mindestens einer MW wahr und in mindestens einer MW falsch ist, zu der diese Welt Zugang hat.

Die Naturwelt hat nur zu sich selbst einen Zugang. **B** ist nicht nur richtig und möglich für dieses Naturvolk, sondern auch notwendig. **A** ist hingegen faktisch falsch für das Naturvolk (s. Abb. 3).

Technikwelt		Naturwelt	
Wahr	Falsch	Wahr	Falsch
A	B	B	A
◊A, ◊B	□A, □B	□B	◊A
z.B.: ◊□B	...	z.B.: □□B	...

Die Technikwelt hat Zugang zu sich selbst und zur Naturwelt: **A** ist richtig und möglich, nicht aber notwendig („*Man kann auch ohne Technik leben*" wie die Naturwelt zeigt). **B** ist für die Technikwelt (kollektiv gesehen) faktisch falsch, aber möglich. **B** wäre somit aus Sicht der Technikwelt kontingent (◊**A** & ◊¬**A**).

Wichtig ist hier die Reflexivität MW, denn sie erlaubt Reflexionen auf beliebig hohen Denkebenen. Man bekommt hier einen Eindruck wie KI-Algorithmen gebildet und wie das Lernen von Automaten simuliert werden kann.

Das zweite Beispiel modelliert Spionage (aus Sicht von MW1) zwischen drei Ländern MW1, MW2, MW3 über eine ältere Waffenart X und eine Neuentwicklung Y.

Aus Sicht von MW1 besitzen alle drei Länder die Waffe X, und Land MW3 zusätzlich Y. MW1 vermutet, dass MW2 über MW1 informiert ist, nicht aber über MW3. Land MW3 habe über MW1 und MW2 keine Informationen.

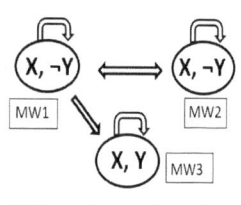

Abbildung 4: Spionage über Waffensysteme

---

[21] Die Definitionen implizieren, dass aus der Notwendigkeit auch die Möglichkeit folgt („*was notwendig ist muss auch möglich sein*": symbolisch: □**A**→◊**A**).

Sicht von MW1	MW1	MW2	MW3
De facto Waffen	X, ¬Y	X, ¬Y	X, Y
1. Denkstufe	□X, ◊Y, ◊¬Y	□X, □¬Y	□X, □Y
2. Denkstufe	□□X, ◊◊¬Y, ….	….	….

MW1 postuliert, dass Y möglich, aber nicht notwendig (also kontingent) ist und spekuliert über Wissen und Nichtwissen der anderen Länder. Dieses Beispiel soll verständlich machen, wie Vermutungen formell strukturierbar sind.

Der Leser wird sich sicher die Frage stellen, welchen Sinn eine Schachtelung an Modalzeichen wie z.B. □◊□A haben könnte. Lässt sich „*Es ist notwendig, dass es möglich ist, dass A notwendig ist*" sinnvoll interpretieren?

Hierzu ein Beispiel aus der Rechtsprechung: „*Der Bundestag ordnet an, dass die Bundesländer ihren Bürgermeistern erlauben dürfen, nach eigenem Ermessen die Räumung von Häusern bei Hochwassergefahr anzuordnen.*"

Machen wir ein Gedankenexperiment: auf Anordnung des Bürgermeisters musste mein Haus wegen Hochwassergefahr geräumt werden (□A). Das Hochwasser richtete keinen Schaden an, aber mein Haus wurde geplündert und durch Vandalismus verwüstet. Der Bürgermeister hätte auch anders entscheiden können (◊□A), deshalb will ich klagen. Mein Anwalt rät mir davon ab, da der Bürgermeister durch den Bundestag die rechtlich abgesicherte Entscheidungsfreiheit hat (□◊□A).

Anwendung und Relevanz der Philosophischen Logik

Die Modallogik wird vielfach als „*Philosophische Logik*" bezeichnet. Ein Zitat von W. Stegmüller macht dies verständlich:

„*Bei den philosophischen Logiken geht es nun darum, jeweils zu den logischen Ausdrücken* [der formalen Logik] *andere Ausdrücke, die aus bestimmten philosophischen Gründen für wichtig angesehen werden, hinzuzunehmen (…). Sind diese Ausdrücke z.B. die Worte 'möglich', 'notwendig', 'unmöglich', so gelangen wir zur Modallogik. Handelt es sich um normative Begriffe, wie den der Erlaubtheit oder des Gebotenseins, so haben wir es mit der deontischen Logik zu tun. Durch Einbeziehung von Wendungen, wie 'glaubt, daß', 'weiß, daß' (…) wenden wir uns der epistemischen Logik zu*".[22]

Dieser Aufsatz kann nur eine kurze Einführung in die Modallogik bzw. in die Philosophische Logik sein. Diese Abhandlung kann nur ein Gefühl dafür vermitteln,

---

[22] Stegmüller, 1987, S.149f.

wie Ungewissheiten im Faktischen und in der Reflexion strukturell darstellbar sind und wie diese in Algorithmen (z.B. in der Zukunftsforschung, Konfliktanalyse, KI und Ethik) Anwendung finden.

Die untenstehende Tabelle zeigt, wie syntaktische Symbole und Formeln semantisch interpretiert werden können. Dieser breite Deutungsumfang rechtfertigt die Bezeichnung „*Philosophische Logiken*".

Formel	Modal Deutung	Ethik Deutung	Temporale Deutung	Epistemische Deutung
◊A	A ist möglich	A ist erlaubt	A gilt irgendwann	Glauben, dass A
□A	A ist notwendig	A ist verboten	A gilt immer	Wissen, dass A
◊A&◊¬A	A ist kontingent	A ist indifferent	A kann eintreten	Nicht wissen, ob A

Sprechen wir von „*selbstlernenden*" Experten- und Navigationssystemen, so im Sinne einer sog. „*Schwachen KI-These*" die besagt, dass die Maschine zum „Lernen", „Denken", „Entscheiden" keine wirkliche Autonomie besitzt, sondern dieses nur über regelbasierte Programmlogiken und Algorithmen simuliert wird.

Wenige Monate vor seinem Tod warnte der Astrophysiker Stephen Hawking:

„*KI wird entweder das Beste sein, was der Menschheit jemals widerfahren ist – oder das Schlimmste. KI habe das Potenzial, ganze Volkswirtschaften auf den Kopf zu stellen. Oder die Technik könne für autonome Waffensysteme und zur Unterdrückung missbraucht werden, mahnte Hawking. 'Wir können nicht vorhersehen, was passiert, wenn wir den menschlichen Geist mit der KI verbinden.' Die Teilnehmer ermunterte Hawking dennoch, weiter an der Entwicklung zu arbeiten. 'Wir müssen das hinbekommen', sagte der Physiker, 'und die gesellschaftlichen Vorteile maximieren.'*"[23]

Diese Problematik muss hier (optimistisch hoffend) offengelassen werden.

Literatur

Eine verständliche Einführung in die philosophischen Logiken (insbesondere in die Modallogik) bieten W. Stegmüller (1987) und T. Zoglauer (2016). Die Autoren besprechen insbesondere die für Modallogiker wichtigen semantischen Systeme **T**, **K**, **S4** und **S5**, die im vorliegenden Aufsatz unerwähnt bleiben müssen. Auch das bei Philosophen bekannte Seeschlacht-Dilemma von Aristoteles wird von beiden Autoren erörtert. In Kripkes Hauptwerk (1993) „*Name und Notwendigkeit*", das wesentlich die analytische Philosophie des letzten Jahrhunderts beeinflusste,

---

[23] Hawking, 2017, *8. Web Summit 2017*, Lissabon: „*KI kann eine Bedrohung der Menschheit sein*".

werden „*Mögliche Welten*" zwar nicht formal logisch abgehandelt, aber für die Bedeutungs-, Kennzeichnungs- und Referenztheorie interpretiert. „*Mögliche Welten*" werden in diesem wichtigen philosophischen Werk einer sprachanalytischen Interpretation zugeführt.

Aristoteles. *Organon II, (De interpretatione) Die Lehre vom Satz. - Philosophische Schriften in Sechs Bänden.* (E. Rolfes, Übers.) 1995, Hamburg: Meiner.

Beckmann, J. P. (2018). *Aufklärung vor der Aufklärung? Ein Blick in das Mittelalter* (Bd. 7). (T. Nieland, Hrsg.) Berlin: Frank & Timme.

Descartes, R. (2009). *Meditationen. Mit sämtlichen Einwänden und Erwiderungen.* (C. Wohlers, Hrsg.) Hamburg: Felix Meiner Verlag.

Hawking, S. (2017). *8. Web Summit 2017: KI kann eine Bedrohung der Menschheit sein.* Lissabon: Heise Online. Abgerufen am 27. 12. 2018 von https://www.heise.de/newsticker/meldung/Web-Summit-2017-KI-kann-eine-Bedrohung-der-Menschheit-sein-3881086.html.

Jungk, R. (1970). *Die Zukunft hat schon begonnen.* Reinbek: Rowohlt, 1970, Paperback.

Kant, I. (1781/87). *Kritik der reinen Vernunft (KrV).* Hamburg: Felix Meiner Verlag.

Kripke, S. A. (2001). *Naming and Necessity* (12 Ed.). Cambridge, MA: Harvard University Press.

Musil, R. (2014). *Der Mann ohne Eigenschaften* (Bd. 1). (A. Friese, Hrsg.) Reinbek: Rowohlt.

Safranski, R. (2009). *Romantik. Eine deutsche Affäre* (3. Ausg.). Frankfurt a. M.: Fischer Verlag.

Stegmüller, W. (1987). *Hauptströmungen der Gegenwarts-Philosophie. Bd. II* (8. Ausg.). Stuttgart: Alfred Kröner Verlag.

Zoglauer, T. (2016). *Einführung in die formale Logik für Philosophen* (5. Ausg.). Göttingen: Vandenhoeck & Ruprecht.

Improvisierte Provisorien.
Zukunft als Möglichkeitsraum modaler Gestaltung

Bruno Gransche

Zukunft ist ein Kollektivsingular – die Figur des Vorurteils – für plurale Vorstellungen möglicher Ereignisse. Zukunftsvorstellungen spiegeln, was die Vorstellenden für notwendig, möglich und unmöglich halten, also deren modale Urteile. „Zukunft gestalten" kann in diesem Kontext nur heißen, Modalkritik zu üben und heute den Möglichkeitsraum in den Grenzen epistemischer und praktischer Disponibilität so zu strukturieren, dass morgen Anderes möglich wird. Angesichts der Grenzen dieser Disponibilität ist solche mediale Optionsgestaltung als *Improvisation* sowie als *provisorisch* zu denken.

Zukunft gestalten?

Die Formulierung „Zukunft gestalten" ist vieldeutig. Als Frage gefasst – Wie sollen wir Zukunft gestalten? – wäre sie eine Frage der Ethik nach Handlungsorientierung. Sie führt eine nicht triviale ontologische Prämisse mit sich. Gemäß dem Grundsatz *ultra posse nemo obligatur* impliziert sollen stets können. Zu fragen, wie Zukunft gestaltet werden *solle*, impliziert entsprechend die Überzeugung, dass Zukunft gestaltet werden *könne*. Dieselbe Implikation weist die nicht ethisch gewendete Deutung „Wie wurde/wird Zukunft gestaltet?" auf. Die Vorstellung von der Gestaltbarkeit der Zukunft ist jedoch ihrerseits zu hinterfragen. Schließlich ist Zukunft – anders als Materie, Zeichen oder Sozialbeziehungen – nicht in diesem Sinne gestaltbar, denn Zukunft *ist* überhaupt nicht, noch nicht einmal *noch nicht*. Die Nichtgestaltbarkeit der Zukunft mit diesem ontologischen Verweis schlicht zu konstatieren und weitere Überlegungen einzustellen, wäre unbefriedigend. Die Zukunft ist zwar nicht durch uns i.e.S. gestaltbar, offensichtlich ist sie aber doch von unseren Entscheidungen und Handlungen geprägt. Sie lässt sich weder gezielt herstellen, noch hat sie eine unveränderbare, vorbestimmte Gestalt. Wie lässt sich die Art unseres Einflusses zwischen totaler Disponibilität und unerweichlichem Schicksal fassen? Der hier dargestellte Ansatz versucht dies als Beeinflussung von Möglichkeitsräumen, als Konzept *medialer modaler Gestaltung* zu fassen. Zunächst ist am Begriff der Zukunft und dessen ontologischer wie epistemologischer Partikularität anzusetzen. „Zukunft" ist ein Kollektivsingular für viele verschiedene Zukunftsvorstellungen wie Erwartungen, Präsumtionen, Hoffnungen, Ängste, Sorgen oder Vorfreude. Die Form des Kollektivsingulars ist nicht umsonst die Figur des undifferenzierten Vorurteils: Die Rede von den Frauen, den Politikern, den Migranten usw. erweist sich, noch bevor ein entsprechender Satz zu Ende gesprochen ist, gegenüber den Besonderheiten der jeweiligen Personen als unterkomplex. Was bedeutet es aber, wenn statt von *der* Zukunft vielmehr von *den Zukünften* auszugehen ist? Im Gegensatz zu der Zukunft, deren Auf-uns-Zukommen abzusehen versucht wird, sind Zukünfte gegenwärtige Vorstellungen über zukünftige Ereignisse, was bereits Augustinus als Dreiheit von Zeiten fasste:

> „Das ist nun wohl klar und einleuchtend, daß weder das Zukünftige noch das Vergangene ist. Eigentlich kann man gar nicht sagen: Es gibt drei Zeiten, die Vergangenheit, Gegenwart und Zukunft, genau würde man vielleicht sagen müssen: Es gibt drei Zeiten, eine Gegenwart in Hinsicht auf die Gegenwart, eine Gegenwart in Hinsicht auf die Vergangenheit und eine Gegenwart in Hinsicht auf die Zukunft. In unserem Geiste sind sie wohl in dieser Dreizahl vorhanden, anderswo aber nehme ich sie nicht wahr."[1]

Da Vergangenheit, Gegenwart und Zukunft rein gedankliche Phänomene sind, *existieren* sie nicht außerhalb unserer Vorstellungen von ihnen als gegenwärtige Vergangenheiten, gegenwärtige Gegenwarten und gegenwärtige Zukünfte; gegenwärtig an Vorstellungen der Vergangenheit sind Erinnerungen, gegenwärtig an Vorstellungen der Gegenwart sind Anschauungen, gegenwärtig an Vorstellungen der Zukunft sind Erwartungen. Die dreizeitliche Verschachtelung, wie sie bei Augustinus erscheint, wird im Zeitdenken Husserls und Heideggers aufgenommen. Mit allen drei Denkern lässt sich eine wechselseitige Verschränkung der drei Zeiteninstanzen betonen. Bei Heidegger zeigt sich die Verschlungenheit der Zeitinstanzen, jedoch mit klarem Zukunftsprimat. Er unterscheidet zunächst einen vulgären Zeitbegriff als unendliche Folge von physikalischen Zeitpunkten von einem existenzialen Zeitbegriff als Möglichkeitsraum des Entwerfens (nicht Gestaltens). Dabei ist der Möglichkeitsraum eines Individuums (dessen jeweilige Zukunft) durch Zeit und Ort seiner Geburt und Vergangenheit (bisherige Biografie) beschränkt – jedoch nicht festgelegt.

---

[1] Aurelius Augustinus: Die Bekenntnisse des heiligen Augustinus, Köln: Atlas-Verlag 1960, S. 11.

Im Rahmen dieser vorausgehenden Eingrenzungen des jeweiligen Möglichkeitsraumes kann das Individuum sich auf seine spezifischen Zukünfte hin entwerfen und mit seinen Entscheidungen und Handlungen zwar nicht seine Zukunft gestalten, aber seine spezifischen Möglichkeiten beeinflussen. Durch die „Knappheit der Ressource Lebenszeit" – „wie ihre Natalität beträgt auch die Mortalität der menschlichen Gesamtpopulation nach wie vor 100 Prozent"[2] – hat jede Entscheidung und Handlung neben ihren eigentlichen Handlungszielen (mindestens durch ihren Zeitverbrauch) auch Auswirkungen auf Art und Anzahl der Optionen künftiger Entscheidungen und Handlungen. Zukunft ist für Menschen also ihr jeweiliger strukturierter Möglichkeitsraum für künftiges Entscheiden und Handeln, als das je einzigartige Set an gegenwärtigen Entscheidung- und Handlungsoptionen. Strukturiert ist dieser Möglichkeitsraum durch ‚Herkunft', also u.a. durch vergangenes Entscheiden und Handeln. Das Ergreifen einer dieser Optionen – also tatsächliches Entscheiden und Handeln – findet immer in der Gegenwart statt. Zugleich beeinflusst dieses gegenwärtige Agieren immer auch den folgenden Möglichkeitsraum; Entscheiden und Handeln schafft neue und vernichtet bestehende Optionen. Wir können zwar nicht entscheiden, die Zukunft zu gestalten, wir können aber auch nichts entscheiden, ohne sie damit zugleich zu beeinflussen. Im Realisieren von wirklichen Handlungszwecken modifizieren wir stets den Raum möglicher Handlungszwecke. Wenn mit ‚Gestaltung' die *konkrete intentionale* Veränderung einer Struktur gemeint ist, können wir Zukunft nicht gezielt gestalten, sondern nur *irgendwie* beeinflussen. Wenn Gestaltung größere Differenzen zwischen dem intendierten und tatsächlich realisierten Zweck zulässt, also Veränderung zwar intendiert ist, mit Abweichungen aber kreativ umgegangen wird, dann könnte eine bewusste Beeinflussung des Möglichkeitsraums künftiger Optionen als *mediale modale Gestaltung* konzipiert werden. Zum Beispiel: Wer einen Eimer Farbe auf eine Leinwand kippt, der gestaltet diese Leinwand, auch wenn er keine konkrete Zielgestalt intendierte. Auch wenn das Ergebnis also unterbestimmt bleibt, kann durchaus von Gestaltung die Rede sein, weil die Leinwand gewissermaßen ausgerichtet, in eine Richtung verändert wird, ohne dass das genaue Ziel der Richtung feststünde. Es besteht immer eine Differenz zwischen intendiertem und realisiertem Zweck. Bei gekonnt kontrollierter Herbeiführung eines bestimmten Ergebnisses (z.B. einer Meisterfäl-

---

[2] Odo Marquard: Apologie des Zufälligen. Philosophische Studien, Stuttgart: Ph. Reclam jun. 1986, S. 67.

schung eines Gemäldes) ist diese Differenz kleiner, bei modaler Gestaltung ist diese Differenz größer, bzw. wegen der Unschärfe der Intention (z.b. Leinwand irgendwie färben, statt eines fotorealistischen Werkes) ist die Differenz zum Realisat hier weniger relevant. D. h. es ist gleich eine ganze Klasse von möglichen Ergebnissen im Rahmen des Intendierten und Differenzen zwischen den Entitäten dieser Klasse erscheinen nicht als Differenz zwischen intendiertem und realisiertem Zweck.

Mediale modale Gestaltung

Eine *Gestaltung* wäre dies im weiteren Sinne, insofern auf eine Veränderung abgezielt wird, ohne jedoch den Zielzustand voll zu determinieren. Die Änderung zielt nicht auf eine bestimmte wirkliche Struktur, sondern auf die Strukturierung eines Möglichkeitsraumes als ein Set von Optionen. Änderungen an dieser Strukturierung sind Nebenfolgen einer jeden Entscheidung oder Handlung, sie kann jedoch auch zum eigentlichen Gegenstand des Entscheidens und Handelns gemacht werden. Wir können so handeln, dass gewisse Optionen nicht mehr Teil unserer jeweiligen Zukunft sind. So können wir mit einem Mord beispielsweise zuverlässig ausschließen, der entsprechenden Person in Zukunft noch einmal zu begegnen. Ein Mord kann auf der Handlungsebene ein entsprechend qualifizierter Tötungsakt sein, mit dem Zweck, das Leben einer Person zu beenden. Er kann aber auch höherstufig ein Akt der Umstrukturierung eines Möglichkeitsraumes sein, bei dem alle Optionen, für die die betroffene Person eine notwendige Bedingung darstellt, vernichtet werden. *Medial* ist diese Gestaltung in dem Sinne, dass sie sich auf die Strukturen eines Möglichkeitsraumes richtet. Denn ein Medium kann gefasst werden als strukturierter Möglichkeitsraum für Handeln, bzw. genauer: für die Identifikation tauglicher Mittel und herbeiführbarer Zwecke.[3] So bietet das Medium Wasser andere Optionen (z.b. spezifischer Auftrieb oder Leitfähigkeit) als das Medium Luft (z.B. Lungenatmung oder Isolationsfähigkeit) oder als das Medium Internet (z.B. Kommunikation digitaler Daten oder das Geschäftsmodell Smartphone). Wo eine unbefriedigende Lage an Optionen (Struktur eines Möglichkeitsraumes) herrscht, muss entweder das Medium gewechselt werden (zum Schwimmen ins Wasser, zum Atmen an die Luft) oder – wo ein solcher Wechsel nicht möglich ist – versucht wer-

---

[3] Vgl. Christoph Hubig: Die Kunst des Möglichen I. Grundlinien einer dialektischen Philosophie der Technik; Technikphilosophie als Reflexion der Medialität (= Band 1), Bielefeld: Transcript 2006 Kapitel 4 & 5.

den, das Optionenangebot eines Mediums umzustrukturieren. *Modal* ist diese Gestaltung, weil sie sich darauf richtet, die Grenzen der Modalsphären umzugestalten, also Notwendiges oder Unmögliches (auch anders) möglich werden zu lassen oder, was bisher möglich war, unmöglich oder notwendig werden zu lassen. Die Modalsphären gliedern sich in drei große Bereiche: erstens den Bereich des Notwendigen, also all jener Phänomene, die sind und zwar zwingend so wie sie sind, die also nicht anders sein können; zweitens den Bereich des Möglichen, also all jener Phänomene, die sein, nicht sein oder anders sein können; drittens den Bereich des Unmöglichen, also all jener Phänomene, die nicht sind und nicht sein können. Dabei ist der Bereich des Möglichen nochmals unterteilbar in die Bereiche des bloß hypothetisch oder potenziell Möglichen (Möglich-Möglichen) und des realisierbar Möglichen (Real-Möglichen). Das Realmögliche ist der Bereich jener Phänomene auf deren *Realisierung* unser Handeln zielt – beispielsweise die eigenhändige Zubereitung eines Abendessens, die entsprechenden Mittel als vorhanden vorausgesetzt. Das Möglich-Mögliche ist der Bereich jener (nicht wirklichen und nichtunmöglichen) Phänomene, auf deren *Ermöglichung* unser Handeln zielt, also primär technisches inventives Handeln – beispielsweise die Zubereitung eines Essens durch einen Replikator (sensu Star Trek), wofür die Entwicklung der entsprechenden Mittel eine ermöglichende Bedingung und Ziel inventiven Handelns darstellt.

Für die Modalsphäre des Auch-anders-sein-Könnens wird verbreitet der Begriff des Kontingenten investiert, kann aber auch mit einigen begrifflichen Vorzügen als Sphäre der *Akzidenz* bezeichnet werden.[4] Modale Gestaltung zielt nun nicht auf die Realisierung tatsächlicher Möglichkeiten, sondern auf die Transformation von hypothetischen in realisierbare Möglichkeiten. Die Unterscheidung in beide Möglichkeitsbereiche hängt ab von der modalen Urteilskraft, mit der die tatsächliche oder potentielle Herbeiführbarkeit eines Phänomens oder Ereignisses allererst beurteilt wird. Erst bei unterstellter Herbeiführbarkeit (d.h.: etwas herbeiführen können) steht ein entsprechendes normatives Urteil der Wünschbarkeit oder Gebotenheit (d.h. etwas herbeiführen sollen) an und wiederum erst die Kombination von Herbeiführbarkeit und Wünschbarkeit ergibt den Raum möglicher Handlungszwecke.[5]

---

[4] Zur Begründung vgl. Bruno Gransche: Vorausschauendes Denken. Philosophie und Zukunftsforschung jenseits von Statistik und Kalkül (= Edition panta rei), Bielefeld: Transcript 2015 Kapitel 5.
[5] Vgl. C. Hubig Kapitel 4.

Die Vorstellungskraft ist in Bezug auf modale Gestaltung von besonderer Bedeutung. Nicht nur sind Zukünfte hinsichtlich ihres ontologischen Status per se Vorstellungen, sondern die Möglichkeit des Vorstellens ist eine besondere Kraft, die das für möglich Gehaltene im Vergleich zum ontologisch Möglichen beständig verschiebt, also Irrtümer modalen Urteilens aufklärt oder aber auch eigentlich adäquate Auffassungen fälschlicherweise ändert. Es gibt prinzipiell Nicht-Vorstellbares – wie ein rundes Dreieck – sowie Phänomene und Ereignisse in allen drei Modalbereichen, die jeweils vorstellbar oder nicht vorstellbar sind. Vermeintlich unmögliche Ereignisse, die jedoch vorstellbar sind, haben das Potenzial, bewusste modale Gestaltung derart zu motivieren, dass ihre vermeintliche Unmöglichkeit sich als hypothetische Möglichkeit erweist und schließlich ins Realmögliche überführt und gegebenenfalls sogar realisiert werden kann. Dieser Prozess, die Modalsphären zu durchlaufen, kann als *modale Migration* bezeichnet werden und Figuren wie der Minotaur oder das Einhorn erfahren vor dem Hintergrund dynamischer Tendenzen wie der Gentechnologie und damit transgene Organismen eine beispiellose Modaldrift; Minotaur und Einhorn sind heute nicht mehr nur hypothetisch vorstellbar, sondern auch ontologische Modalmigranten.[6] Auch bei Menschen zeigen sich Ermöglichungsversuche, die zuvor als unmöglich galten: So sollen etwa 2018 gentechnisch AIDS-resistent gemachte Zwillinge in China geboren worden sein oder es existieren Menschen mit drei biologischen Eltern.[7] Dies wären Beispiele, in denen Technologie als Ermöglichungsfaktor erscheint.

Technik ist aber nicht die einzige Kraft der Akzidenzexpansion[8] oder der modalen Dynamisierung; auch soziale Entwicklungen ermöglichen und verunmöglichen beständig. Wo jedoch neben den propagierten Ermöglichungseffekten neuer Technologien, die immer auch einhergehenden Verunmöglichungseffekte missachtet werden, erscheint die Rede von „Zukunft gestalten" im wörtlichen Sinne als vermeintlich plausibel, wohingegen tatsächlich komplexe Modalbeeinflussungen im

---

[6] Das Parlament des Vereinigten Königreichs hat in seinem „Human Fertilisation and Embryology Act" von 2008 die Forschung an transgenen Embryos gesetzlich ermöglicht. Dort ist in Kapitel 22 die Rede von Mensch-Tier-Hybriden ("human-animal hyb-rid"), Schimären ("chimeras") und Mensch-Rind-Embryos ("human-bovine embryos").UK Parliament: Human Fertilisation and Embryology Act 2008. Chapter 22. UK Parliament, Legislation.gov.uk 2008, http://www.legislation.gov.uk/ukpga/2008/22/contents vom 15.01.2013.
[7] Erika C. Hayden: »Regulators weigh benefits of 'three-parent' fertilization. But critics say mitochondrial replacement carries safety and ethical concerns.«, in: Nature (2013), S. 284-285.
[8] Vgl. B. Gransche, S. 320-335.

Gange sind. Zukunft gestalten kann nicht heißen, ein irgendwie *Vorhandenes* zu gestalten, sondern bestimmte Vorstellungen (present futures) zu verändern und die Strukturen des Möglichen zu verändern. Diese gegenwärtigen Zukünfte sind im Gegensatz zur zukünftigen Gegenwart (future present) weitreichend, aber nicht beliebig veränderbar: Philosophie, Wissenschaft und Kunst ist das vorstellungsverflüssigende Dreigestirn, das vermeintliche Modalurteile beständig justiert. Konsequenz dieser Veränderung, sind neue Möglichkeiten. Zukünfte sind immer *jemeinige*, also personenbezogen bzw. bezogen auf die jeweilige Handlungsinstanz. Aber Handeln – und Gestalten ist Teil dieser Kategorie – betrifft als Realisierungsversuch wirklicher Zwecke und als modale Beeinflussung immer auch die Zukünfte, die Optionen, die Struktur des Möglichen *Anderer*. Mit Blick auf die ‚Zukunftsgestaltung' besteht die Aufgabe darin, nicht nur den eigenen Möglichkeitsraum entsprechend verantwortungsvoll zu nutzen (d. h. wirkliche Zwecke zu realisieren, inklusive der Beeinflussung der Handlungen Anderer), sondern v.a. darin, den eigenen Möglichkeitsraum entsprechend verantwortungsvoll auszurichten, zu strukturieren (d. h. nicht i.e.S. zu gestalten, aber doch i.w.S. intentional auszurichten). Es heißt eben auch, die möglichkeitsraumstrukturierenden Wirkungen auf die Optionen Anderer et vice versa entsprechend in der Handlungsorientierung mit zu berücksichtigen.

Improvisierte Provisorien

Wie könnte modale mediale Gestaltung etwas konkreter gefasst werden? Antwort: beispielsweise in der Form *improvisierter Provisorien*. Ein solches Handeln, wäre in einem dreifachen Sinne als *provisorisch* anzusehen.[9] Erstens weil es darauf abhebt, Handlungsoptionen zu ermöglichen, d. h. um künftiger Optionen, Handlungsmöglichkeiten willen die Modalgrenzen *vorsorglich* beeinflusst. *Vorsorge* i.S.v. *künftigem Vorsorgen* wäre es beispielsweise, die Struktur des Mediums ‚Haus' so zu verändern, die Optionen der *Vorräte* so zu beeinflussen, dass abends die Handlung ‚Essen zubereiten' ein wirklicher und nicht bloß möglicher Handlungszweck wird. Weniger ‚schlicht' als im Beispiel erscheinen die Implikationen, wenn statt des Ziels ‚Essen zubereiten' Ziele der Art ‚zufrieden Leben', ‚Fortschritte/Innovationen schaffen'

---

[9] Vgl. Christoph Hubig: Die Kunst des Möglichen II. Grundlinien einer dialektischen Philosophie der Technik; Ethik der Technik als provisorische Moral (= Band 2), Bielefeld: Transcript 2007.

oder ‚Freiheit, Gerechtigkeit, Solidarität' avisiert werden. Das Provisorische wäre zudem zweitens *vorausschauend*, da für vorsorgliches Handeln erhebliche Antizipationsleistungen erbracht werden müssen. Es muss – im Beispiel – antizipiert werden, dass gekocht wollen werden wird, das entsprechende Mittel gebraucht werden werden, dass diese vor Ladenschluss *besorgt* werden müssen etc., da sonst das Vorhaben ein bloß realmöglicher, aber nicht realisierbarer Zweck bleibt. Schließlich weiß man nicht, wie genau das Essen wird oder wie genau die Farbe auf der Leinwand verläuft und gerade modale Beeinflussung hat, wie gesehen, fundamentale Vorausschauunsicherheiten; die Summe des vermeintlich Möglichen ist nie die des tatsächlich Möglichen. Oder anders gesagt: Handeln ist immer mehr oder weniger unsicher. Aus der unhintergehbaren Unsicherheit des Handelns resultiert drittens der Charakter der *Vorläufigkeit*. Handeln und speziell modale Beeinflussung geschieht stets bis auf weiteres, also im Bewusstsein, dass „weiteres" Anpassungsdruck erzeugt. Dies können beispielsweise Zieländerungen sein oder veränderte Informationslagen. Speziell Einsichten in Irrtümer bei der Einschätzung etwa der Tauglichkeit der Mittel und der Herbeiführbarkeit von Ereignissen erfordern provisorisch-vorläufiges Handeln. Handeln richtet sich auf Realisierung (von Zwecken) und auf Ermöglichung (von Optionen) und tut dies angesichts der Jemeinigkeit und Pluralität der Zukünfte vorsorglich, vorausschauend und vorläufig, also *provisorisch*.

Im Wortursprung – *pro-videre* bedeutet *vor-sehen* – bezieht sich das Provisorische auf das Vor-gesehene und Vorher-gesehene, aber auch – im Bewusstsein der Irrtumsanfälligkeit von Antizipationsversuchen – auf die absehbare Vorläufigkeit. *Proviso* beinhaltet also schon die Referenz auf das *Improviso*.

Es stellt ein besonderes Risiko dar, Handeln auf Antizipationen zu gründen und deren zwangsläufige Vermeintlichkeit dabei zu unterschätzen, da so für dieses Handeln nicht nur existenziell knappe Lebenszeit, sondern auch prinzipiell knappe Ressourcen allokiert werden, die dann antizipationsbezogen gebunden sind und nicht mehr oder sehr viel schwerer für nicht antizipierte Ereignisse in Stellung gebracht werden können. Ein Modus, diese Festlegung (und folgende Pfadabhängigkeit) in der Gegenwart zu verringern, ist eine Form der Könnerschaft, die nicht das Provisorische einbezieht, sondern das *Improvisorische*, Unvorhersehbare, Nicht-Vorhergesehene und Irrtümer des vermeintlich Vorhergesehenen. Die Bedeutungstrias, wie sie für das Provisorische oben entfaltet wurde, enthält einen antizipatorischen Aspekt – das Vorausschauende – sowie die Anerkennung der Möglichkeit von Antizipationsirrtümern – das Vorläufige. Überraschende Handlungseffekte, das Surplus, entziehen sich per definitionem antizipatorischem Zugriff, denn sonst fänden sie Eingang in die Handlungsintention und würden nicht mehr als Differenz zu dieser erscheinen. Der provisorische Einbezug von Antizipationsirrtümern ist ein zentraler Aspekt zukunftsgerichteten Handelns, aber auch die Einschätzung der Möglichkeit von Antizipationsirrtümern kann selbst wieder Irrtümern unterliegen. Daher ist den Aspekten der Antizipation und des Antizipationsirrtums des Provisorischen der Aspekt der Antizipationsindifferenz des Improvisatorischen hinzuzufügen, weshalb die hier dargestellte Form modaler Gestaltung als *improvisierte Provisorien* gefasst wird. Der Wortursprung *improviso* bedeutet zunächst unvorhergesehen, unerwartet, unvermutet und etwas wofür entsprechend nicht vorgesorgt wurde. Improvisieren bedeutet, ohne Vorbereitung zu handeln und Improvisation ist eine Gestaltung aus dem Stegreif. Improvisation ist Einüben des Umgangs mit Ereignissen, die nicht konkret antizipiert werden bzw. nicht antizipiert werden können. Es ist – unter nicht trivialen Voraussetzungen – eine antizipationsindifferente Bereitschaft, eine Art gelassene Vorspannung für mögliche Ereignisse. Daraus folgt, dass Improvisation keineswegs völlig ohne (stets irrtumsanfällige) Möglichkeitseinschätzungen auskommt, jedoch ist die Ausrichtung, sind die Ressourcenallokationen, auf diese modalen Einschätzungen typischerweise gering und die Erwartung von Erwartungsenttäuschungen hoch. Das Schachspiel hat eine komplexe Vielfalt möglicher Zustände, dabei aber dennoch einen endlichen Möglichkeitsraum, weshalb es auch von rechenstarker Künstlicher Intelligenz entsprechend beherrscht wird. Im Jazz wird bereits nicht nur innerhalb der Regeln improvisiert, sondern mit der Improvisation werden die Regeln je neu verhandelt und Regeln neu gesetzt.[10] Allgemein beschrieben könnte man sagen, dass der modale Jazz die Strukturvorgaben der Komposition stark reduziert und dabei die Möglichkeitsräume für Improvisation ausweitet und somit den improvisierenden Könner im Moment der Stegreifgestaltung ins Zentrum rückt. Modaler Jazz erweitert die Möglichkeiten dessen, was in der Improvisation möglich ist, er entwickelt für jeden Akkord mehr und mehr Möglichkeiten, weshalb immer weniger Akkorde benötigt werden. Modaler Jazz ist gewissermaßen Musik-Akzidenzexpansion. Improvisation ist gekonnter Ad-hoc-Umgang mit großen Freiheitsgraden und Potenzialen, die Kategorie, Struktur und

---

[10] Vgl. Daniel M. Feige: Philosophie des Jazz (= Suhrkamp Taschenbuch Wissenschaft, Band 2096), Berlin: Suhrkamp 2014.

Ausdehnung dieser Freiheitsgrade variieren freilich zwischen Leben, Schach und Jazz. Aber aus dem modalen Jazz lässt sich etwas lernen für modalen Gestaltung, nämlich der Gewinn eines Einübens in Nutzung und Gestaltung von Möglichkeitsräumen. Wenn nicht vorhergesehen werden kann was kommt, ist Könnerschaft im Umgang mit Unvorhergesehenem und Unvorhersehbarem wichtiger als Vorbereitung (auf ggf. das Falsche).

Fazit

„Zukunft gestalten" kann gedacht werden als modale Gestaltung in Form improvisierte Provisorien. Dies hätte eine verstärkte Orientierung an Optionswerten, Potenzialen und Möglichkeitsräumen zur Folge. Für eine Handlung wäre mindestens ebenso leitend die Frage, was aus ihr an modalen Konsequenzen folgt, wie an realen. Modale Gestaltung zielt darauf ab, provisorisch (vorsorgend, vorausschauend, vorläufig) handeln zu können und möglichst jene festen Strukturen zu identifizieren, zu festigen oder zu transformieren, über die sich antizipationsarme Könnerschaft frei entfalten kann; stets im Bewusstsein, dass auch diese relativen Kontinuitäten der Sphäre der Akzidenz angehören, also auch anders möglich sind. Mit zunehmender Komplexität gilt es bei modaler Zukunftsgestaltung auf eine Balance von Öffnung und Schließung von Zukünften zu achten, da tatsächliches Handeln eine Mindestgeschlossenheit bedarf, künftige Handlungsoptionen aber eine Mindestoffenheit erfordern. Handeln in Form improvisierter Provisorien ist angewiesen auf einen dynamischen Bezug der epistemologischen zur ontologischen Ebene der zeitspezifischen Modalsphäreneinteilung: Würden die beiden in eins fallen, fiele die Quelle vieler Einschätzungsirrtümer und damit großer Handlungsunsicherheit weg, würde sich die Notwendigkeit für die Vorläufigkeit der Handlung auflösen. Verharrten sie in einem festen Abstand zueinander, würde dies bedeuten, dass aus der Intention-Ergebnis-Differenz nicht gelernt und die Ebenen des Tatsächlichen und Vermeintlichen nicht unterschieden werden könnten. Dass die epistemologische und ontologische Ebene der Modalsphären in beständiger Bewegung sind, ermöglicht Phänomenen wie z.B. dem Minotaur oder dem Frauenwahlrecht allererst die Modalmigration.

Im Sinne eines Akzidenzbewusstseins[11], eines Bewusstseins über Strukturen und Umstrukturierungen des Möglichen, soll resümierend mit einer Art Mikromanifest geschlossen werden:

– Vorsicht vor Minotauren oder anderen modalen Migranten, denn diese fordern Bewältigungsfähigkeiten heraus, die an bloß Wirklichem oder Realmöglichem orientiert wurden und können diese überfordern.

– Nicht nur primäre Handlungszwecke, sondern auch die Modalsphäre der Akzidenz selbst kann Ziel intentionaler Gestaltung sein, wenn auch je in unterschiedlichem Grade und mit unterschiedlich detaillierter Zweckvorstellungen.

– Modalgestaltung setzt Modalkritik voraus. Um etwas zum Ziel von Veränderungsvorhaben zu machen, muss dessen Veränderbarkeit unterstellt werden. Damit muss etwas, das ist – inklusive der Modalurteile – als auch anders möglich kritisiert werden. Dieser Vorgang von Kritik und Gestaltung ist eine andauernde und unentbehrliche Anstrengung, um die vermeintlich ontologischen und zeitspezifisch epistemologischen Ebenen dynamisch zu halten. Er ist unentbehrlich, um normative Evaluation zu ermöglichen, da ein Sollen nur im Rahmen der Möglichkeit des Könnens vernünftig ist; technikethisch stellt sich neben der Frage ‚Was soll ich wie realisieren?' oder ‚Welche Optionen soll ich auch technisch wie ermöglichen?' zudem die Frage, welche Struktur oder Umstrukturierungen des Möglichen geboten oder verboten sein sollen. Die modale Dynamik ist weiter unerlässlich, um Wandel zu gestalten, d.h. entweder Stagnation zu verhindern, oder Stabilität zu ermöglichen – je nachdem ob die Wandlungstendenz normativ als Fortschritt oder Niedergang gewertet würde. Die Bereiche des Rechts, der Politik, der Ethik etc. sind auf die Aufklärung vermeintlicher Notwendigkeiten oder vermeintlicher Unmöglichkeiten angewiesen, um Dogmatismus und Fundamentalismus zu verhindern – beide argumentieren modal meist in den Sphären der Notwendigkeit und Unmöglichkeit. Wahre Macht haben jene, die definieren und dann anderen diktieren können, in welche Modalsphäre ein Phänomen gehört: ‚Das ist nicht anders möglich!' wirkt kritikimmunisieren und zieht im Mantel des Sachzwangs keine normativen Rechtfertigungspflichten nach sich, ganz im Gegensatz zu ‚Du sollst das nicht ändern!' In demokratisch humanistischer Perspektive ist diese Macht in voller Breite in den Foren des Auch-anders-Möglichen der Wissenschaft, Philosophie und Kunst per-

---

[11] Vgl. B. Gransche, Abschnitt 5.1.2.

manent auszuhandeln. Die Anstrengung der Modalkritik ist schließlich unentbehrlich, um normativ orientierte Umgestaltungen der Akzidenzsphäre selbst zu ermöglichen, da der bloße nicht-intendierte Effekt auf die Struktur der Modalsphären, den jedes Handeln immer hat, im Gegensatz zur intendierten Beeinflussung – bei aller Unsicherheit und Unterdeterminiertheit – keine normative Ausrichtung erfahren kann.

– Handeln ist stets ein Mit-Anderen-Handeln und moderne Beeinflussung hat daher vor allem zwei gegenläufige Orientierungsinstanzen zu berücksichtigen: Zum einen schulden wir Anderen – und im Sinne von „Zukunft gestalten" sind das im Wesentlichen die Künftigen – die Erhaltung der Handlungsmöglichkeit überhaupt sowie eine gewisse Optionsvielfalt, d.h. keine fahrlässige Schließung möglicherweise durch Andere anders bewerteter Möglichkeiten. Zukünfte gestalten hieße so gesehen Möglichkeitsräume offenzuhalten. Zum anderen wollen wir nicht jeden Handlungseffekt – normativ ausgedrückt: nicht jeden Fortschritt – auch der unter Umständen problematischen Revidierung durch Andere bzw. Künftige überlassen, d.h. kein fahrlässiges Offenlassen möglicherweise durch Andere anders bewerteter Möglichkeiten. Dass beispielsweise auch Frauen und Sklaven unantastbare Menschenrechte besitzen, wollen wir im Sinne eines Vermächtnisses nicht zur Disposition stellen. Zukünfte gestalten hieße so gesehen Möglichkeitsräume zu schließen. Vor diesem Hintergrund erscheint es als geboten, je nicht nur real zu gestalten, sondern stets auch bewusst modal.

Literatur
Augustinus, A.: Die Bekenntnisse des heiligen Augustinus, Köln: Atlas-Verlag 1960.
Cassirer, E.: »Form und Technik«, in: Symbol, Technik, Sprache. Aufsätze aus den Jahren 1927–1933, Hamburg: Meiner 1985, S. 39-91.
Feige, D. M.: Philosophie des Jazz (= stw, Band 2096), Berlin: Suhrkamp 2014.
Gransche, B.: Vorausschauendes Denken. Philosophie und Zukunftsforschung jenseits von Statistik und Kalkül (= Edition panta rei), Bielefeld: Transcript 2015.
Hayden, E. C.: »Regulators weigh benefits of 'three-parent' fertilization. But critics say mitochondrial replacement carries safety and ethical concerns.«, in: Nature (2013), S. 284-285.
Hubig, C.: Die Kunst des Möglichen I. Grundlinien einer dialektischen Philosophie der Technik; Technikphilosophie als Reflexion der Medialität (= Band 1), Bielefeld: Transcript 2006.
—: Die Kunst des Möglichen II. Grundlinien einer dialektischen Philosophie der Technik; Ethik der Technik als provisorische Moral (= Band 2), Bielefeld: Transcript 2007.
Marquard, O.: Apologie des Zufälligen. Philosophische Studien, Stuttgart: Ph. Reclam jun. 1986.
UK Parliament: Human Fertilisation and Embryology Act 2008. Chapter 22. UK Parliament, Legislation.gov.uk 2008, http://www.legislation.gov.uk/ukpga/2008/22/contents vom 15.01.2013.

Teil IV
Welche Zukunft?
Zukunft gestalten mit Philosophie?

Welche Zukunft?
Zukunftsvisionen aus der Sicht des Offenen Skeptizismus

Ruth Spiertz

0 Einleitung
Ein Zukunftsvisionär................
Es wird der Zeitpunkt kommen, an dem der Mensch in seinem Wesen stärker durch seine intelligenten Implantate bestimmt ist als durch seine ursprünglichen biologischen Grundlagen. Dann wird es auch möglich sein, sein Wesen in eine reine Maschine zu kopieren, die sich dann ebenso verhält wie er. Die Maschine besitzt dann sein Bewußtsein, ihr Bewußtsein ist unsterblich geworden.[1]

.... und sein Kritiker
Da die Ideologie der liberalen Demokratie und des totalitären Sozialismus nicht mehr funktionieren, können biologischer Reduktionismus und Cyberutopismus eine neue Vision unserer Zukunft schaffen.
Unter dem Strich jedoch ist der Haupteffekt des mystischen Positivismus klares Denken darüber zu verhindern, wie wir unsere Zukunft gestalten sollen.[2]

Wir haben hier eine transhumanistische Zukunftsvision und eine ihrer Kritiken. Der rasante technologische Fortschritt lässt uns immer gewagtere Zukunftsvisionen entwerfen, wie man an diesem Beispiel sieht. Doch es zeigt sich hier ebenfalls, dass solche Zukunftsvisionen nach einer Bewertung verlangen. Nun gibt es viele solcher Bewertungen, aber was ist ihr Maßstab und von welcher Grundlage aus werden sie vorgenommen? Diese Frage zielt auf die philosophischen und speziell ethischen Fundierungen, die entweder gar nicht vorhanden oder häufig nicht transparent sind.

Für eine solche Fundierung schlage ich den Offenen Skeptizismus im Sinne eines radikalen Fragens vor, wie Wilhelm Weischedel ihn z.B. in seinem Werk „Skeptische Ethik" entwickelt. Für diese Position sprechen verschiedene Gründe:

Der Offene Skeptizismus bezieht sich auf alle Lebensbereiche und ist deshalb als eine Lebensform grundlegend. Er trägt unserer Endlichkeit Rechnung und bewahrt

---

[1] Ray Kurzweil: Die Zukunft des Menschen.
[2] Richard Barbrook: Der heilige Cyborg.

uns so vor überzogenen Ansprüchen. Aufgrund seiner Offenheit ist er auf die Zukunft gerichtet und bereit zu ihrer Gestaltung. Darüber hinaus zeichnet den Offenen Skeptizismus vor anderen (ethischen) Positionen aus, dass er die voraussetzungsärmste und begründungstechnisch die widerspruchsfreieste und am wenigsten kritikanfällige Position ist, weil er nicht auf Voraussetzungen außerhalb des Skeptizismus zurückgreifen muss und der Erfahrung der radikalen Fraglichkeit am gerechtesten wird. Es ist diese Erfahrung, die in Weischedels Überlegungen von zentraler Bedeutung ist. Für ihn hat sie sich im 20. Jahrhundert (und ich füge hinzu: noch mehr im 21. Jahrhundert) verschärft: „Überall sind die sicheren Erkenntnisse, die gewissen Maßstäbe, die fordernden Leitbilder fraglich geworden. Das zeigt sich im Alltagsleben ebenso wie in Politik und Wirtschaft, Religion, Wissenschaft und Kunst. Orientierungslosigkeit und Verlust des Gültigen breiten sich allenthalben aus."[3] Gleichzeitig fordert Weischedel an anderer Stelle: „Die Philosophie, die sich um das Wesen des Menschen sorgt, muß einen Entwurf der heraufzubeschwörenden Weise des Menschseins wagen. Sie muß an der hervorzubringenden Gestalt des Menschen mitwirken."[4]

Wie aber kann gerade eine skeptische Position Orientierung bieten, die doch alles hinterfragt? Diese Frage möchte ich hier versuchen zu beantworten. Dafür stelle ich zunächst die Position des Offenen Skeptizismus und seine Begründung vor. Anschließend erläutere ich das daraus abgeleitete System der Skeptischen Ethik und die dazugehörigen drei Grundhaltungen der Offenheit, der Abschiedlichkeit und der Verantwortlichkeit, die sich nochmals in zwölf speziellere Haltungen aufteilen lassen. Im letzten Teil bewerte ich die bereits eingangs erwähnte transhumanistische Zukunftsvision aus der Sicht des Offenen Skeptizismus, bevor ich zu einem abschließenden Fazit komme.

1 Der offene Skeptizismus und seine Begründung

Ausgangspunkt ist für Weischedel die Erfahrung der radikalen Fraglichkeit als einer unmittelbaren existentiellen Grunderfahrung, die sich aus der „Endlichkeit der Wirklichkeit" und der damit einhergehenden „Fragilität der menschlichen Existenz" ergibt[5] und die uns in verschiedenen Situationen begegnet: Dazu gehören z.B. Erfahrungen wie der eigene Misserfolg, Verrat, Tod und Krieg, Erfahrungen, die

---

[3] Weischedel (1976), S. 36.
[4] Weischedel: Die Philosophie an der Schwelle des Atomzeitalters. In: Weischedel (1967), S. 26.
[5] Clement (2012), S. 47.

sich zur radikalen Fraglichkeit, d.h. dem Fragen nach dem Sein (und dem Nichts) überhaupt ausweiten. Weischedel sieht eine historische Entwicklung dieser Erfahrung bis hin zum Nihilismus im ausgehenden 19. und im 20. Jahrhundert. Damit ist für ihn das Philosophieren zu sich selbst gekommen, weil es von Beginn seiner Geschichte an auf diese Fraglichkeit reagiert hat. Denn zu diesen Fraglichkeitserfahrungen müssen wir Menschen uns irgendwie verhalten: z.B. mit dogmatischen Lösungen im Sinne eines bestimmten – möglicherweise auch nihilistischen – Glaubens oder mit Gleichgültigkeit. Für Weischedel kommt allerdings nur eine skeptische Einstellung infrage, weil erstens der Skeptizismus die einzig angemessene Reaktion auf die Fraglichkeitserfahrung sei und zweitens Philosophieren radikales Fragen und damit Skeptizismus bedeute, sodass die beiden anderen Haltungen – die dogmatische und die gleichgültige – dieser Philosophieauffassung nicht entsprechen.

Allerdings lässt sich die skeptische Einstellung aus der Grunderfahrung der radikalen Fraglichkeit nicht logisch deduzieren; diese Erfahrung dient lediglich als Anstoß für den Grundentschluss zum Skeptizismus. Der Grundentschluss ist argumentativ uneinholbar, da er einer vorrationalen Entscheidung entspringt oder – wie Weischedel sagt – aus Freiheit. Er stellt den Entschluss daher auch als Postulat dar: „Handle so, daß du deine Existenz als skeptischer Philosoph so weit als möglich verwirklichst."[6] Das radikale Fragen ist ein offener Prozess, das nur sich selbst als Grenze hat. Denn auch wenn sich dieses Fragen selbst fraglich macht, bleibt der Prozess des Fraglichmachens als solcher sicher. Für Weischedel ist klar, dass der Mensch als das Fragen stellende und infrage stellende Wesen nur im Philosophieren seine wirkliche Bestimmung findet. „Er wird entdecken: in der Fraglichkeit von allem zu stehen, macht in einem tieferen Sinne die menschliche Endlichkeit aus."[7]

Aus dem Grundentschluss zum Skeptizismus – und damit zum Philosophieren – folgen nun drei weitere Grundentschlüsse: der zur *Freiheit* mit der Alternative: Notwendigkeit, wobei sich zwar die Antinomie nicht auflösen lässt, jedoch ohne Voraussetzung der Freiheit nicht sinnvoll von Entschlüssen und von Ethik geredet werden kann; der zum *Dasein* mit der Alternative: Selbstmord, der jedoch eine Bejahung des dogmatischen Nihilismus darstellt, und der zur *Gestaltung des Daseins*, der

---

[6] Weischedel (1976), S. 132.
[7] Weischedel: Philosophische Theologie im Schatten des Nihilismus. In: Weischedel (1967), S. 148.

danach fragt, wie man seine skeptische Existenz einrichten kann, mit der Alternative: sich treiben lassen, was möglicherweise eine ästhetische Existenz oder eine ironische Haltung wäre.

Insgesamt bezeichnet Weischedel seine Position als einen „Offenen Skeptizismus", um ihn von der dogmatischen Variante[8] abzusetzen: Der Begriff „offen" drückt aus, dass die skeptische Position sich weder absolut setzt, noch in der Epoché, der Urteilsenthaltung, verharrt, sondern jeder Zeit offen ist für eine erneute Überprüfung der eigenen Position und ein echtes Fragen, das auf Antworten aus ist. „Gesagt werden kann immer nur: nach den bisher gemachten Erfahrungen scheint alles fraglich, scheint die Fraglichkeit die eigentliche Wirklichkeit zu sein. Offen muß dagegen bleiben, ob die weitere Erfahrung dies bestätigt oder nicht; denn auch die Behauptung der Fraglichkeit von allem darf von ihrem Wesen her nicht zur unfraglichen These erstarren."[9] Damit ist der Offene Skeptizismus sozusagen ein „schwebendes Verfahren", dessen Ausgang offen ist. Diese Offenheit ist also auf die Zukunft gerichtet und entspricht dem Menschen als einem sich in die Zukunft entwerfenden Wesen.

2 Das System der Skeptischen Ethik im Überblick

Bis jetzt haben wir nur negative Antworten in Form der radikalen Fraglichkeit erhalten. Wie können nun konstruktive Antworten im Sinne einer philosophischen Ethik entwickelt werden? Da für Weischedel Philosophieren „eine Angelegenheit der Existenz, ein Grundvorgang in unserem Dasein"[10] ist, wechselt er von der theoretischen Ebene auf die praktische des konkreten Skeptikers mit seiner je individuellen Lebenssituation. Dieser Skeptiker muss auf die radikale Fraglichkeit reagieren und, wie er dies tut, liefert die angestrebten positiven Aussagen. So kommt jetzt der Skeptiker selbst als Konkretisierung der skeptischen Einstellung ins Spiel und zeigt drei Grundhaltungen, die Weischedel auch ethische Postulate nennt: die der *Offenheit*, die der *Abschiedlichkeit* und die der *Verantwortlichkeit*. Radikal fragen kann nur derjenige, der offen ist für alles, was ihm begegnet. Und da sich alles als fragwürdig und damit unsicher erweist, kann der Skeptiker nichts als dauerhaft ansehen, sondern nur als abschiedlich. Die Grundhaltung der Verantwortlichkeit dagegen ergibt sich aus dem Grundentschluss zur Gestaltung des Daseins. Die Offen-

---

[8] Vgl. meine Ausführungen zum Skeptizismus, in: Spiertz (2001), S. 17 ff.
[9] Weischedel (1967), S. 167.
[10] Weischedel (1976), S. 39.

heit in Bezug zu sich selbst und zu anderen, die gerade auch in der Politik auf die Zukunft hin orientiert ist, steht im Gegensatz zur Verborgenheit, die für das Zusammenleben der Menschen bisweilen nötig ist, und zur Verschlossenheit. Die Abschiedlichkeit als Antwort auf die Vergänglichkeit zeigt sich als durchgängige Distanz der Welt und sich selbst gegenüber. Schließlich meint die Haltung der Verantwortlichkeit stets Selbstverantwortlichkeit und Verantwortlichkeit für andere.

Aus diesen Grundhaltungen leitet Weischedel insgesamt zwölf konkretere Haltungen ab, die besondere Weisen sind, in denen sich die skeptische Existenz in der menschlichen Wirklichkeit darstellt. Gleichzeitig sind sie damit Leitbilder des skeptischen Handelns, die nach Weischedel noch ergänzt werden können, allerdings nicht durch die philosophische Reflexion, sondern nur durch die Praxis des Lebens.

Zu den **Haltungen der Offenheit** gehören *Wahrhaftigkeit*: die Sache offen darlegen; *Sachlichkeit*: Hingabe an die Sache selbst; *Geltenlassen/Toleranz*: dem anderen Bewegungsspielraum lassen; *Mitleid*: Teilnahme am fremden Leiden als tätiges Mitleid. Zu den **Haltungen der Abschiedlichkeit** gehören *Entsagung*: Abschied nehmen im Gegensatz zu Ehrgeiz, Stolz und Machtgier; *Selbstbescheidung/Demut*: sich nicht in den Vordergrund drängen; *Selbstaufgabe*: nichts mehr für sich verlangen; *Selbstbeherrschung*: sich selbst in der Hand haben; *Besonnenheit*: bedächtiges Überdenken, Langsamkeit; *Tapferkeit*: eigenes Dasein wird unwichtig; *Freimut*: zu seinen Meinungen und Taten stehen unter der Gefahr der Verfemung; *Großmut*: die Unvollkommenheiten seiner Mitmenschen ertragen und vergeben; *Güte*: intensivster Ausdruck der Großmut; *Gelassenheit*: Festigkeit und Unerschütterlichkeit, loslassen können; *Geduld*: seinlassen. Zu den **Haltungen der Verantwortlichkeit** gehören *Solidarität*: von sich selbst absehen und für andere einstehen; *Gerechtigkeit*: alle Menschen gleich behandeln und keinen vor dem anderen bevorzugen; *Treue*: Verlässlichkeit und Vertrauen.

Die Haltungen, die für Weischedel zu einer skeptischen Existenz gehören, sind nicht neu, sie kommen auch in anderen ethischen Konzeptionen vor, sind dort allerdings aus anderen Prinzipien abgeleitet, die Weischedels skeptischer Prüfung nicht standgehalten haben. Für die Skeptische Ethik gilt: Ihre Voraussetzungen liegen innerhalb des Skeptizismus, d.h. das einzige Prinzip der Skeptischen Ethik ist der Offene Skeptizismus selbst. Verzichtet wird daher z.B. auf Begriffe wie ›Glück‹, ›menschliche Natur‹, ›Menschenwürde‹ oder ›Eigenwürde der Natur‹.

Um an der Zukunftsgestaltung mitzuwirken, müssen zukünftige Möglichkeiten kritisch befragt werden und das „in äußerster Radikalität des Fragens".[11] Wie können nun vom Offenen Skeptizismus aus Zukunftsvisionen bewertet werden? Diese Frage führt uns zum praktischen Teil meiner Ausführungen.

3 Die transhumanistische Zukunftsvision aus der Sicht der Skeptischen Ethik

Die Ethik mit ihrer Grundfrage „Was soll menschliches Dasein sein und worauf kommt es in ihm letztlich an?" ist die philosophische Disziplin, die sich mit dem menschlichen Handeln beschäftigt und daher geeignet ist, Zukunftsvisionen als das Ergebnis gegenwärtigen und zukünftigen Handelns zu bewerten. Mit der Ethik eng verbunden ist die Anthropologie, in der es darum geht, konkrete Möglichkeiten des Menschseins herauszuarbeiten. So sieht Weischedel die Aufgabe der Philosophie insgesamt angesichts der aktuellen historischen und politischen Situation darin, „in der Weise des Gedankens an der Veränderung in der Welt" mitzuarbeiten.[12]

Im Zusammenhang mit den Zukunftsvisionen ist die Frage zu stellen, „was der zukünftige Mensch sein kann."[13] Ausgangspunkt ist dabei die bereits erwähnte Auffassung des Menschen, grenzenlos Fragen über sich und die Welt zu stellen. Ebenso soll Bezug auf die Endlichkeit des Menschen und sein (ewiges) Streben genommen werden, seine Grenzen zu überschreiten.

Da anvisiert wird, erstens Transparenz zu schaffen im Sinne des Offenlegens und der kritischen Befragung von Voraussetzungen und Folgen sowie zweitens die skeptischen Haltungen als Beurteilungsmaßstäbe anzuwenden, müssen also folgende Fragen beantwortet werden: Was ist „Transhumanismus"? Was sind seine Voraussetzungen? Wie sind diese und der Transhumanismus insgesamt von der Skeptischen Ethik zu bewerten?

- *Was ist „Transhumanismus"?*

Der Transhumanismus ist keine eindeutige Strömung, ja umfasst sogar widersprüchliche Positionen, die ich in diesem Rahmen nicht weiter ausführen kann.[14] Dennoch kann man ihn wie folgt beschreiben: Transhumanismus ist „eine Befrei-

---

[11] Weischedel: Die Philosophie an der Schwelle des Atomzeitalters. In: Weischedel (1967), S. 28.
[12] A.a.O., S. 17.
[13] A.a.O., S. 26f.
[14] Statt von Transhumanismus ist auch bisweilen von Posthumanismus die Rede, der aber in der Forschungsliteratur häufig vom Transhumanismus unterschieden wird, weil unterschiedliche Ziele angestrebt werden.

ungsbewegung, die für eine totale Emanzipation von der Biologie eintritt"[15] und der die Überzeugung zugrunde liegt, dass wir mithilfe von Technologie die Zukunft unserer Spezies kontrollieren und auch alle ökologisch-sozialen Probleme lösen sollten – entweder durch Verbesserung des Menschen oder durch seine Überwindung.[16] Folgende Themen sind hierfür relevant: „radikale Erweiterung der Lebensspanne, digitale Speicherung von Bewusstseinen, Verbesserung geistiger Fähigkeiten mit pharmakologischen und technischen Mitteln, künstliche Intelligenz, die Verbesserung des menschlichen Körpers durch Prothesen und genetische Modifikationen."[17] Die Abschaffung des Alterns, die Verbesserung der geistigen und körperlichen Fähigkeiten des Menschen und die Verschmelzung von Mensch und Maschine bis hin zur Möglichkeit extraterristischer Existenz z.B. als reines Geistwesen auf einem Laserstrahl[18] sind jedoch nur Schritte auf dem Weg zur Unsterblichkeit. Dafür werden verschiedene Wissensgebiete miteinander verbunden: z.B. die Gentechnik, die Neurowissenschaft, die Biomedizin, die Biotechnologie, die Nanotechnologie, die KI-Forschung und die Robotik.

Dabei beruhen diese Zukunftsvisionen auf den gegenwärtigen technischen Möglichkeiten: der weltweiten Vernetzung und zunehmenden Digitalisierung in vielen Lebensbereichen, den Fortschritten in der Hirn- und Genforschung, den medizinischen Möglichkeiten wie Organtransplantation und Prothesen mit digitaler Steuerung, der Weiterentwicklung von künstlicher Intelligenz und intelligenten Robotern.

- *Was sind die Voraussetzungen des Transhumanismus?*

Der Transhumanismus geht als eine Form der Weltanschauung grundsätzlich von einer materialistischen und deterministischen Weltsicht aus. Danach wird auch der Mensch in reduktionistischer Weise als ein materielles, determiniertes Wesen betrachtet, dessen Bewusstsein eine Art steuernder Software ist, die auf dem Leib als Hardware läuft. Damit liegt trotz des monistischen Ansatzes paradoxerweise auch eine Form des Dualismus vor: das Bewusstsein als Information und die physische

---

[15] O' Connell (2017), S. 17.
[16] A.a.O., S. 12 und von Becker (2018), S. 75.
[17] O' Connell (2017), S. 21.
[18] Vgl. Moravec (1990), S. 157. So scheint es nur vordergründig darum zu gehen, psychische Erkrankungen effektiver zu heilen z.B. durch das Löschen unerwünschter oder das Hochladen erwünschter Erinnerungen sowie durch Reparaturen am Gehirn. Körperliche Behinderungen sollen u.a. mittels BCI (Brain Computer Interface) erleichtert werden, indem z.B. Neuroprothesen wieder Bewegungen ermöglichen.

Welt als Materie. Dieser Dualismus wird auf das Universum übertragen, das am Ende erwachen soll und dann ein deterministischer Mechanismus mit intelligenter Informationsverarbeitung wird.[19] Der Anschauung ist daher ein nichtreduktionistischer Physikalismus inhärent, der Phänomene, die sich nicht weiter reduzieren lassen, unter die Begriffe Information und Informationsverarbeitung fasst.

Damit verbunden ist die Annahme einer völligen Berechenbarkeit der Welt und des Menschen, d.h. alle Vorkommnisse sollen in Algorithmen übersetzbar bzw. beschreibbar sein. Daraus ergibt sich die Konsequenz, dass alles, was nicht berechenbar ist, aus der Betrachtung als nicht-existent ausgeschieden wird.

Außerdem vertritt der Transhumanismus ein mechanistisches Menschenbild, das den biologischen Körper, aber auch die geistigen Fähigkeiten für verbesserungswürdig und reparaturbedürftig hält und daher als eugenisch bezeichnet werden kann. Danach muss die natürliche Evolution durch eine künstliche ersetzt und verbessert werden. Dieser Fortschrittsglaube – vor allem „Fortschritt" als technische Verbesserung und Erhöhung der Effizienz – liegt dem Transhumanismus allgemein zugrunde.

Dies gilt auch für den Glauben an die Unendlichkeit, der sich in Form einer Erlösungsphantasie darstellt und dafür auf eine Kombination aus alten Mythen und moderner Wissenschaft zugreift.

Dabei wird – direkt oder indirekt – der Anspruch erhoben, der Transhumanismus allein soll die Grundlage für gesellschaftliche Orientierung sein. Sein ethisches Fundament, sofern es überhaupt reflektiert wird, sehen einige Transhumanisten im Utilitarismus, andere fragen jedoch, wer eigentlich bestimme, was ethisch sei, und ob es z.B. ethisch sei, dem Zufall die Entwicklung des Menschen zu überlassen.

So ist das Gesellschaftskonzept des Transhumanismus eher bestimmt vom kapitalistischen Denken.[20] Auf der Grundlage von Wettbewerb, in dem jeder Mensch für sich die Maximierung seines Eigenwohls anstrebt, sollen Wachstum, Steigerung und Beschleunigung und ein größerer gesamtgesellschaftlicher Nutzen erreicht werden. Dieses Konzept soll totalitär durchgesetzt werden und letztendlich zu einer absoluten Kontrolle führen.[21]

---

[19] O' Connell (2017), S. 31 und Moravec (1990), S. 162.
[20] Von Becker (2018), S. 73.
[21] Betancourt (2018), S. 87f. spricht von den autoritären Dimensionen des globalen Kapitalismus, die eine lückenlose Überwachung anstreben.

- *Wie ist der Transhumanismus zu bewerten?*

Für die Bewertung müssen erkenntnis- und wissenschaftstheoretische Aspekte sowie ethische Kriterien herangezogen werden. Da die Bewertung auf der Grundlage des Offenen Skeptizismus vorgenommen wird, sollen die skeptischen Haltungen jeweils entsprechend einbezogen werden. Unterschieden wird dabei zwischen dem Geltungsanspruch inklusive der Zielsetzung des Transhumanismus, der technischen Machbarkeit und der praktischen Umsetzung der Technologien.

Zur Zielsetzung und zum Geltungsanspruch des Transhumanismus: Die Haltung der **Offenheit** lässt erkennen, dass dem Ziel des Transhumanismus unausgewiesene Voraussetzungen zugrunde liegen: Determinismus, Materialismus, völlige Berechenbarkeit der Welt und des Menschen mittels Algorithmen, eine mechanistische Menschenauffassung und damit einhergehend die Reduktion des Begriffs »Bewusstsein« auf Informationsmuster. Dasselbe gilt für die ethische Grundlage – so überhaupt ausgewiesen, den Utilitarismus, dessen Glücksbegriff problematisch ist. Die Haltung der Offenheit lässt sich auch nicht vereinbaren mit dem Geltungsanspruch, eine Orientierung zu liefern, weil auf der einen Seite von einem selbstbestimmten Leben die Rede ist, das andererseits durch die (implizite) absolute Forderung, im Sinne des Transhumanismus zu leben, untergraben wird.

Das Streben nach Unendlichkeit, ewigem Fortschritt, Beschleunigung und Wachstum steht der Haltung der **Abschiedlichkeit** insgesamt entgegen.

Aus **Verantwortlichkeit** muss man vernünftigerweise fragen, ob diese Zielsetzung im Sinne einer zukünftigen Menschheit sein kann/soll und ob Gerechtigkeit und Solidarität so möglich sind, wenn das Fundament narzisstisches Denken ist.

Zur technischen Machbarkeit: Von der Haltung der **Offenheit** aus muss man zunächst *wahrhaftig* und *sachlich* nach den Voraussetzungen fragen. Wie bereits gezeigt wurde, liegen diese dem Transhumanismus insgesamt zugrunde und können nicht als sicher ausgewiesen werden. Hinzu kommen technische Probleme wie beschränkte Rechenkapazitäten, enormer Energiebedarf – überhaupt die Endlichkeit von Ressourcen, die Grenzen der totalen Digitalisierung (z.B. aufgrund zu hoher Komplexität) und das Problem der Semantik und Kontextabhängigkeit.

Dies bedeutet für die Haltung der **Abschiedlichkeit**, *besonnen* und *selbstbescheiden* die Probleme und Möglichkeiten von Technologien abzuwägen und die eigenen Fähigkeiten dabei öfters *demütig* infrage zu stellen. Aber auch *Geduld* und *Gelassenheit* sind gefragt, wenn es darum geht, verschiedene Alternativen in Ruhe zu durchdenken.

Denn im Sinne der **Verantwortlichkeit** müssen die positiven Folgen – wie Erhöhung des Lebensstandards und der Lebensqualität, Heilung psychischer und körperlicher Krankheiten mit möglicher Lebensverlängerung, damit einhergehend mehr Autonomie im Sinne einer nicht mehr völligen Abhängigkeit von den biologischen Grundlagen – und die negativen Folgen – wie die Gefahr der totalen Kontrolle bis hin zur Versklavung der Menschen, der Reduktion des Menschen auf die Maschine, der Auslöschung der Menschheit oder sogar der gesamten Natur – gegeneinander abgewogen werden. Dies können Wissenschaftler (und Philosophen) jedoch nicht eigenmächtig entscheiden. Dafür ist eine öffentliche Debatte nötig. Dies gilt umso mehr für den folgenden Bereich.

Zur praktischen Umsetzung der Technologien in der Gesellschaft: Die Haltung der **Offenheit** zwingt im Sinne der *Wahrhaftigkeit* zum genauen und *sachlichen* Hinsehen auf die Folgen des Einsatzes dieser Technologien, wie sie oben im Rahmen der Haltung der Verantwortlichkeit bereits dargelegt wurden. So müssen z.B. folgende Möglichkeiten bedacht werden:

• Werden diejenigen, die diese Technologien ablehnen, gesellschaftlich isoliert oder zum Gebrauch gezwungen?

• Wenn Maschinen alles übernehmen, bleiben Menschen entweder ohne Arbeit und Aufgaben bis zu dem Moment, wo sie überflüssig werden, oder neue Aufgaben müssten übernommen werden.

• Extreme Lebensverlängerung bedeutet noch mehr Menschen auf dieser Erde – mit all den bekannten Problemen, es sei denn, man reduziert die Fortpflanzung oder schafft sie ganz ab.

• Dies bedeutet jedoch auch, dass der Unterschied zwischen älteren und jüngeren Generationen verschwindet, was im günstigsten Fall zu einem nachhaltigen Denken führen könnte.[22]

• Der Alterungsprozess ist nicht die einzige Todesursache, z.B. sind Unfälle (real oder digital) möglich. Dadurch wird der Tod angesichts der Möglichkeit von Unsterblichkeit noch schrecklicher.

Daraus ergibt sich in Bezug auf die Haltung der **Abschiedlichkeit** die Notwendigkeit, sich als Gesellschaft bewusst *entsagend* und *selbstbescheidend* beschränken zu

---

[22] Vgl. von Becker (2018), S. 54.

können, wenn nicht klar ist, ob man den Gefahren erfolgreich begegnen kann. Man müsste den *Mut* haben, das System insgesamt infrage zu stellen[23] und einen alternativen Werterahmen zu bevorzugen, in den die Technologien eingebettet werden.[24] Es müssen grundsätzliche Fragen der verschiedensten Art bezüglich der **Verantwortlichkeit** geklärt werden u.a.: Wer ist für die Auswahlkriterien hinsichtlich des Ziels der Perfektionierung verantwortlich? Wer übernimmt Verantwortung, wenn z.B. intelligente, autonom agierende Maschinen Schäden verursachen? Außerdem muss man sicherstellen, dass die Technologien für alle zugänglich sind bzw. man sich ihnen auch entziehen kann, d.h. Gerechtigkeit und Solidarität müssten gewährleistet sein und daher Kapitalismus und Totalitarismus abgelehnt werden, was angesichts gegenwärtiger Machtstrukturen[25] unwahrscheinlich erscheint.

Fazit: Welche Zukunft wollen wir?

Fassen wir das Ergebnis unserer Überlegungen anhand folgender Fragen zusammen:

- *Lassen sich Zukunftsvisionen auf ihre vernünftige Begründbarkeit hin philosophisch überprüfen?*

Am Beispiel des Transhumanismus wurde gezeigt, dass mit Hilfe des Offenen Skeptizismus überprüft werden kann, ob bestimmte Zukunftsvisionen vernünftig begründbar sind. Der Transhumanismus widerspricht dem Grundentschluss zur Freiheit, indem er Visionen befürwortet, die die Autonomie des Menschen einschränken. Gegen die Haltung der Offenheit spricht die Verabsolutierung, Dogmatisierung und die Unausweisbarkeit der transhumanistischen Geltungsansprüche. Der Haltung der Abschiedlichkeit steht der absolute Glaube an die Unendlichkeit und an den unaufhaltsamen Fortschritt entgegen. Die Haltung der Verantwortlichkeit schließlich ist nicht zu vereinbaren mit der Egozentrik des Transhumanismus, der die Verbesserung des Allgemeinwohls nur vorschiebt. Insgesamt ist der Transhumanismus aus der Sicht des Offenen Skeptizismus nicht vernünftig begründbar.

---

[23] Vgl. a.a.O., S. 51 Weitere Bedenken äußert Wilhelm Schmid, in: Wollt ihr ewig leben?
[24] Da der Transhumanismus nicht vernünftig begründbar ist, könnte der Offene Skeptizismus nicht nur Bewertungsgrundlage für andere Werterahmen sein, sondern auch selbst ein geeigneter, vernünftig begründeter Werterahmen für die Zukunftstechnologien.
[25] Siehe global agierende Riesenkonzerne wie z.B. Google, Apple oder Facebook.

- *Wer bestimmt die Zukunftsvisionen und ihre Realisierung?*

Übrig bleibt, dass Wissenschaft und Technik als Teile des menschlichen Lebens anzusehen sind, die die Lebensumstände in vielen Bereichen verbessert haben, aber auch Probleme erzeugt haben und weiter erzeugen werden. Man muss dem Standpunkt, mit Technologien alle Probleme lösen zu können, also skeptisch begegnen. Daher müssen Alternativen auswogen bedacht und Systeme kritisch hinterfragt werden. Dies erfordert *Gelassenheit* und *Geduld*, wodurch die Entscheidungsprozesse entschleunigt werden. Vor allem müssen im Sinne der *Solidarität* und *Gerechtigkeit* prinzipiell alle Menschen im Blick bleiben, wenn es darum geht, allgemeine Partizipationsmöglichkeiten zu schaffen. Macht und Verantwortung müssen in einem ausgewogenen Verhältnis stehen, u.a. im Hinblick auf das Kontrollproblem. Zukunftsvisionen werden vielleicht von einzelnen Menschen oder Gruppen entworfen, die Entscheidung darüber kann aber z.B. nicht Wissenschaftlern oder Unternehmen allein überlassen werden, sondern muss vielmehr in einer öffentlichen Debatte wohlinformierter Interessierter verhandelt werden. Für eine solche Debatte können Philosophen – und insbesondere Offene Skeptiker – Grundlagen, Kriterien und Denkanstöße liefern. Nur so lässt sich dann vernünftig entscheiden, *welche Zukunft wir wollen.*

Literatur

Barbrook, Richard: Der heilige Cyborg, in: Telepolis, 10.09.1996, http://www.heise.de/tp/r4/artikel/6/6062/1.html
Betancourt, Michael (2018): Kritik des digitalen Kapitalismus. Darmstadt
Clement, Hans (2012): Wilhelm Weischedels skeptische Philosophie. Eine Einführung. Darmstadt
Kurzweil, Ray: Die Zukunft des Menschen http://www.bertramkoehler.de/Zukunft.htm (zuletzt besucht am 11.08.2018)
Kaku, Michio (2014): Die Physik des Bewusstseins. Über die Zukunft des Geistes. Hamburg
Moravec, Hans (1990): Mind Children. Der Wettlauf zwischen menschlicher und künstlicher Intelligenz. Hamburg
O´Connell, Mark (2017): Unsterblich sein. Reise in die Zukunft des Menschen. München
Schmid, Wilhelm: Wollt ihr ewig leben?, in: Zeit Online, 16.11.2017, http://www.zeit.de/2017/46/unsterblichkeit-zeit-leben-forschung
Spiertz, Ruth (2001): Eine skeptische Überwindung des Zweifels? Humes Kritik an Rationalismus und Skeptizismus. Würzburg
Von Becker, Philipp (2018): Der neue Glaube an die Unsterblichkeit. Transhumanismus, Biotechnik und digitaler Kapitalismus. Wien
Weischedel, Wilhelm (1967): Philosophische Grenzgänge. Vorträge und Essays. Stuttgart
- (1976): Skeptische Ethik. Frankfurt am Main

Warum die Gestaltung der Zukunft der Philosophie bedarf

Jürgen H. Franz

1 Prolog

Vor etwa drei Jahren hielt ich auf Einladung an einem Gymnasium vor Schüler*innen, Lehrer*innen und Eltern den Festvortrag im Rahmen der feierlichen Übergabe der Abiturzeugnisse. Er trug den Titel „Wozu Philosophie?" Ich begann diesen Vortrag mit einem Zitat der Kölner Schülerin Naina. Naina publizierte ein halbes Jahr zuvor eine Mitteilung im Internet, die anschließend von vielen deutschen Tages- und Wochenzeitungen aufgegriffen wurde und damit eine kleine Bildungsdebatte auslöste. Naina schrieb am 10. Januar 2015: „Ich bin fast 18 und hab keine Ahnung von Steuern, Miete oder Versicherungen. Aber ich kann 'ne Gedichtsanalyse schreiben. In 4 Sprachen."[1] Just im gleichen Jahr führte das besagte Gymnasium einen Leistungskurs Philosophie ein, in dem man nun wahrlich nicht lernt, wie man eine Steuererklärung ausfüllt, einen Mietvertrag liest oder eine Versicherung abschließt. Damit war die Frage nach Sinn und Zweck eines solchen Angebots unausweichlich: Wozu dieses Angebot? Wozu Philosophie?

Zweck des Vortrages am besagten Gymnasium war, für die Philosophie als Leistungskurs mittels plausiblen Gründen zu werben. Im Folgenden werde ich in groben Schritten versuchen zu begründen, dass wir um die Philosophie nicht herumkommen, wenn wir die nachhaltige Gestaltung unserer Zukunft ernstnehmen. Ich möchte also zeigen, dass

> die Gestaltung der Zukunft nachhaltiges Handeln erfordert und
> nachhaltiges Handeln philosophisches Denken.

Der Beitrag liefert somit keine neuen Erkenntnisse, sondern erinnert an Selbstverständlichkeiten.

2 Nachhaltiges Handeln

Nachhaltiges Handeln ist eine Grundbedingung der Gestaltung der Zukunft. Dies erscheint offensichtlich. Die Frage ist nur, wann ist ein Handeln nachhaltig und

---

[1] https://twitter.com/nainablabla.

wann nicht? Wer regelmäßig Tageszeitungen liest, gedruckt oder online, erkennt einen nahezu inflationären Gebrauch des Begriffs *nachhaltig*. So finden sich in den Medien die folgenden Beispiele:[2] Nachhaltige Störung des Hausfriedens, nachhaltige Störung des Arbeitsfriedens, nachhaltige Beeinträchtigung der Leistungsfähigkeit von Biotopen, nachhaltige Beeinträchtigung des Landschaftsbildes, nachhaltige Identitätskrise, nachhaltige Gefährdung von Gesundheit und Umwelt, nachhaltige Verschmutzung eines Spielplatzes, nachhaltige Verunreinigung der Gewässer, nachhaltige Zerstörung der Baukultur, nachhaltige Zerstörung durch Massentourismus und viele weitere mehr. In diesem Sinne haben auch die Reaktorkatastrophen von Tschernobyl und Fukushima eine nachhaltige Wirkung. Und wenn wir nicht rasch etwas gegen die Klimaveränderung unternehmen, wird auch dies nachhaltige Folgen haben. Alle diese Beispiele drücken einen Zustand, eine Entwicklung, einen Vorgang oder einen Prozess aus, die man üblicherweise gerade nicht mit der Idee einer nachhaltigen, zukunftsorientierten Entwicklung verknüpft. Es sind Entwicklungen, von denen wir vielmehr hoffen, dass sie gerade nicht nachhaltig sind.

Doch hier ist Vorsicht geboten. Denn der Begriff *nachhaltig* ist doppeldeutig. Zum einen wird er genutzt, um aufzeigen, dass etwas anhaltend, dauerhaft, bleibend oder langfristig ist. Genau in diesem bloß zeitlichen Sinne wurde der Begriff in den genannten Beispielen verwendet. Zum anderen hat der Begriff aber auch eine qualitative Bedeutung und zwar im Sinne von bewahren, erhalten und schützen. Beispiele hierfür sind der Schutz der Umwelt oder das Bewahren intakter, gesellschaftlicher Strukturen. Dass der Begriff *nachhaltig* heute zu einem Modewort geworden ist, liegt genau an dieser Doppeldeutigkeit. Denn diese macht es uns so leicht, ihn in seiner bloß zeitlichen Bedeutung öffentlichkeitswirksam zu verwenden, ohne auch nur im Geringsten an seine qualitative und für die Gestaltung der Zukunft so wichtige Bedeutung zu denken.

Um dieses Dilemma zu vermeiden, wird heute statt des Begriffs *nachhaltig* oder des sperrigen Begriffs der Nachhaltigkeit das Begriffspaar der *nachhaltigen Entwicklung* bevorzugt und zwar als Übersetzung des englischen Begriffspaars *sustainable development*. Schauen wir uns diesen Begriff genauer an: Was ist eine der Gestaltung der Zukunft adäquate nachhaltige Entwicklung? Nach einer heute vielzitierten Bestimmung von Brundtland ist eine Entwicklung dann nachhaltig, wenn sie den Be-

---

[2] Entnommen aus Franz (2014).

dürfnissen der derzeit Lebenden entspricht, ohne die Möglichkeit zukünftiger Generationen einzuschränken ihren Bedürfnissen gleichfalls gerecht zu werden.[3] Im Fokus der Nachhaltigkeit und damit des nachhaltigen Handelns steht folglich der Mensch, der Mitmensch, die ihn umgebende Natur und Kultur und damit die Welt als Ganzes. Die Leitidee der Nachhaltigkeit besteht somit darin, allen derzeit und allen nachfolgend lebenden Menschen bedingungslos ein menschenwürdiges Leben in einem sozial und ökologisch intakten Umfeld zu ermöglichen. Denn jeder Mensch hat uneingeschränkt das Grundrecht auf ein menschenwürdiges Leben. Der Begriff der Nachhaltigkeit und derjenige der Menschenrechte sind also aufs Engste verknüpft. Im Kern zielt Nachhaltigkeit stets darauf, die Menschenrechte nicht nur zu statuieren, sondern zu leben. Oder in anderen Worten: Nachhaltigkeit ist Nächstenliebe.[4] Und dies gilt für Manager, die ihrem Unternehmen eine nachhaltige Struktur verleihen, ebenso wie für Ingenieure, die ein nachhaltiges technisches Produkt entwickeln. So unterschiedlich und vielfältig die Projekte nachhaltiger Entwicklung auch sein mögen, es ist die bedingungslose Leitidee eines menschenwürdigen Lebens, die diese Projekte eint. Sie ist das allen nachhaltigen Projekten zugrundeliegende Prinzip. Oder in einer Wortwahl Immanuel Kants: sie ist eine *regulative Idee* und damit eine Regel oder ein Maßstab, an dem Projekte, die den Anspruch erheben, nachhaltig zu sein, ihre Orientierung finden. Unter Nachhaltigkeit wollen wir also im Folgenden stets eine Entwicklung verstehen, die dieser Leitidee aufrichtig folgt und damit ihren Fokus auf das Sein der Nachhaltigkeit richtet und nicht auf ihren Schein. Für die Gestaltung der Zukunft ist eine derart verstandene Nachhaltigkeit unabdingbar. „Nachhaltiges Denken und Handeln in allen Bereichen ist der Schlüssel für eine Zukunft, die ein menschenwürdiges Leben in einer gesunden Natur und intakten Sozialstruktur ermöglicht. Unsere Zukunft hängt am Faden nachhaltiger Entwicklung."[5]

Doch leider ist die Scheinheiligkeit in der Nachhaltigkeit heute immer noch unübersehbar. Greenwashing und Bluewashing sind die Fachbegriffe dieser Scheinheiligkeit. Sie weisen darauf hin, dass es immer noch viele Unternehmen gibt, die

---

[3] „Sustainable development is development that meets the needs of the present without compromising theability of future generations to meet their own needs." Brundtland, Gro Harlem u.a. (1987): Report of the World Commission on Environment and Development, Chap. 2, Sect. 1, S. 52.
[4] Franz (2014), S. 38.
[5] Franz (2017b), Vorwort.

Nachhaltigkeit auf ihre Fahnen schreiben, aber hinter den Fahnen Standards des Umwelt- und Arbeitsschutzes missachten. Hierzu gehört beispielsweise die Verlagerung von Produktionsstätten in Billiglohnländer, in denen Umwelt- und Arbeitschutz kaum eine Rolle spielen. Dazu gehört auch die geplante Obsoleszenz, also das Herstellen von Produkten, die nach einer festgelegten Zeit ihre Funktion aufgeben und nicht mehr repariert werden können. Zweifelsfrei steckt dahinter eine hohe Ingenieurskunst, die jedoch dem Beruf des Ingenieurs keine Ehre macht. Denn es gehört seit jeher zum Selbstverständnis des Ingenieurs, langlebige und reparaturfähige Produkte zu entwickeln. Die Liste kontranachhaltiger Entwicklungen könnte noch beliebig fortgesetzt werden. Aber diese beiden Beispiel machen bereits deutlich, dass zur Gestaltung unserer Zukunft, solche kontranachhaltigen Entwicklungen zu vermeiden sind. Die Gestaltung der Zukunft erfordert eine Nachhaltigkeit, die das Wohl der Welt als Ganzes und damit ein menschenwürdiges Leben in einem sozial und ökologisch intakten Umfeld aufrichtig verfolgt und damit zugleich moralisch geboten ist.

3 Bildung

Eine derart verstandene Nachhaltigkeit bedarf eines soliden Fundaments. Und dieses Fundament trägt den Namen Bildung. Dies ist kein Geheimnis. Warum also darüber reden? Bildung ist eine Selbstverständlichkeit. Sie ist ebenso eine Selbstverständlichkeit wie das Danksagen. Aber wie oft wird dieses vergessen? Bildung befähigt - im wahrsten Sinne des Wortes - sich selbst ein Bild von etwas zu machen: ein Bild über sein Fachgebiet (Fachbild) oder ein Bild über die Welt als Ganzes (Allgemein- oder Weltbild). Nachhaltigkeit erfordert beides, eine solide Fachbildung, als auch eine solide Allgemeinbildung, und zwar eine, die eine philosophische Grundbildung einschließt.[6] Warum? Es gibt zumindest zwei Gründe: Zum einen sind nachhaltige Entwicklungen stets fachbereichsübergreifend. Der Philosophie kommt hierbei die wichtige Rolle einer Brückendisziplin zu, welche die einzelnen Fachdisziplinen miteinander verknüpft und eint. Zum anderen stehen nahezu alle Schlüsselbegriffe der Nachhaltigkeit auch im Fokus philosophischer Reflexion:

---

[6] Franz (2014) S. 69ff (Kapitel IV *Bildung und Nachhaltigkeit*) und S. 89ff (Kapitel V *Philosophie und Nachhaltigkeit*) sowie Franz (2015): S. 183-204. Siehe auch www.aphin.de Menüpunkt *Arbeitskreise*.

Mensch, Gemeinschaft, Natur, Kultur, Umwelt, Technik, Wirtschaft, Gerechtigkeit und die Welt als Ganzes.

4 Philosophisches Denken

Blickt man auf die Ingenieur- und Naturwissenschaften, so lassen sich bei näherer Betrachtung zehn Thesen formulieren, welche die Notwendigkeit einer philosophischen Grundbildung für Ingenieure und Naturwissenschaftler begründen, vor allem dann, wenn nachhaltige Entwicklungen im Zentrum stehen.[7] Fünf dieser Thesen möchte ich nun kurz vorstellen. Sie werden dabei vermutlich erkennen, dass die Relevanz der Philosophie auch für alle anderen Bereiche gegeben ist. Eines vorweg: Es ist keineswegs notwendig, dass Ingenieure und Naturwissenschaftler nach ihrem Studium noch ein Zweitstudium der Philosophie absolvieren. Denn der Beruf des Ingenieurs oder Naturwissenschaftlers wird nicht primär durch die Philosophie bereichert, sondern durch das Philosophieren. Die Philosophie kann man nach Immanuel Kant ohnehin nicht lehren, sondern nur das Philosophieren. Es sind somit nicht die divergierenden philosophischen Standpunkte, Positionen und Theorien, die für die Ingenieure und Naturwissenschaftler primär fruchtbar gemacht werden können, sondern die besondere Art und Weise des philosophischen Denkens, Fragens, Argumentierens und Reflektierens.

Und zu diesem Philosophieren gehört erstens das Kritisieren. Die Kritik gehört zum Selbstverständnis der Philosophie. Ach, werden Sie vielleicht sagen, wird nicht schon genug gemeckert und genörgelt. Sie haben recht. Wir brauchen kein Meckern und kein Nörgeln, aber eine systematische, methodische und sachgerechte Kritik (gr. krinein: unterscheiden, differenzieren). Eine derart konstruktive Kritik fördert die Forschung und Entwicklung in allen Bereichen. Daher hat beispielsweise der IEEE - eine Art Weltverband der Elektroingenieure - die Notwendigkeit von Kritik als eine von zehn Regeln in seinen Kodex aufgenommen. Dort steht sinngemäß: Mitglieder des IEEE sollen nicht nur aufrichtig Kritik annehmen und Kritik geben, sondern auch nach Kritik suchen[8]. Kritik ist - so steht in einem Wörterbuch der Philosophie, das ich auf einem Flohmarkt für einen Euro erworben habe - „eine Fähigkeit der Beurteilung, der Prüfung, eine der wichtigsten Fähigkeit der

---

[7] Franz (2014) S. 89ff.
[8] IEEE (1990), Art. 7.

Menschen, die vor den Folgen von Täuschung und Irrtum bewahrt"[9]. Dies kann man direkt unterschreiben. Bitte schließen Sie vom Kaufpreis nicht darauf, dass die Philosophie nicht viel wert sei. Es gab auf diesem Flohmarkt auch Physik-, Mathematik- und Biologiebücher, alle für einen Euro. Die Philosophie ist als geübte Kritikerin eine ideale und unerlässliche Partnerin jeglicher Forschung und Entwicklung. In der Philosophie lernen und üben wir, mehr als in jedem anderen Fach, sachbezogen zu kritisieren und ihre Kritik plausibel, objektiv und damit nachvollziehbar zu begründen. Kritik in diesem Sinne ist eine Qualifikation - eine, die zur Persönlichkeitsbildung beiträgt, wobei die edelste und ehrenvollste Form der Kritik die Selbstkritik ist. Wir brauchen zur Gestaltung der Zukunft keine Meckerer und Nörgler, aber kritik- und selbstkritikfähige Persönlichkeiten.

Zum Philosophieren gehört zweitens das Denken in Zusammenhängen und damit der Blick auf das Ganze - auf die Einheit in der Vielheit. Dieser ganzheitliche Blick ist eine Grundbedingung aller nachhaltigen Entwicklung und damit der Gestaltung der Zukunft. Für Ingenieure des 21. Jahrhunderts ist er beispielsweise von besonderer Relevanz. Denn Technik ist keine Insel, sondern ein Knoten in einem Netz, in dem der Mensch, die Gesellschaft, die Natur und Kultur andere Knoten sind. Die Technik übt auf alle diese Knoten einen enormen Einfluss aus. Technik verändert die Welt. Ingenieure müssen daher in der Lage sein, ihre Produkte in einem größeren Kontext zu sehen. Hierzu gehört, dass sie nicht nur die technische Funktion ihrer Produkte optimieren und ihren Ressourcen- und Energiebedarf minimieren, sondern auch beurteilen, welche Folgen von ihrem Produkt für Mensch, Gesellschaft und Natur ausgehen. Bereits 1998 stellte der Verband Deutscher Ingenieure die Relevanz dieser Technikfolgenbewertung heraus: „Technik in ihrer gesellschaftlichen Bedeutung zu erkennen und aus der Vielzahl ihrer gesellschaftlichen, wirtschaftlichen, ökologischen Folgen heraus zu bewerten, gehört sicher zu den Zukunftsaufgaben von Ingenieuren".[10] Studierenden der Ingenieurwissenschaften ist folglich die Qualifikation zu vermitteln, technische Produkte aus dem erweiterten Blickwinkel eines umfassenden Ganzen heraus zu beurteilen. Prüfen Sie selbst! Der geschulte erweiterte Blickwinkel auf das Ganze ist für alle Berufe eine Bereicherung. Mediziner sollten bei ihrer Diagnose und Therapie nicht nur das einzelne Organ, sondern den Menschen als Ganzes im Blick haben und Politiker nicht

---

[9] Schmidt (Hrsg., 1995): S. 331.
[10] VDI (1998), Vorwort.

nur ihre Partei, sondern das Wohl der Gesellschaft als Ganzes. Die Philosophie erweist sich hier erneut als eine ideale Partnerin, denn der Blick auf das Ganze ist ihr zentral.

Zum Philosophieren gehört drittens das Andersdenken und Querdenken, sowie das Weiterfragen und Hinterfragen. Philosophisches Denken bleibt als fragendes Denken nicht bei seinen Ergebnissen stehen, sondern hinterfragt sie und denkt weiter. Es verlässt dabei mitunter eingefahrene Denkwege und denkt anders. Für nachhaltige, zukunftsorientierte Entwicklungen ist diese Art des Denkens unerlässlich. Es ist ein Denken, das Mut erfordert - den Mut, vertraute Wege und eingewöhnte Trotts zu verlassen, den Mut neue Wege zu gehen, den Mut unkonventionelle Ideen vorzutragen und den Mut Fragen zu stellen. Einem Ingenieur, der im philosophischen Denken und Fragen geschult ist, wird es nicht schwerfallen weiter zu fragen, quer zu fragen oder zu hinterfragen: Ist mein Ergebnis plausibel? Wie kann ich den Energie- und den Ressourcenbedarf senken? Welche Folgen für Mensch, Gesellschaft und Natur gehen von meinem Produkt aus? Fragen zu stellen ist eine hohe Kunst. Es ist eine Kunst, die der Forschung und Entwicklung in allen Bereichen zugutekommt. Es ist eine Kunst, die vor allem der Philosophie eigen ist. Denn Fragen ist Philosophieren und Philosophieren ist Fragen. Und Philosophieren *ist* Selberdenken. Philosophieren schärft das eigene Denken und hilft präziser, klarer und deutlicher zu denken. Es stärkt damit die Urteilsfindung und Urteilsbegründung und fördert das sachgerechte Argumentieren. Wer philosophiert, der lernt Wesentliches vom Unwesentlichen zu trennen, sieht die Dinge mit anderen Augen und erkennt vorher nicht erahnte Zusammenhänge. Philosophieren vermag so Orientierung zu geben und zu begründen, Orientierung der Gegenwart und der Zukunft, des persönlichen und gemeinschaftlichen Lebens. Wir brauchen zur Gestaltung der Zukunft Menschen, die fragen und selber denken können.

Zum Philosophieren gehört viertens eine gewisse Bescheidenheit. Denn wer wie Sokrates weiß, dass er nichts weiß, ist sich der Grenzen seines Wissens bewusst. Und so bemühte sich Sokrates auch seine Gesprächspartner über ihre Unwissenheit zu belehren. Das Wissen um die eigene Unwissenheit ist ein sicheres Wissen und damit, wie Cusanus später in seinem Werk *Die belehrte Unwissenheit* (*De docta ignorantia*) begründet, ein idealer Ausgangspunkt bei der Suche nach Erkenntnis.[11] Die

---

[11] Dass Nikolaus von Kues auch ein Wegbereiter der Nachhaltigkeit ist, wird erstmals gezeigt in Franz (2014a) und weiterführend in Franz (2014b), (2017a) und (2017c).

Belehrung über die eigene Unwissenheit ist folglich nicht das Ende der Wissenschaft, sondern ihr sicherer Anfang. Sie fordert dazu auf, jegliches, bloß behauptete Wissen und jede Vermutung kritisch und anhaltend zu prüfen, Dogmatismus und Absolutheitsansprüche aus den Wissenschaften zu verbannen und ihre immanente Irrtumsfähigkeit anzuerkennen. Damit begründet die belehrte Unwissenheit eine wertvolle praktische Orientierungshilfe. Denn sie mahnt zur Bescheidenheit und warnt vor Überheblichkeit. Dies alles spricht keineswegs gegen Fortschritt und Entwicklung, weder im Bereich der Technik noch in allen anderen Bereichen. Die belehrte Unwissenheit spricht vielmehr für einen Fortschritt. Und zwar für einen, der seinen Namen verdient. Es ist ein Fortschritt, der bescheiden ist. Ein bescheidener Fortschritt ist kein Rückschritt und kein Stillstand, sondern einer, der seine humanen, moralischen, sozialen und ökologischen Grenzen kennt und respektiert und daher in jeder nur denkbaren Hinsicht nachhaltig und zukunftsweisend ist. Der Gegenpol zum bescheidenen Fortschritt, ist der zügellose Fortschritt, der keine Grenzen akzeptiert, vor möglichen Folgen die Augen verschließt, gegenüber Kritik taub ist, Selbstkritik ablehnt, den dogmatischen Glauben suggeriert, dass alle Probleme eines Tages technisch-wissenschaftlich gelöst werden können, und dem technologischen Imperativ folgt: Was technisch möglich ist, das *soll* auch hergestellt werden. Doch nicht die damit verknüpfte bedingungslose Technisierung und grenzenlose wirtschaftliche Gewinnmaximierung sind das Maß für die Gestaltung der Zukunft, sondern der Mensch, der keine Sache ist, sondern nach Kant „Zweck an sich selbst"[12]. Auf dem Weg zu einer derartigen Humanisierung der Gestaltung der Zukunft erweist sich die Philosophie, mit ihrer Bescheidenheit bezüglich des Wissens und ihrer aufklärerischen Belehrung über die Unwissenheit erneut als gute Partnerin.

Zum Philosophieren gehört fünftens das Nachdenken über Werte und Moral, also das ethische Denken. Die Relevanz dieses Denkens scheint heute unbestritten. So gibt es inzwischen kaum einen Bereich ohne Ethikkodex. Der hippokratische Eid der Mediziner ist darunter der älteste. Bekannt ist auch der Pressekodex. Aber auch der Verband der Ingenieure, der Designer und viele andere Berufsverbände verfügen heute über einen solchen Kodex. Die Bundesregierung wird seit vielen Jahren durch eine Ethikkommission beraten. Die Ethik unterstützt alle diese Bereiche wissenschaftlich und so hat sich mittlerweile ein Tummelplatz an Bereichsethi-

---

[12] Kant (1785), *GMS*, AA IV, S. 429.

ken etabliert: Wirtschaftsethik, Medizinethik, Technikethik, Umweltethik und etwa dreißig weitere. Und so versteht es sich von selbst, dass ethisches Denken auch bei der Gestaltung der Zukunft unerlässlich ist. Vielleicht sollte man auch die antiken griechischen Tugenden wieder ins Gespräch bringen - Einsicht, Maßhalten, Gerechtigkeit und Tapferkeit. Denn Zukunft gestalten bedeutet Einsicht in die Notwendigkeit der Nachhaltigkeit, bedeutet Maßhalten im Konsum und in der Nutzung von Ressourcen und Energie, bedeutet Gerechtigkeit bei der Verteilung von Energie und Umweltlasten einerseits und bei der Entlohnung für geleistete Arbeit andererseits, und schließlich Tapferkeit beim Vortragen neuer Ideen und Beschreiten neuer Wege.

In Deutschland ist in den letzten Jahren der Ruf nach Fachexperten lauter und deutlicher geworden. Ja, wir brauchen mehr Fachexperten, auch zur Gestaltung unser Zukunft. Aber wir brauchen keine Fachidioten, keine laufenden Formelsammlungen oder Lexika auf zwei Beinen. Fachleute sind Persönlichkeiten mit einer fundierten Fach- *und* Allgemeinbildung. Sie haben das Vermögen selbst zu denken. Sie sind kreativ, haben Ideen und Einfälle und auch eine gute Portion an schöpferischer Phantasie. Sie sind offen gegenüber Neuem, blicken neugierig über den eigenen fachlichen Tellerrand hinaus, haben Freude am Perspektivenwechsel und sind damit fähig zur fachübergreifenden Zusammenarbeit. Es sind - wie gesagt - selbstdenkende Persönlichkeiten, keine Roboter. Eine philosophische Bildung trägt im ganz besonderen Maße zur Entfaltung dieses schöpferischen und zugleich kritischen Selbstdenkens bei.

5 Resümee

Wir lernen in der Philosophie nicht, wie man Steuererklärungen ausfüllt oder Mietverträge und Versicherungen abschließt. Und das ist gut so. Denn ein solches Wissen hat eine derart geringe Halbwertszeit, dass es meist schon nach kurzer Zeit obsolet ist. Steuerformulare, Versicherungsbedingungen und Mietverträge ändern sich mitunter schneller als das Wetter. Die Philosophie ist dagegen eine Meisterin in der Vermittlung von Fähigkeiten, die Bestand haben und deren Früchte wir ein Leben lang genießen können. Wozu also Philosophie? Weil die Philosophie - so mein Fazit - ein besonders wertvolles, in jeder Hinsicht nützliches und nachhaltiges Geschenk ist - für unseren Alltag, unser Berufsleben, aber vor allem für die Gestaltung unserer Zukunft. Die Gestaltung der Zukunft erfordert nachhaltiges Handeln und nachhaltiges Handeln erfordert philosophisches Denken. Wir mögen - so der Philosoph Wilfrid Sellars - gut oder schlecht philosophieren, aber wir müssen philosophieren.[13] Oder: Wir müssen philosophieren, weil uns die Fragen, die uns das Leben stellt, keine andere Wahl lassen.

Literatur

BRUNDTLAND, Gro Harlem et. al. (1987): Report of the World Commission on Environment and Development.
FRANZ, Jürgen H. (2014a): Nachhaltigkeit, Menschlichkeit, Scheinheiligkeit. Philosophische Reflexion über nachhaltige Entwicklung. München, oekom.
FRANZ, Jürgen H. (2014b): Die Technikphilosophie des Nikolaus von Kues und ihre Bedeutung für eine nachhaltige Entwicklung. Vortrag im Rahmen des Third Dutch/German Workshop in the Philosophy of Technology - Technikphilosophie im Dialog. Darmstadt, 12. - 14. Juni.
FRANZ, Jürgen H. (2015): Nachhaltigkeit, Bildung und Philosophie: eine obligatorische Trias im cusanischen Geist. In: Coincidentia, Zeitschrift für europäische Geistesgeschichte, Beiheft 5, S. 183-204.
FRANZ, Jürgen H. (2017a): Nikolaus von Kues – Philosophie der Technik und Nachhaltigkeit. Berlin, Verlag für wissenschaftliche Literatur Frank & Timme.
FRANZ, Jürgen H. (2017b): Nachhaltigkeit und Philosophie – Ein obligatorisches Paar der Zukunft. In: https://www.philosophie.ch/philosophie/highlights/zukunft/nachhaltigkeit-und-philosophie-ein-obligatorisches-paar-der-zukunft.
FRANZ, Jürgen H. (2017c): Cusanus – ein Wegbereiter der Nachhaltigkeit. Vortrag, Deutsch-Italienischer Cusanus-Kongress *Natur und Geist in der Philosophie des Nikolaus von Kues*, Bernkastel-Kues, Juli.
IEEE (1990): Code of Ethics. www.ieee-ies.org/resources/media/about/history/ieee_codeofethics.pdf; (September 2018).
SCHMIDT, Heinrich (Hrsg.) (1965): Philosophisches Wörterbuch. 17. Auflage. Durchgesehen, ergänzt und herausgegeben von SCHISCHKOFF, Georgi. Stuttgart, Kröner.
SELLARS, Wilfrid (1971): *The Structure of Knowledge* (The Matchette Foundation Lectures for 1971). In: CASTAÑEDA, Hector-Neri (Hrsg.): *Action, Knowledge and Reality: Critical Studies in Honor of Wilfrid Sellars*. Indianapolis, Bobbs- Merrill, 1975, S. 295-347.
VDI (1998): *Technikbewertung in der Lehre*. VDI Report 28, Düsseldorf: VDI.

---

[13] „We may philosophize well or ill, but we must philosophize" (Sellars, 1971, S. 296).

Teil V
Die Rolle des Rechts, der Toleranz und der Bildung

Eigentum an Land und Natur: Diebstahl an der Zukunft?

Dirk Löhr

1 Einleitung: Boden, Kapital und Verbrauchsgüter

Eigentum: Rechtlich definiert ist es in § 903 des Bürgerlichen Gesetzbuchs (BGB) als Herrschaft einer Person über eine Sache. Hiernach kann der Eigentümer mit der Sache nach Belieben verfahren und andere von jeder Einwirkung ausschließen, soweit nicht das Gesetz oder Rechte Dritter entgegenstehen. Unsere Rechtsordnung unterscheidet dabei grundsätzlich nicht zwischen Eigentum an Verbrauchsgütern und Kapital einerseits und Eigentum an Land und Natur andererseits. Damit verwischt sie wichtige Unterschiede – genauso wie die neoklassische Mainstream-Ökonomie, die die Wirtschaft auf das Zusammenwirken von zwei Produktionsfaktoren reduzierte: Arbeit und Kapital (Clark 1893; Knight 1946 / 1951). Land und Natur, von den klassischen Ökonomen (Smith, Ricardo etc.) noch als eigenständige Produktionsfaktoren erfasst, wurden damit zu „Unterabteilungen" des Faktors Kapital degradiert. Dies, obwohl selbst nach der neoklassischen Logik Kapital einerseits sowie Land und Natur andererseits ganz offensichtlich vollkommen anderen ökonomischen Gesetzen gehorchen: Kommt es beispielsweise bei Kapital- oder Verbrauchsgütern zu einer Erhöhung der Nachfrage, entstehen – sobald die Kapazitätsgrenzen erreicht sind – über Preiserhöhungen Extragewinne. Diese veranlassen zu Markteintritten, so dass sich die produzierte Menge erhöht. Der Markt kommt am Ende in ein neues Gleichgewicht, bei dem der zusätzliche Bedarf gedeckt und die Extragewinne verschwunden sind. Derlei Markteintritte kann es bei Land und Natur nicht geben. Grundsätzlich reagiert das Angebot auch nicht auf Erhöhungen der Nachfrage. Einzig der Preis steigt – und zwar (wegen der steilen Angebotskurve) – in höherem Maße als bei Kapital- und Verbrauchsgütern. Diese – und andere – Unterschiede werden vom ökonomischen Mainstream allerdings geflissentlich übersehen. Stattdessen wird Privateigentum als conditio sine qua non für das Funktionieren einer Marktwirtschaft dargestellt. Deren Effizienz, so das Narrativ, produziert erst die Verteilungsmasse, die man für sozialpolitische Wohltaten benötigt.

Im Vergleich mit früheren Theorien zur Rechtfertigung des Eigentums liegt hier ein kruder Rückschritt. John Locke beispielsweise rechtfertigte das Eigentum, wenn

Arbeit mit natürlichen Stoffen vermischt wird (Arbeitstheorie des Eigentums; Locke 1689 / 1980, Kapitel V, Absatz 33). Das gilt zwar nach Locke auch für Land, weswegen die Arbeitstheorie des Eigentums auch gerne von den Apologeten des Privateigentums an Land und Natur zitiert wird. Hierbei wird in schöner Regelmäßigkeit der „Lockesche Vorbehalt" unterschlagen: Es muss ausreichend Land für alle anderen da sein. Mittlerweile zählt der Planet fast 7,6 Milliarden Menschen, in wenigen Jahrzehnten werden es 10 Milliarden sein – Land- und Ressourcenkonflikte nehmen angesichts der absoluten Begrenztheit von Land und Natur nicht ab, sondern permanent zu. Der vorliegende Beitrag möchte vor diesem Hintergrund einige grundsätzliche Probleme des Eigentums an Grund und Boden mit Blick auf die Nachhaltigkeit skizzieren und auch Philosophen anregen, sich dieses Themas anzunehmen.

2 Eigentum an Grund und Boden: Ewige Rechte am Raum

Allerdings hatten auch die klassischen Ökonomen einen blinden Fleck: Sie unterschieden nicht zwischen Land i.s.v. Standorten einerseits und natürlichen Ressourcen und Deponien andererseits. Dabei liegt der Unterschied zwischen beiden Kategorien auf der Hand: Eine hohe Nutzungsintensität wertet Standorte auf (z.b. ein Grundstück im Herzen Frankfurts), degradiert aber natürliche Ressourcen (z.B. über die Ausbeutung eines Ölfeldes). Vor diesem Hintergrund ist es angebracht, nicht von drei, sondern von vier Produktionsfaktoren zu sprechen: Arbeit, Kapital, Land und Natur. Dieser Aufsatz konzentriert sich nur auf Land i.S.v. Standorten. Mit Blick auf die Ressourcenausbeutung als Diebstahl an künftigen Generationen wäre der Blick auf den Produktionsfaktor Natur zwar mindestens genauso interessant, würde aber den Rahmen dieser Abhandlung sprengen.[1]

Das Privateigentum an Land (i.S.v. Standorten) hat vier Dimensionen: Breite, Länge, Höhe (!) und auch die Zeit. Es handelt sich um unendlich (!) währende Rechte zur Nutzung und wirtschaftlichen Ausbeutung an einem bestimmten Ausschnitt des Raumes. Schon John Stuart Mill (1869 / 1952, Buch II, Kap. II, § 6), einer der Begründer des Liberalismus, stieß sich hieran mit Blick auf die Rechte künftiger Generationen:

---

[1] Insbesondere hinsichtlich der Ausbeutung nicht erneuerbarer natürlicher Ressourcen über die Zeit hinweg ist insbesondere die Frage von Interesse, inwieweit die Rawlssche Gleichheitsethik angewendet werden kann (Rawls 2006). Vorliegend kann hierauf aber nicht näher eingegangen werden.

"Wenn man von der Heiligkeit des Eigentums spricht, so sollte man immer bedenken, dass dem Landeigentum diese Heiligkeit nicht in demselben Grade zukommt. Kein Mensch hat das Land geschaffen ... Es ist das ursprüngliche Erbteil des gesamten Menschengeschlechts ... Es ist für niemanden eine Bedrückung, ausgeschlossen zu sein von dem, was andere hervorgebracht haben. Sie waren nicht verpflichtet, es für seinen Gebrauch hervorzubringen, und er verliert nichts dabei, dass er an Dingen keinen Anteil hat, welche sonst überhaupt nicht vorhanden sein würden. Allein es ist eine Bedrückung, auf Erden geboren zu werden, und alle Gaben der Natur schon vorher in ausschließlichem Besitz genommen und keinen Raum für den neuen Ankömmling freigelassen zu finden."

Übersetzt man das inflationierte Wort „Nachhaltigkeit" mit „Enkeltauglichkeit", so liegt angesichts der Worte Mills die Problematik des Privateigentums sofort vor Augen.

3 Effizienz als Rechtfertigung von Bodeneigentum

Mit Mill spricht ein Utilitarist. Utilitarismus ist das philosophische Fundament der Mainstream-Ökonomie. Hieraus leiten sich ihre Nutzenmaximierungskalküle ab, auf die sich auch die zeitgenössischen Protagonisten des Bodeneigentums berufen. An erster Stelle sind hierbei die Eigentumsrechte-Theoretiker zu nennen. Eine zentrale Idee: Eigentum bildet ein Bündel an Teilrechten, zu denen v.a. das Nutzungsrecht (usus), das Fruchtziehungsrecht (usus fructus), das Veränderungs- und Zweckentfremdungsrecht (abusus) und das Recht auf den Wert (ius abutendi) zählen (Pejovich 1990). Effizienz in der Wirtschaft kann umso besser erreicht werden, je mehr man diese Nutzungsrechte „spezifiziert", also zusammengefasst bestimmten Wirtschaftssubjekten zuordnet.

Alle anderen Wirtschaftssubjekte müssten also von der Einwirkung ausgeschlossen werden. Nach Posner (1986, S. 32) sollte das Ausschlussprinzip möglichst universell angewendet werden, soweit dies ohne prohibitive Kosten möglich ist. Das bedeutet nicht mehr oder weniger als den Universalitätsanspruch einer einzigen Eigentumsform. Auch sollten die Eigentumsrechte handelbar sein, damit sie in die Hände des „besten Wirtes" gelangen. Sind die Eigentumsrechte auf diese Art und Weise geregelt, könne sich der Staat weitgehend mit anderweitigen Eingriffen zurückhalten – eine Idee, die schon auf Ronald Coase (1960) zurückgeht.

Damit sind auch Grundzüge einer Privatisierungsagenda skizziert, die sich – auch getragen von internationalen Organisationen wie IWF, Weltbank etc. – mittlerweile über den gesamten Globus erstreckt. Eine Vielzahl von Studien belegt die desaströsen Auswirkungen v.a. für Entwicklungsländer (s. beispielsweise Löhr 2012).

4 Privateigentum an Boden: Ineffizient, unsozial und nicht ökologisch

Doch auch in den entwickelten Ländern rückt die Problematik mehr und mehr ins Bewusstsein: In den Großstädten Deutschlands explodieren die Mieten. Wohnen, eigentlich ein Grundrecht, mutiert hier in den letzten Jahren immer mehr zu einem Luxusgut. In Deutschland liegen mittlerweile 40 Prozent der Großstadthaushalte mit ihren Wohnkosten über der kritischen Grenze von 30 Prozent des Haushaltsnettoeinkommens (Lebuhn et al. 2017). Den entscheidenden Engpass auf dem Wohnungsmarkt stellen weder ein Mangel an Kapital, noch der z.T. lange Vorlauf bis zur Erteilung einer Baugenehmigung etc. dar, sondern vielmehr der dem Wohnungsmarkt vorgelagerte Bodenmarkt. Der Mangel an verfügbarem Bauland ist der Flaschenhals, der die Erstellung von mehr bezahlbarem Wohnraum verhindert. Letztlich handelt es sich hierbei um ein uraltes Thema: Den Zugang zum Boden.

Ein Grundproblem stellen hierbei Rationalitätenfallen dar, die aufgrund des Privateigentums an Grund und Boden entstehen. Oft wird in diesem Kontext plakativ und wenig analytisch von „Bodenspekulation" gesprochen. Richtig hieran ist jedoch: Was einzelwirtschaftlich rational ist, widerspricht möglicherweise den Interessen der Gemeinschaft. Die „unsichtbare Hand" des Marktes vergreift sich in diesen Fällen.

Dieses Marktversagen kommt nicht von ungefähr. Die Inwertsetzung von Standorten geschieht nicht durch die Bodeneigentümer. Vielmehr tritt die die Gemeinschaft durch die Bereitstellung von öffentlicher Infrastruktur und anderen öffentlichen Gütern in Vorleistung. Sind die Investitionen erfolgreich, ziehen sie Einwohner, Fachkräfte und Unternehmen an. Andernfalls bleibt die Öffentlichkeit auf ihren Kosten sitzen – die Öffentlichkeit geht also ins Risiko. Gleichzeitig wird mit dem Baurecht dem Bodeneigentümer eine sog. Realoption in die Hand gegeben (Geltner 2007, S. 729 - 755) – und zwar eine Option mit ewiger Laufzeit: Im Falle des Erfolges der öffentlichen Vorleistungen hat er das Recht, aber keinesfalls die Pflicht, die Früchte zu ernten. Die Kosten der Inwertsetzung und ihre Nutzen liegen somit in verschiedenen Händen. Mit anderen Worten: Bodenwerte in privater Hand sind das Ergebnis sog. externer Effekte. Jeder Ökonom weiß aber, dass externe Effekte eine zentrale Ursache für Marktversagen darstellen: Der Wert der Option Bodeneigentum setzt sich zusammen aus dem passiven Kapitalwert (abdiskontierte Bodenrente, helles Dreieck in der untenstehenden Abbildung) und dem Wert der Flexibilität (also der Fähigkeit, das Investment auf unbestimmte Zeit hinausschieben zu können, graues Viereck). Im Falle der Realisation einer baulichen Anlage (blaues Viereck; die Baukosten pro qm unterscheiden sich innerhalb der jeweiligen Gebäudetypen in Zentrum und Peripherie nicht wesentlich) geht der Wert der Flexibilität verloren. Der potentielle Investor muss also sowohl die zahlungswirksamen Kosten des Gebäudes (plus Kapitalverzinsung incl. Risikoprämie) und zusätzlich die nicht zahlungswirksamen Kosten der verlorenen Flexibilität berücksichtigen.[2] Eine Investition (und damit die Ausübung der Option) lohnt sich nur dann, wenn die erzielbaren Erträge diese Kosten übersteigen. Dies ist bis zum Punkt X^R der Fall. Die Ausstattung mit Infrastruktur und anderen öffentlichen Gütern durch die öffentliche Hand findet jedoch bis zum planerisch vorgegebenen Punkt X^P statt. Ein erheblicher Teil der zur Bebauung vorgesehenen Flächen ($X^P - X^R$) bleibt so ungenutzt, und damit auch die betreffende Infrastruktur – die dann wiederum (mangels Raum für zuziehende Einwohner und Unternehmer) nicht hinreichend über Abgaben refinanziert werden kann. Sowohl die öffentliche Hand wie auch die privaten Investoren handeln zwar jeweils individuell rational; für die Gemeinschaft entsteht so jedoch ein Wohlfahrtverlust.

Abbildung: Ineffizienzen auf dem Bodenmarkt

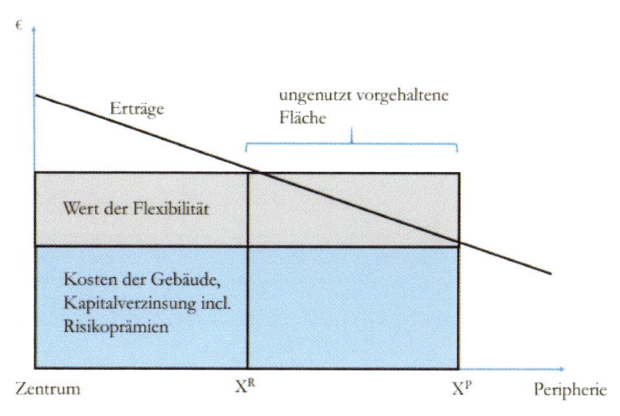

[2] Ein potentielles Gegenargument lautet, dass die meisten Investoren den Realoptionsansatz gar nicht kennen. Damit wirtschaftliche Gesetze wirken können, müssen sie jedoch den handelnden Akteuren nicht unbedingt bekannt sein.

Die Nichtnutzung von zur Bebauung vorgesehenen Flächen in den Innenbereichen führen dann zu eigentlich unnötigen Baulandneuausweisungen in den Randbereichen, zumeist auf Kosten von wertvollem Ackerland. Zwar wurde der Flächenverbrauch seit der Jahrtausendwende auf gute 60 Hektar pro Tag halbiert; das ursprüngliche Ziel der Bundesregierung von 30 Hektar pro Tag bis 2020 musste jedoch vorerst bis auf 2030 verschoben werden (Wilke 2017). Dies ist eine Verschwendung von wertvollen Ressourcen – ebenfalls auf Kosten künftiger Generationen.

Markttheoretiker vertreten i.d.R. überall sonst die Auffassung, dass eine funktionierende Marktwirtschaft der Rückführung der externen Effekte auf ihre Verursacher bedarf: Für Standortwerte würde dies bedeuten, dass die durch die Gemeinschaft geschaffenen Werte ihr auch zustehen, und nicht den Bodeneigentümern. Merkwürdigerweise wird dies im Kontext mit Privateigentum an Grund und Boden kaum thematisiert. Es bleibt festzuhalten: Privateigentum an Grund und Boden ist ineffizient und aus ökologischer Sicht nicht vertretbar.

Das Ganze hat jedoch auch eine verteilungspolitische Dimension: Die Bodenerträge und Bodenwerte sind v.a. in den raumwirtschaftlichen Zentren hoch konzentriert. Wenn in München eine Quadratmetermiete von 17 Euro, in einer Kleinstadt im bayerischen Wald lediglich 5 Euro zu entrichten sind, hat die Differenz nichts mit Unterschieden in der Bausubstanz zu tun. Mit den hohen Mieten in München werden vielmehr die Standortvorteile gezahlt. Diese schlagen sich auch in entsprechend hohen Grundstückspreisen nieder. Mit dem Absinken des Zinsniveaus seit 2009 verlor das Kapital immer mehr Anteile am Sozialprodukt, ohne dass die Arbeitnehmer ihren Anteil am Kuchen entsprechend vergrößern konnten. Der lachende Dritte war der Produktionsfaktor Boden. Mittlerweile dürften die Erträge aus dem Boden diejenigen aus Kapital deutlich übersteigen (Löhr 2018). Dies haben die Haushalte in den Ballungsregionen über Mieterhöhungen deutlich zu spüren bekommen. Der Großgrundbesitz ist zurück; er liegt – nach Werten – in den großen Städten, v.a. in der Hand von großen Immobiliengesellschaften.

Laut Deutscher Bundesbank (2016) werden mehr als 60 Prozent des Nettovermögens in Deutschland von nur 10 Prozent der Haushalte gehalten. Das Vermögen in Deutschland ist auch im internationalen Maßstab sehr ungleich verteilt (Gini-Koeffizient: 0,76). Der größte Anteil am Nettovermögen stellen Immobilien dar;

diejenigen der reichsten Haushalte befinden sich i.d.R. in bevorzugten Lagen. Der Boden macht daher einen erheblichen Anteil am Vermögen der reichsten Haushalte aus. Deren Inwertsetzung geschah jedoch auf der Basis öffentlicher Leistungen. Diese wiederum wurden v.a. durch Steuern finanziert; die größten Anteile am Steueraufkommen entfallen dabei auf Lohn- und Verbrauchsteuern. Sie werden also von den weitgehend identischen Gruppen der Arbeitnehmer und Verbraucher getragen. Das hoch konzentrierte Bodeneigentum selbst wird hierzulande in homöopathischen Dosen besteuert. In den Großstädten machen die zur Miete wohnenden Haushalte i.d.R. mehr als 70 Prozent aus. Diese zahlen doppelt: Einmal die Steuern zur Inwertsetzung des Bodens, und – wenn diese erfolgreich war – auch die gestiegenen Bodenerträge in erhöhten Mieten.

Wenn also öffentlich geschaffene Werte werden hierzulande zugunsten einer Minderheit privatisiert, und im Gegenzug über das Abgabensystem privat geschaffene Werte zu Lasten einer dispersen Mehrheit sozialisiert werden, läuft eine gigantische Umverteilungsmaschine auf Hochtouren. „Eigentum ist Diebstahl". Dieser Satz des französischen Sozialreformers Pierre-Joseph Proudhon (1896 / 1971, S. 1) gilt nirgendwo so sehr wie für das Privateigentum an Boden, das auf einer fundamentalen Äquivalenzstörung beruht. „Privare" bedeutet „rauben". Unsere Rechtsordnung könnte hier widersprüchlicher nicht sein. An gestohlenen Sachen – also an Werten, die von anderen geschaffen wurden – kann man kein Eigentum erwerben. Anders beim Boden: Die fortlaufende Privatisierung von öffentlich geschaffenen Werten wird sogar noch durch Art. 14 des Grundgesetzes geschützt. Diese Schieflage der Wertung ist ein kulturelles Problem, wenn sie nicht hinterfragt wird. Der amerikanische Bodenreformer Henry George (1880 / 2017) betrachtete Privateigentum an Boden als ein barbarisches Relikt, und rückte dieses Rechtsinstitut in seiner moralischen Qualität sogar in die Nähe der Sklaverei. Ergo: Privateigentum an Grund und Boden ist unsozial.

5 Herstellung von Äquivalenz: Beispiel MTR

Es geht also um die Herstellung von Äquivalenz. Den Privaten sollten die Werte zustehen, die sie geschaffen haben – dasselbe gilt aber auch für die Öffentlichkeit. Die gesamthaften Bodenrenten würden ausreichen, um die Bereitstellungskosten für Infrastruktur und öffentliche Güter zu finanzieren. Die Belastung von Arbeitnehmern, Verbrauchern und produktiven Investitionen durch Abgaben ist hierfür nicht nötig. Dies besagt das Henry George-Theorem (Arnott / Stiglitz 1979). Wenige Staaten - wie Singapur - haben Schritte in diese Richtung unternommen, indem sie das Geld für die Finanzierung aus dem Gemeinwesen v.a. aus dem Land nehmen. Allerdings lässt sich mit Blick auf die Verausgabung speziell für Singapur auch eine Menge Kritik anbringen. Die Potenziale des Henry George-Theorems werden daher möglicherweise durch einzelwirtschaftliche Beispiele deutlicher. Zu nennen ist hier z.b. die Mass Transit Railways (MTR) in Hong Kong, die eine der qualitativ besten, profitabelsten und zugleich für die Nutzer kostengünstigsten Eisenbahnen der Welt darstellt (Löhr 2016). Wie lautet ihr Erfolgsgeheimnis? Dieses mit 77 Prozent in öffentlicher Hand liegende Unternehmen erwirbt im Zuge der Planung neuer Stationen das umliegende Land. Zugleich wird die Landnutzungsplanung in einer den ÖPNV begünstigenden Weise betrieben. Die Wertzuwächse, die sich nach der Entstehung der Stationen ergeben, steckt die Gesellschaft in die Infrastruktur. Die Nutzer zahlen effektiv nur die Grenzkosten des Transports, d.h. die Kosten, die durch die konkrete Inanspruchnahme des ÖPNV ausgelöst werden (Strom, Lokführer etc.) – nicht aber für die Kosten der Trasse. Damit werden sie – im Gegensatz zu Deutschland – nicht mit den hohen Fixkosten der Netzinfrastruktur belastet. Unterm Strich bleibt dennoch bei dieser „Rail-and-Development"-Strategie ein satter Gewinn übrig. Hong Kong konnte u.a. mit diesem Konzept einen Großteil des Verkehrs von der Straße auf die Schiene lenken. Staus sind in der Millionenstadt weitgehend unbekannt. Anders in westlichen Staaten: Hier fließen die Aufwertungsgewinne, die in der Folge der Anbindung mit Infrastruktur entstehen, den privaten Grundstückseigentümern zu. Um die Bahnen dennoch finanzieren zu können, werden die Bahnkunden mit Vollkosten belastet – also auch mit den hohen Kosten der Netzinfrastruktur (soweit diese nicht ohnehin der Steuerzahler trägt). Über das Versagen der Deutschen Bahn muss an dieser Stelle nicht mehr geschrieben werden. Einen signifikanten Beitrag zur Umlenkung der Verkehrsströme konnte sie bislang nicht leisten. Das Beispiel MTR zeigt hingegen, dass sich Ökologie, Ökonomie und Soziales durchaus versöhnen lassen.

6 Schluss: Ein anderes Eigentums- und Staatsverständnis

Boden ist ein geborenes Gemeingut. Es ist nicht nötig, dass der Bodeneigentümer auch die Rechte auf Ertrag (usus fructus) und das Recht am Wert (ius abutendi) zugewiesen bekommt. Das Recht auf Zweckentfremdung (abusus) ist dem Bodeneigentümer ohnehin über das Planungsrecht auch in den westlichen Staaten weitgehend aus der Hand genommen. In einem Wohngebiet darf der Grundstückseigentümer z.B. keine Schweinezucht betreiben. Das einzige, was der Grundstücksnutzer wirklich braucht, ist ein starkes Nutzungsrecht (usus). Dies bedeutet gleichzeitig die Realisierung des Äquivalenzgrundsatzes, das auch als ein gleichgewichtiges Geben und Nehmen interpretiert werden kann. Instrumente hierzu sind v.a. eine Bodenwertsteuer (die grundsätzliche Bedeutung der gegenwärtigen Grundsteuerreform wird vollkommen unterschätzt), öffentliche Bodenfonds und der verstärkte Einsatz von kommunalen Erbbaurechten; all dies führt in die richtige Richtung – hin zu mehr „Enkeltauglichkeit".

All dies führt aber letztlich auch zu einem anderen Staatsverständnis: Weg von einem Staat, der die Privatisierung von öffentlich geschaffenen Werten zugunsten einer Minderheit über Zwangsabgaben zu Lasten der Mehrheit sichert. Die Abgaben werden teilweise mit erheblichem hoheitlichem Zwang durchgesetzt und reichen dennoch nicht aus, um den Staat auskömmlich zu finanzieren. Während z.B. Eingriffe in die körperliche Unversehrtheit hierzulande verhältnismäßig milde geahndet werden, versteht der Staat bei der Hinterziehung von Abgaben grundsätzlich überhaupt keinen Spaß. V.a. dem „kleinen Mann" zeigt er gerne „die Instrumente" (der Abgabenordnung).[3] Äquivalenz, Reziprozität, Gegenseitigkeit (Proudhon) - ein gleichgewichtiges Geben und Nehmen, bedeutet hingegen ein partnerschaftliches Verhältnis zum Staat, das in erster Linie auf Koordination statt Subordination basiert.

Literatur

Arnott, Richard J. / Stiglitz, Joseph E. (1979): Aggregate Land Rents, Expenditure on Public Goods, and Optimal City Size, in: Quarterly Journal of Economics 93 (4), S. 471-500.

Clark, John B. (1893): *The Genesis of Capital*. Yale Review. Nov., S. 302-315.

Coase, Ronald H. (1960): *The Problem of Social Cost*. Journal of Law and Economics 3, S. 1-44.

Deutsche Bundesbank (2016): *Vermögen und Finanzen privater Haushalte in Deutschland: Ergebnisse der Vermögensbefragung 2014*. Monatsberichte 3, S. 61-86.

---

[3] Der Verfasser dieses Beitrages ist zugleich Steuerberater und hat als solcher einschlägige Erfahrungen auf Straf- und Bußgeldsachenstellen damit gemacht, wie auch und gerade „der kleine Mann" von den Finanzbehörden aufgrund von geringfügigen Verstößen gegen die Steuergesetze drangsaliert werden kann.

Geltner, David M.; Miller, Norman G.; Clayton, Jim; Eichholtz, Piet (2007): Commercial Real Estate. Mason, Ohio, USA: Thomson South Western.

George, Henry (1880/2017): *Fortschritt und Armut*. Neuauflage der deutschen Übersetzung von 1880, Marburg: Metropolis.

Knight, Frank H. (1946 / 1951): *Capital and Interest*. In Feliner,W. / Haley, B. (Hrsg.): Readings in the Theory of Income Distribution. Selected by a Committee of the American Economic Association. Philadelphia: The Blakiston Co., S. 384-417.

Lebuhn, Henrik; Holm, Andrej; Junker, Stephan; Neitzel, Kevin (2017*): Wohnverhältnisse in Deutschland – eine Analyse der sozialen Lage in 77 Großstädten. Bericht aus dem Forschungsprojekt „Sozialer Wohnversorgungsbedarf"*. Hans-Böckler-Stiftung: Berlin/Düsseldorf. Online: https://www.boeckler.de/pdf_fof/99313.pdf

Locke, John (1689 / 1980): *Second Treatise of Government*, Indianapolis: Hacket.

Mill, John S. (1848 / 1952): *Grundsätze der politischen Ökonomie nebst einigen Anwendungen auf die Gesellschaftswissenschaft*, 2. Bd., Hamburg: Perthes-Besser und Mauke.

Löhr, Dirk (2012): *Capitalization by formalization? Challenging the paradigm of land reforms*. Land Use Policy 29, 2012, S. 837-845.

Löhr, Dirk (2016): *Provision of Infrastructure: Self-financing as Sustainable Funding*. DOC Research Institute. Online: https://doc-research.org/wp-content/uploads/2016/10/Dirk-Loehr-Final-Text-Rhodes-Forum.pdf

Mill, John S. (1869 / 1952): *Grundsätze der politischen Ökonomie nebst einigen Anwendungen auf die Gesellschaftswissenschaft*. 2. Bd., Hamburg: Perthes-Besser und Mauke.

Löhr, Dirk (2018): *Boden – die verkannte Umverteilungsmaschine*. Zeitschrift für Sozialökonomie, Folge 198/199, S. 3-19.

Pejovich, Svetozar (1990): *The Economics of Property Rights: Towards a Theory of Comparative Systems*, Dordrecht (Niederlande): Kluwer Academic Publishers.

Posner, Richard A. (1986): *The Economic Analysis of Law*. Boston / Toronto: Little, Brown & Company.

Proudhon, Pierre-Joseph (1896 / 1971): *Was ist das Eigentum? Erste Denkschrift*. Graz (Österreich): Verlag für Sammler.

Rawls, John (2006): *Eine Theorie der Gerechtigkeit*. Reihe Klassiker auslegen. 2. Auflage. Berlin: Akademie Verlag.

Wilke, Henry (2017): *30-Hektar-Tag: Kein Grund zum Feiern. Unser Flächenverbrauch ist noch immer viel zu hoch*. NABU, 17. Juni. Online: https://www.nabu.de/news/2017/06/22630.html

Das Potential des Rechts bei der Gestaltung der Zukunft. Über das Spannungsfeld zwischen Norm und Wirklichkeit am Beispiel des Grundgesetzes

Norbert Hill

Das Spannungsfeld zwischen Norm und Wirklichkeit kann im Fall einer Verfassung alle Lebensbereiche eines Menschen berühren. Die konstitutiven Regelungen einer Verfassung erfassen sämtliche grundlegenden Aspekte einer Beziehung zwischen Bürger und Staat. Im Grunde ist es die alte Frage[1]: Was hält den Staat, verstanden als Gemeinwesen und nicht nur als juristische Konstruktion, im Kern zusammen: Die religiös verstandene Moral oder die säkularisierte profane Moral oder ein lockerer nicht kodifizierter Common Sense im Sinne eines gesunden Menschenverstandes. Zur Klärung dieser Frage ist der Verfassungstext des Grundgesetzes (nachfolgend GG) auszulegen und seine Handhabung in der Praxis in der Rechtsprechung des Bundesverfassungsgerichts (nachfolgend BVerfG) heranzuziehen. Ersichtlich werden bei der Auslegung auch philosophische Ansichten, Einsichten oder Erkenntnisse angesprochen oder unbewusst virulent. In diesem Sinne kann man von einem Spannungsfeld zwischen Verfassungsnorm als vorgestellter Wirklichkeit und der empirischen Wirklichkeit sprechen. Das Potential des Rechts bei der Gestaltung der Zukunft bedeutet in diesem Zusammenhang, dass das GG, verstanden als weitgehend kohärenter Normenkomplex, einerseits schon bei der Auslegung und Umsetzung Wirklichkeit schafft, andererseits aber auch verfassungspolitisch Gestaltungsziele intendiert und damit die Entwicklung *der Wirklichkeit* beeinflusst. Über Urteile des BVerfG, denen immer ein konkreter Sachverhalt zu Grunde liegt, wird in den Medien berichtet und in den Fachkreisen kritisch diskutiert. Durch solche Prozesse, die durch Urteile des BVerfG ausgelöst werden, können die Zukunft gestaltende Wirkungen in Gang kommen, die über die rechtsverbindliche Entscheidung eines Einzelfalls hinausgehen.

Am Beispiel des GG soll geprüft werden, ob und inwieweit seine normative Struktur in ihrer Gesamtheit oder in Einzelbestimmungen Potentiale zur Lösung gesellschaftlicher Konflikte und zur Fortentwicklung des Gemeinwesens bereithält.

---

[1] Vergleichbar mit Goethes Faust Monolog: „... *dass ich erkenne, was die Welt im Innersten zusammen hält* ....".

Seine Programmatik wie Menschenwürde, Grundrechte und sozialer Rechtsstaat beinhaltet einen besonders starken gestaltenden Zukunftsbezug.

Die Grundrechte sind nach herrschender Lehre Abwehrrechte der Staatsbürger gegen Gesetze, Gerichtsurteile und Verwaltungshandeln. Die sogenannten Teilhaberechte z.b. auf Wohnung, Bildung und Arbeitsplatz gibt es in einklagbarer Form nicht, sie werden allgemein als sozialpolitische Programmsätze eingeordnet, die aus dem Selbstverständnis des Staates als sozialer Rechtsstaat nach Art. 20 Abs. 1 GG abgeleitet werden. Im Kern wird mit den Grundrechten, die den programmatisch-inhaltlichen Teil des GG darstellen, versucht, die inhaltliche Ausgestaltung der Staatstätigkeit an Grundrechtsnormen zu binden. Sie sind deshalb zugleich objektive Verfassungsgrundsätze.

Das GG bietet trotz des rechtsförmigen Ausgangspunktes in den programmatischen Aussagen möglicherweise ein Potential, das, verstanden als Wirkkraft oder wenigstens als Wirkmöglichkeit, bei der Gestaltung der Zukunft bedeutsam werden kann.

Dieses Spannungsfeld soll näher untersucht werden unter dem Aspekt der Religionsfreiheit nach Art. 4 GG und der damit intendierten Trennung von Staat und Religion bei gleichzeitiger kooperativer Verbindung von Staat und Religionsgemeinschaften nach Art. 7 Absatz 3 GG. Hier stellt sich die Frage nach Grund und Umfang der Zulässigkeit der staatlichen Finanzierung von religiös weltanschaulichen Gemeinschaften und Gesellschaften.

Das GG formuliert in der Präambel, dass sich das Deutsche Volk kraft seiner verfassunggebenden Gewalt *im Bewusstsein seiner Verantwortung vor Gott und den Menschen* dieses Grundgesetz gegeben habe[2]. Art. 4 GG lautet in individueller Hinsicht in Abs. 1: *Die Freiheit des Glaubens, des Gewissens und die Freiheit des religiösen und weltanschaulichen Bekenntnisses sind unverletzlich,* und in Abs. 2: *Die ungestörte Religionsausübung wird gewährleistet.* Darüber hinaus wird in Art. 7 Abs. 3 GG der Religionsunterricht in

---

[2] Nach Czermak, Gerhard/Hilgendorf, Eric: Religions- und Weltanschauungsrecht, 2008, Berlin Heidelberg, S. 88 Rn 164 hat die Gottesklausel nach allgemeiner Auffassung der Verfassungsjuristen keine spezifische normative Bedeutung, sie ist bei verfassungssystematischer Auslegung nur ein Hinweis auf die Motivation der Mehrheit der Mitglieder des Parlamentarischen Rats. Auf S. 89 Fußnote 11 wird als Extrembeispiel erwähnt der katholische Philosoph Robert Spaemann, nach welchem Gott Legitimationsgrund allen Rechts ist; wegen der sittlichen Pflicht zur Gottesverehrung habe der Staat die Pflicht, diese zu privilegieren.

öffentlichen Schulen gewährleistet und damit einer kooperativen Verbindung von Staat und Religionsgemeinschaften Raum gegeben.[3]

Das BVerfG hat zu Art. 4 GG folgenden grundlegenden Leitsatz formuliert: *„Das Grundgesetz legt durch Art. 4 Abs. 1 GG, Art. 3 Abs. 3 GG, Art. 33 Abs. 3 GG sowie durch Art. 136 Abs. 1 und 4 und Art. 137 Abs. 1 WRV in Verbindung mit Art. 140 GG dem Staat als Heimstatt aller Bürger ohne Ansehen der Person weltanschaulich-religiöse Neutralität auf. Es verwehrt die Einführung staatskirchlicher Rechtsformen und untersagt auch die Privilegierung bestimmter Bekenntnisse. ... Aus dieser Pflicht zur religiösen und konfessionellen Neutralität folgt, dass der Staat einer Religionsgesellschaft keine Hoheitsbefugnisse gegenüber Personen verleihen darf, die ihr nicht angehören".*[4]

Das BVerfG hat ferner nach wohl herrschender Deutung in ständiger Rechtsprechung hinsichtlich des Schutzumfangs der Religionsfreiheit die Ansicht vertreten, diese schütze

das Recht des Einzelnen, sein gesamtes Verhalten an den Lehren seiner religiösen oder weltanschaulichen Überzeugung auszurichten und dieser Überzeugung gemäß zu handeln[5].

Nach Czermak ist diese weitgehende Auslegung wohl zu Recht unter zwei Aspekten zu kritisieren: Zum einen, weil *damit ein ausufernder grundrechtlicher Schutzbereich (auch: Grundrechtstatbestand) entstehe, wenn dieser mit der Feststellung eines religiösen Motivs verknüpft wird,*[6] zum anderen, *weil das BVerfG diese Sicht verbunden (habe) mit der Behauptung, Grundrechtsträger seien auch mit der Kirche verbundene soziale Einrichtungen, obwohl diese selbst ja nur Teilaspekte einer Religionsgemeinschaft wahrnehmen*[7].

Die Zusammenschau der Normenkette ergibt nach Czermak, dass sie ohne Differenzierung die religiös-weltanschauliche Gleichbehandlung von Bürgern und Vereinigungen festlegt. Nach seiner Ansicht folgt aus dem Gleichbehandlungs- und

---

[3] Art 7 GG mit der Überschrift *Schulwesen* ist hinsichtlich des Textes sehr umfangreich und kann daher hier nicht wörtlich wiedergegeben werden. Auf die allgemein zugänglichen Quellen wird verwiesen.

[4] BVerfG 19, 206/216.

[5] BVerfG 32, 98 (106); 93, 1 (15).

[6] Nach Czermak/Hilgendorf, a.a.O. S. 65 Rn. 126 ist allein die Geltendmachung eines religiösen Motivs noch nicht ausreichend um kann, um in den Anwendungsbereich des Art. 4 Abs. 1 und 2 GG, der keinen Gesetzesvorbehalt kennt, zu gelangen. Das Problem, ob trotz fehlenden Gesetzesvorbehalts der Religionsausübungsfreiheit verfassungsimmante Schranken, so das BVerfG, oder über Art. 136 Abs. 1 WRV/140 GG konkrete gesetzliche Gründe für Grundrechtsschranken im Rahmen einer fallbezogenen Abwägung maßgeblich sind, kann hier nur erwähnt werden.

[7] Czermak, Gerhard: Weltanschauung in Grundgesetz und Verfassungswirklichkeit, Aschaffenburg, 2016, S. 23.

Neutralitätsgebot nicht nur individualrechtliche Gleichheit, sondern auch ein objektives Verfassungsgebot, an das sich alle staatlich-öffentlichen Einrichtungen halten müssen.

Der Neutralitätsgedanke als objektives Verfassungsprinzip enthält nach Czermak[8] für den Gesetzgeber folgende Verpflichtung:

Staatliche Regulierungen individueller und korporativer Religionsfreiheit ... dürfen keine besonderen religiösen oder philosophischen Lehren voraussetzen. [...] Neutralität ist daher kein abwägungsfähiges Rechtsgut, sondern eine absolute Grenze staatlichen Handeln ... Sobald sich aber religiös motivierte Regeln im Gesetzgebungsprozess durchsetzen, müssen sich diese Ergebnisse neutral rechtfertigen lassen.

Nach Czermak genießen gemäß GG die religiös-weltanschaulichen Gemeinschaften gewisse Vergünstigungen, die aus statistischen Gründen vor allem den Großkirchen zugutekommen. Der Staat sei nach dem GG kein christlicher Staat, sondern ein religiös-weltanschaulich neutraler. Das GG sei insgesamt pluralistisch angelegt und gewährleiste einen freien Prozess der Meinungsbildung. Die Präambel des GG *(gebe) ihm keine religiöse Färbung*[9].

Nach Czermak sieht die Wirklichkeit ganz anders aus als es die Normen des GG als rein säkulares freiheitliches Trennungssystem mit umfassendem Neutralitätsgebot, aber kooperativen Elementen vorsehen.

Nur einige aus seiner Sicht[10] neutralitätswidrigen Sachverhalte sollen ohne Anspruch auf Vollständigkeit und implizite Bewertung genannt werden:

- Einzug der Kirchensteuer mit Mitteln der staatlichen Finanzverwaltung
- Finanzierung der zahlreichen christlich theologischen Ausbildungsstätten nicht nur für Religionslehrer, sondern auch für Priester
- Bevorzugung religiöser Symbole im öffentlichen Raum
- Subventionierung kirchlicher Aufgaben wie die Abhaltung von Kirchentagen, die Finanzierung der Besoldung von Bischöfen und Domherren
- Zur unberechtigten finanziellen Subventionierung gehören auch die historischen Staatsleistungen in einer Größenordnung von jährlich über 500 Millionen Euro als Ausgleich für die 1803 im Reichsdeputationshauptschluss vorgenommenen Säkularisierungen von Kirchengut.

---

[8] Czermak, Gerhard: a.a.O. S. 31.
[9] Czermak, Gerhard: a.a.O. S. 38.
[10] Czermak, a.a.O. S. 43, 47, 48.

Zutreffend weist Czermak in rechtstechnischer Hinsicht auch darauf hin, dass eine Änderung neutralitätswidriger Förderungen, obwohl - nach seiner Auffassung jedenfalls - evident grundgesetzwidrig, nur im Wege politisch-parlamentarischer Willensbildung möglich ist, da kein Bürger eine Klärung der Verfassungskonformität wegen fehlender unmittelbarer Verletzung persönlicher Rechte z.b. im Wege einer Verfassungsbeschwerde juristisch erzwingen kann[11]. Bemerkenswert ist sein äußerst stringentes Verständnis des Trennungsgebots und insbesondere dessen Fortführung im Kooperationsbereich, wobei er auch betont, dass es bei seinen Angaben zum Ausmaß staatlicher Kirchensubventionen *nur um die Größenordnung staatlicher geldwerter Leistungen, nicht um ihre rechtliche Zulässigkeit geht*[12].

Norbert Lammert

Der Politiker und Pragmatiker Norbert Lammert[13] hat bei den Wormser Religionsgesprächen im Jahr 2013 eine Rede über *Politik und Religion. Über Reformation, Restauration und Innovation* gehalten. Sie endet mit einem Aufruf zur Toleranz[14]. Ihre wesentliche Gedankenführung soll nachfolgend zusammenfassend[15] wiedergegeben werden:

Zwei Fragen seien gegenwärtig zentral: *Wie viel Religion erträgt eine moderne, aufgeklärte und liberale Gesellschaft?* und *Wie viel Religion braucht eine demokratisch verfasste Gesellschaft?*. Klar sei zunächst, *Religion handele von Wahrheiten, Politik von Interessen, Wahrheiten seien nicht mehrheitsfähig, Interessen seien nicht wahrheitsfähig. Maßgeblich sei die Mehrheit*[16].

Gleichwohl sei nach dem inneren Zusammenhalt einer Gesellschaft zu fragen:

Er sei die Summe aller Erfahrungen in der Gegenwart und der gemeinsamen Vergangenheit, eine gemeinsame Sprache, gemeinsame über Generationen gewachsene Überzeugungen, also ein Mindestmaß an Gemeinsamkeiten. Er könne nicht durch Geld, Wirtschaft oder Politik gestiftet werden[17].

---

[11] § 90 BVerfGG, in https://dejure.org/gesetze/BVerfGG/90.html sind 4.146 Entscheidungen zur Frage der Zulässigkeit aufgelistet, Stand 10.12.2018.
[12] Czermak/Hilgendorf, a.a.O. S. 192 (193).
[13] Prof. Dr. Norbert Lammert, Bundestagspräsident a.D. und Vorsitzender der Konrad- Adenauer-Stiftung.
[14] Link: https://www.bundestag.de/parlament/praesidium/reden/2013/005a/260814.
[15] Zitate aus dem Redetext werden in Kursivschrift wiedergegeben.
[16] Lammert, a.a.O. S. 1.
[17] Lammert, a.a.O. S. 2.

Der innere Zusammenhalt werde nicht allein *durch die Verfassung mit ausschließlich rechtlich formulierten für alle verbindlichen, gegebenenfalls auch einklagbaren Geltungsansprüchen gestiftet. Verfassungen seien grobe Orientierungen, sie seien nie Ersatz, sondern Ausdruck der kulturellen Überzeugungen und geschichtlichen Erfahrungen, konkretisiert im Grundsatz der Menschenwürde, Grundrechte, freiheitlicher weltanschaulich/religiös neutraler sozialer Rechtsstaat*[18].

Der so verfasste Staat habe unter Bezugnahme auf Habermas *ein vitales Interesse an der Lebendigkeit der religiösen Quellen*[19]. Habermas, der sich selbst als religiös unmusikalischen Menschen charakterisiert habe, habe auf die überragende Bedeutung von Religionen auch und gerade in modernen Gesellschaften verwiesen. Allerdings könnten nach Habermas nur säkulare Gründe bei Entscheidungen zählen.

Die Trennung von Staat und Religion sei konstitutiv für den demokratisch verfassten, säkularen Staat. Fundamentalistische Überzeugungen und Gestaltungsansprüche seien zurückzuweisen. Hieraus dürfe aber nicht geschlussfolgert werden *auf die Irrelevanz von religiösen Überzeugungen, zumal, wie vorhin erläutert, gerade auch der liberale Staat auf religiöse Bezüge und Begründungen nicht verzichten kann und darf*[20].

Unter Hinweis auf Statistik und Beobachtungen könne im Blick auf religiöse Überzeugungen von einer Homogenität der Gesellschaft der Bundesrepublik nicht mehr die Rede sein, nur noch eine Minderheit verfüge über eine ausgeprägte Kirchenbindung. Die Frage stelle sich somit, wie aus einer immer heterogener werdenden Gesellschaft mit mehr oder weniger ausgeprägten aber unterschiedlichen religiösen Orientierungen Einheit gestiftet werden kann. Ohne ein Mindestmaß an Einheit sei Vielfalt nicht zu ertragen.

Zur Lösung dieser Problematik verweist Lammert auf die Notwendigkeit von Toleranz, *sie sei die Akzeptanz des Anderen, die Bereitschaft zu verstehen, warum etwas so ist wie es ist, sich darauf einzulassen und es möglich sein zu lassen. Toleranz sei nicht immer und überall weise, sie könne auch dumm sein, blind, bequem, ja sogar gefährlich. Im Namen der Toleranz sei es erlaubt und manchmal dringend geboten, Intoleranz nicht zu tolerieren*[21].

---

[18] Lammert, a.a.O. S. 2 unten.
[19] Lammert, a.a.O. S. 3.
[20] Lammert, a.a.O. S. 3 unten.
[21] Lammert, a.a.O. S. 4 unten.

Anmerkung

Lammert bestätigt konsequent das Trennungsgebot und nimmt ausdrücklich Bezug auf Habermas. Er grenzt sich gegen Böckenförde ab, soweit dieser für den inneren Zusammenhalt kulturell oder religiös gewachsene Überzeugungen in einer homogenen Gesellschaft zunächst für erforderlich gehalten hat. Es dürfte aber kein Zufall sein, dass Lammert sich im Zusammenhang mit der Kooperationsthematik diplomatisch auf die Formel zurückzieht, religiöse Bezüge und Begründungen seien gleichwohl zu berücksichtigen, soweit der liberale Staat auf sie nicht verzichten könne oder wolle. Es ist aber auch zu bedenken, dass eine ab-strakt-generelle Abgrenzung der noch zulässigen religiösen Bezugnahmen von den gegen die Neutralitätsgebot verstoßenden Bezugnamen auch angesichts der Vielfalt der Sachverhalte schwierig sein dürfte.

Im Übrigen stellt er zu Recht in den Raum die wichtige Frage nach den materialen Grundlagen des rechtlich verfassten Gemeinwesens jenseits des Verfassungstextes. Angesichts der vom ihm beschriebenen Schwierigkeiten wie mangelnde Bindungsbereitschaft, Heterogenität der religiös weltanschaulichen Überzeugungen und gesellschaftspolitischen Auswirkungen der Globalisierung macht er - richtigerweise - nicht einmal den ohnehin wenig Erfolg versprechenden Versuch, das Einheit stiftende Moment nachvollziehbar und überzeugend näher zu umschreiben, sondern er verweist stattdessen auf die Notwendigkeit von Toleranz im Interesse eines friedlichen Miteinander.

So richtig diese Hinweise auch sind, insbesondere der Verzicht auf ein Einheit stiftendes Moment, so unzureichend oder unvollständig dürften sie sein, denn es steht noch aus der Versuch einer Antwort auf die Frage nach Grund und Grenzen der Toleranz, dem Verhältnis von Rechtsordnung und Toleranzgebot (Rechtsgebot versus Toleranzgebot), der Ermöglichung von Toleranz durch Vorbilder auch aus dem Bereich der Politik für gelebte Toleranz als rechtlich kaum beschreibbare persönliche Haltung, der möglichen Instrumentalisierung des Toleranzgebots bei defizitären gesetzlichen Regelungen und den Möglichkeiten der Entwicklung und Förderung einer Kultur der Toleranz, die auch im Alltag der Menschen umsetzbar ist.

Ernst Wolfgang Böckenförde

Böckenförde hat im Jahr 1967 den Satz geprägt: *Der freiheitliche, säkularisierte Staat lebt von Voraussetzungen, die er selbst nicht garantieren kann.* Er fragt unter Bezugnahme auf Hegel, *ob nicht auch der säkularisierte weltliche Staat letztlich aus jenen inneren Antrieben und Bindungskräften leben muss, die der religiöse Glaube seinen Bürgern vermittelt. Freilich nicht in der Weise, dass er zum „christlichen Staat" rückgebildet wird, sondern in der Weise, dass die Christen diesen Staat in seiner Wirklichkeit nicht länger als etwas Fremdes, ihrem Glauben Feindliches erkennen, sondern als Chance der Freiheit, die zu erhalten und zu realisieren auch ihre Aufgabe ist*[22]. Eben die fehlende Garantie einer gesellschaftlichen Basis ist nach Böckenförde „*das große Wagnis, das er, um der Freiheit willen, eingegangen ist. Als freiheitlicher Staat kann er einerseits nur bestehen, wenn sich die Freiheit von innen her, aus der moralischen Substanz des einzelnen und der Homogenität der Gesellschaft, reguliert. Andererseits kann er diese inneren Reinigungskräfte nicht von sich aus, das heißt mit den Mitteln des Rechtszwangs ..., zu garantieren suchen, ohne seine Freiheitlichkeit aufzugeben und ... in jenen Totalitätsanspruch zurückzufallen, aus dem er in den konfessionellen Bürgerkriegen herausgeführt hat*"[23].

In einem Vortrag aus dem Jahr 2006 [24] betont Böckenförde die religiösweltanschauliche Neutralität des Staates in einer spezifischen Perspektive: Es sei unzulässig, von dieser Neutralität - auch auf dem Weg einer von einer Mehrheit getragenen politischen Willensbildung – abzuweichen, ebenso sei es unzulässig, auf eine Zivilreligion als *Erhaltungsideologie für den Bestand des Gemeinwesens* hinzuarbeiten. Der Staat dürfe *keiner religiösen Überzeugung, welchen Rückhalt bei den Menschen sie auch haben mag, die Chance einräumen, unter Inanspruchnahme der Religionsfreiheit und Ausnutzung demokratischer Möglichkeiten seine auf Offenheit angelegte Ordnung von innen her aufzurollen und schließlich abzubauen*. Damit nimmt er ein Szenario vorweg, das der Romanschriftsteller Michel Houellebecq vor einigen Jahren mit dem Roman Unterwerfung beschrieben hat. Nach der Verlagswerbung *beschwört der Roman ein Frankreich herauf, in dem eine autoritäre muslimische Partei schleichend die Macht übernimmt – auf demokratischem Weg und mit Hilfe der intellektuellen Elite*[25].

Böckenförde verzichtet jetzt auf das Merkmal der Homogenität der Gesellschaft. Czermak hält dem entgegen: Die Religion werde auch in der aktualisierten Variante zu stark gewichtet, in einem pluralistischen Staat könne eine gesamtgesellschaftliche Integration nur eine nichtreligiöse Basis haben.

---

[22] Böckenförde, Ernst Wolfgang, Recht, Staat, Freiheit, Suhrkamp, 1991, S. 113 (114).
[23] Böckenförde, Ernst Wolfgang, a.a.O. S. 112.
[24] Böckenförde, Ernst Wolfgang, Der säkularisierte Staat, 2007, Carl Friedrich von Siemens Stiftung, München, 2007, Herausgeber Heinrich Meier, die nachfolgenden Zitate S. 39.
[25] Die Übernahme der Macht kann allerdings, wie gegenwärtig die USA zeigen, auch ohne oder gar gegen die intellektuelle Elite errungen werden.

Paul Kirchhof

Nach Kirchhof ist der Verfassungsstaat weder auf natürliche Gegebenheiten zurückzuführen, noch kann er aus sich selbst Geltung beanspruchen[26].

Der Fundus der Voraussetzungen eines Verfassungsstaats besteht nach Kirchhof aus Wissen, Wirklichkeit und Willen als Faktoren einer „Rechtskultur", also keine dem Recht vorgelagerten Gegebenheiten der Natur. Die Verfassung nehme die in der Nation und im Staatsvolk wirksamen Ordnungsideen und ethischen Grundsätze auf als Maßstab für die Entwicklung von Staat und Recht. Verfassungsrecht unterscheide sich vom übrigen Recht gerade darin, dass es keine positivrechtliche Erkenntnisquelle für sein Entstehen und keine seinen Bestand garantierende Instanz gebe. Unter Bezugnahme auf Böckenförde ist nach Kirchhof die Verfassung stets auch von kontingenten Maßgaben abhängig wie den Überzeugungen der Bürger des Staates, der durch die Verfassung konstituiert wird.

Das Verfassungskonzept von Kirchhof, das sich vom klassischen Paradigma Naturrecht/Rechtspositivismus absetzt, wirft die Frage auf, welche Anforderungen sich dem Verfassungsgeber im Hinblick auf die Stabilität von Staat und Rechtsordnung stellen. Das Konzept anerkennt, dass eine (rechts-)kulturell bedingte Verfassung kaum aus sich heraus eine unerschütterliche Geltung auf alle Zeiten beanspruchen kann. Der kulturelle Wandel und die damit einhergehende sich ändernde Verfassungsrealität sind offenkundig.

Kirchhof sucht einen Weg jenseits von Naturrecht und Rechtspositivismus. Er anerkennt, dass es Voraussetzungen des Rechts gibt, die vom Recht nicht vollständig erbracht werden können. Letztlich ist nach seiner Sicht hinzunehmen, dass die (Rechts)-Wirklichkeit des GG von den Überzeugungen der Bürger abhängt, die der freiheitliche Verfassungsstaat nicht erzwingen kann, ohne sich gegen sich selbst zu wenden.

Fazit

Das Grundgesetz war und bleibt ein großer Zukunftsentwurf und zugleich der Entwurf eines politischen Grundsatzprogramms, das auf die Verwirklichung von Werten wie Menschenwürde, Freiheit und Sozialstaatlichkeit im Rahmen einer parlamentarischen, vielleicht plebiszitär anzureichernden Demokratie abzielt. Bei Ach-

---

[26] Kirchhof, Paul, Handbuch des Staatsrechts, Band II, 3. Aufl. 2004, dortiger Beitrag *Die Identität der Verfassung*, § 21ff.

tung des Neutralitätsgebot ist der Gestaltungsrahmen kaum begrenzt. Die formale Übereinstimmung staatlichen und gesetzgeberischen Handeln mit den Vorschriften des Grundgesetzes ist zwar eine notwendige, aber keine hinreichende Bedingung für die innere Stabilität des Gemeinwesens. Eine Diskrepanz von Legalität und Legitimität ist nicht zu vermeiden.

Zur Verfassungswirklichkeit gehört nicht nur der Verfassungstext und seine Realisierung in der Praxis und die davon ausgehende Ausstrahlung in die Gesellschaft, sondern es gehören zu ihr auch Bindungskräfte unterschiedlichster Provenienz wie Religion, Kultur, Geschichte und Überzeugungen, die die Basisloyalität des Bürgers zu dem Gemeinwesen prägen. Als schlichtes Beispiel für diese Gemengelage mögen hierfür Vorschriften des Bürgerlichen Gesetzbuchs (BGB) dienen: Nach § 138 BGB sind sittenwidrige Rechtsgeschäfte nichtig, nach § 242 BGB ist der Schuldner verpflichtet, die Leistung so zu bewirken, wie Treu und Glauben mit Rücksicht auf die Verkehrssitte es erfordern, nach § 826 BGB verpflichten vorsätzliche sittenwidrige Schädigungen zu Schadensersatz. Trotz umfangreicher Rechtsprechung und Kommentierung unter Zuhilfenahme von Fallgruppen und kaum noch zu überblickender Kasuistik verbleiben Unsicherheiten und Auslegungsspielräume. Bei der Lektüre von Gerichtsentscheidungen kann der Eindruck entstehen, bei der Gesetzesauslegung und der Beweiswürdigung seien im Kern mehr oder weniger hervortretende moralische Motive mit entscheidend gewesen. Diese Motive wird man aber nicht als säkularisierte profane Teile einer nicht kodifizierten Moral deuten können. Mit Sicherheit stellen sie keine Zivilreligion im Sinne von Böckenförde dar. Es kann somit letztlich dahingestellt bleiben, ob deren Wurzeln religiöser oder nichtreligiöser Natur sind oder dem reinen Religionsglauben im Sinne von Kants Religionsschrift also einer Art Vernunftreligion[27] im Gegensatz zum Kirchenglauben zuzuordnen sind. Dieser Zustand der Offenheit und zugleich Ungewissheit ist eine Konsequenz der Gesinnungs-Neutralität des GG. Der dafür zu zahlende Preis besteht in Einbußen an Rechtssicherheit. Die alltägliche Sentenz *vor Gericht und auf hoher See* .... ist bekannt. Rechtssicherheit und der Zukunft zugewandte Offenheit sind im Prinzip nicht gleichzeitig zu verwirklichen. Die Wahrnehmung dieses Zu-

---

[27] Zum Verhältnis von Moral und Religion und den Begriffen Vernunftreligion, Kirchen- und Religionsglauben in der Religionsschrift von Kant wird verwiesen auf Gerd Irrlitz, Kant Handbuch: Leben und Werk, Stuttgart, Weimar, Metzler, 2002, S. 403 (404).

sammenhangs ist naturgemäß für den unerfreulich, der nach der Rechtslage und den mutmaßlichen Prozesschancen fragt.

Bei der Austragung von wirtschaftlichen Konflikten mag die Legitimation durch ein Verfahren, also ein gesetzlich geregeltes faires Gerichtsverfahren, genügen. Schwelt im Hintergrund des Konflikts jedoch ein ethisch-moralisch konnotierter potentiell permanenter Dissens oder steht die Existenz eines Menschen auf dem Spiel, kann der Rechtswegestaat zwangsläufig an Grenzen stoßen, zumal Toleranz als Rechtsgebot, soweit als solches im strengen Sinn überhaupt denkbar, oder nach Czermak als bürgerliche Tugend verstanden, kaum konkretisierbar ist und die Toleranzbürden oder Toleranzlasten, wie im Anschluss an die Rede von Lammert zu vermerken war, möglicherweise gesellschaftspolitisch ungleich verteilt sind. Die Überwindung solcher Grenzen durch gleichwohl gebotene Toleranz ist abhängig vom Bildungsgrad der Bürger und in gleicher Weise von der Fähigkeit und der Bereitschaft der zahlreichen verfassungspolitischen Akteure, mit dem Vertrauensvorschuss, den das GG reichlich gewährt, verantwortungsvoll im Sinne eines Vorbildes gerade auch bei der Einübung von Toleranz umzugehen, anstatt sich im Sinne einer informellen Elite selbstgenügsam auf Statuserhalt auszurichten.

Die Ausgangsfrage war, ob und inwieweit die normative Struktur des GG in ihrer Gesamtheit oder in Einzelbestimmungen Potentiale zur Lösung gesellschaftlicher Konflikte und etwa gar zur Fortentwicklung des Gemeinwesens bereithält. Sie kann bei aktuellen Konflikten durch die Bereitstellung von geeigneten Regularien wie z. B. auf Einzelfälle bezogene Gerichtsverfahren - insbesondere vor dem BVerfG und dem Europäischen Gerichtshof - oder bei übergreifenden Strukturproblemen durch Einsetzung von Kommisssionen bejaht werden; bei der Fortentwicklung des Gemeinwesens wird es dagegen, was eigentlich selbstverständlich ist, ganz wesentlich auch auf die praktische Vernunft der Menschen ankommen.

„Toleranz ist menschlich" – Wertereflexion im Philosophieunterricht als Basiskompetenz zur Gestaltung unserer Zukunft

Uta Henze

Nach Kant lässt sich das Fragen der Philosophie in einer einzigen zentralen Frage zusammenfassen: „Was ist der Mensch?". Wenn es um die Gestaltung der Zukunft geht, wird es aus philosophischer Sicht immer um die Gestaltung einer menschlichen Zukunft gehen, die nicht allein eine technische Zukunft ist. Es muss also die Frage geklärt werden, was eigentlich den Menschen ausmacht, um zu wissen, was bewahrt werden muss und über welche Ressourcen das menschliche Wesen verfügt, um diese Zukunft zu gestalten.

Die Philosophie hat sich seit ihren Anfängen diesen Fragen gestellt. Als Gegenstand des Unterrichts lädt sie jedes Mal neu zu einer Reise durch die Epochen der Geistesgeschichte ein und zu dem Abenteuer der Reflexion und Selbstreflexion.

Im Folgenden wird dargestellt, was den Philosophieunterricht als wertereflektierendes Fach ausmacht und wie dessen Stellung im Fächerkanon der Bundesländer ist. Im Anschluss wird ein Blick auf Inhalte und Methoden des Philosophieunterrichts geworfen sowie exemplarisch am Bundesland Nordrhein-Westfalen ein Vergleich des Unterrichts in der Sekundarstufen I und II gezogen. Schließlich stelle ich ein „aphines" Unterrichtskonzept zum Thema „Toleranz" vor, welches ich mit Schülerinnen und Schülern durchgeführt habe. Basis dafür war die Auseinandersetzung mit Schriften des Psychologen und Anthropologen Michael Tomasello[1] und der Philosophin Martha Nussbaum[2].

1. Was macht den Menschen aus? – Wertereflexion im Philosophieunterricht

Bereits im Höhlengleichnis warnt Platon seine Zeitgenossen vor der Manipulation durch Scheinwahrheiten und Meinungen. Kant beschreibt die Aufklärung als Weg

---

[1] Michael Tomasello: Eine Naturgeschichte des menschlichen Denkens. Berlin: Suhrkamp 2014; siehe auch die Videoclips zur Forschungsarbeit:
Michael Tomasello/Timothy Bromage: Max-Planck-Forschungspreis 2010. http://www.youtube.com/watch%3Fv%3DUsmb5VcEAH8[21.12.15]; ders.: What makes us human? (Kurzes Video zu den aktuellen Forschungsergebnissen): http://www.youtube.com/watch%3Fv%3DPstbOL7NF-w [21.12.15].

[2] Martha Nussbaum: Die neue religiöse Intoleranz. Ein Ausweg aus der Politik der Angst. Darmstadt: WBG 2014.

des Menschen aus seiner „selbstverschuldeten Unmündigkeit". Wir modernen Menschen sehen uns im „postfaktischen Zeitalter" unverhofft erneut mit dieser Aufforderung konfrontiert. „Fake-News" verunsichern uns, nachdem wir den medialen Bildern schon lange nicht mehr trauen. Die Jahrestagung des Fachverbandes Philosophie in Nordrhein-Westfalen beschäftigte sich im vergangenen Jahr mit diesem Thema, mit dem unsere Jugendlichen aufwachsen.[3] Die Antworten Platons und Kants sind dabei immer noch aktuell. Die Frage nach dem, was bewahrt werden muss, kann also damit beantwortet werden, dass es diese Tradition der Wertereflexion seit der Antike ist, auf die wir zurückgreifen können. Dem Menschen als „animal rationale" wird die Fähigkeit zugesprochen, vernunftgeleitet zu handeln und zu reflektieren. Zum Menschsein gehört außerdem wesentlich die Kooperation, wie Tomasello zeigt. Aus diesen Ressourcen entwickelt sich eine Haltung der Toleranz oder, um mit Martha Nussbaum zu sprechen, der Ausbildung unseres „Inneren Auges".

Ziel einer menschlichen Zukunft ist also ein kritischer und selbstkritischer Mensch, der seine Überzeugungen und Werte reflektiert und tolerant handelt. Der Philosophieunterricht bietet Jugendlichen diese Gelegenheit der Wertereflektion. Schülerinnen und Schüler stellen Vorurteile in Frage und lernen bei der Diskussion philosophischer Themen kritisch und tolerant zugleich zu argumentieren. Die Untersuchung der Frage nach dem Wesen des Menschen ist zentraler Inhalt des Philosophieunterrichts. Er ist damit, um noch einmal auf Kant zurückzukommen, ein Raum, in dem philosophische Anthropologie betrieben wird. Im Philosophieunterricht werden damit Basiskompetenzen für die Gestaltung der oben geforderten menschlichen Gestaltung der Zukunft in einem anthropologischen Sinne gefördert. Er findet längst nicht mehr als reines Oberstufenfach statt, in welchem abstrakte Theoriegebilde nachvollzogen werden. Philosophie ist an den Schulen eine praktische Angelegenheit geworden. Es wird in Nordrhein-Westfalen als Fach der Sekundarstufe I unter dem Namen „Praktische Philosophie" angeboten, um die Philosophie als Leitfach neben anderen gesellschaftswissenschaftlichen Fächern herauszustellen. Schülerinnen und Schüler mit und ohne Migrationshintergrund beschäftigen sich mithilfe philosophiespezifischer Methoden vom Gedankenexperi-

---

[3] Jahrestagung des Fachverbandes Philosophie NRW am 23./24.11.2017 in Schwerte zum Thema „Romantisches Weltbürgertum oder nationalistischer Populismus? Überlegungen zur Entwicklung der Gesellschaft".

ment bis zur Begriffsanalyse mit den Fragen nach dem richtigen Handeln, dem nachhaltigen Wirtschaften und dem Streben nach Freiheit und demokratischem Zusammenleben. Ganz im Sinne Nussbaums werden Vorurteile in Frage gestellt und Schülerinnen und Schüler lernen bei der Diskussion philosophischer Themen zugleich kritisch und tolerant zu argumentieren.

Viele Namen für ein Fach
„Philosophie" - „Ethik" – „Praktische Philosophie – „Werte und Normen". So unterschiedlich wie die Bezeichnungen stellt sich auch die Versorgung mit Philosophie-unterricht im Bundesgebiet dar. Während Philosophie in einigen Bundesländern als vollwertiges Fach unterrichtet wird, wird es in anderen Bundesländern durch konkurrierende Fächer wie Psychologie oder Politik seiner genuinen Bedeutung beraubt. In einigen Bundesländern wird an Stelle der Philosophie das Fach Ethik angeboten. Bemerkenswert ist hier, dass sie einen sogenannten Orchideenstatus genießt und die Lehrenden eine Fakultas in zwei weiteren Fächer vorweisen müssen. Inzwischen ist allerdings in einer Reihe von Bundesländern nachträglich der Schritt zur Philosophie als vollwertiges Unterrichtsfach vollzogen worden[4].

2. Eine Abenteuerreise von Platons Höhle zum Neandertal – Inhalte und Methoden im Philosophieunterricht

Der Philosophieunterricht verfolgt einen doppelten Ansatz: Neben den Inhalten des Philosophischen Fragens bzw. den Unterrichtsgegenständen spielen die philosophischen Methoden bzw. Haltung des Fragens und Hinterfragens eine entscheidende Rolle. Didaktisch steht dabei der Begriff der Kompetenz im Zentrum.

Laut dem Kernlehrplan von Nordrhein-Westfalen[5] ist das Ziel des Philosophieunterrichts in der Sekundarstufe II der Erwerb von Sachkompetenz, Methodenkompetenz, Urteilskompetenz und Handlungskompetenz. In der Sekundarstufe I sprechen wir neben der Sach- und Methodenkompetenz von „personaler und sozialer Kompetenz"[6]. Exemplarisch seien hier zwei Kompetenzformulierungen genannt. So sieht der Kernlehrplan für die Sekundarstufe II beispielsweise Folgendes

---

[4] Mitteilungen des Fachverbandes e.V. Nr. 58/2018. Hrsg. v. Jörg Peters. S. 18-28.
[5] Kernlehrplan für die Sekundarstufe II, Gymnasium/Gesamtschule in Nordrhein-Westfalen. Philosophie. Hrsg. MSW/NRW Heft 4716, 2015 S. 15ff.
[6] Kernlehrplan für die Sekundarstufe I, Gymnasium/Gesamtschule in Nordrhein-Westfalen. Praktische Philosophie. Hrsg. MSW/NRW Heft 5017. Frechen: Ritterbach 2008 S.14f.

vor: „Schülerinnen und Schüler entwickeln auf der Grundlage philosophischer Positionen und Denkmodelle verantwortbare Handlungsoptionen für aus der Alltagswirklichkeit erwachsende Problemstellungen." (Handlungskompetenz 1) oder: „Schülerinnen und Schüler vertreten im Rahmen rationaler Diskurse im Unterricht ihre eigene Position und gehen dabei auch argumentativ auf andere Positionen ein." (Handlungskompetenz 3)[7]. Die Wertereflexion ist damit Basis für Handlungskompetenz. Für die Praktische Philosophie heißt es bei den „Allgemeinen fachspezifischen Kompetenzen": „Die Personale Kompetenz befähigt Schülerinnen und Schüler, ihre eigene Rolle in bestimmten Lebenssituationen zu erkennen und eine Persönlichkeit mit reflektierter Wertbindung zu entwickeln." und: „Die Soziale Kompetenz befähigt Schülerinnen und Schüler, respektvoll und kritisch mit anderen Menschen und deren Überzeugungen und Lebensweisen umzugehen und soziale Verantwortung zu übernehmen."[8]

Philosophie und Philosophieren
Die Antworten von Schülerinnen und Schülern auf die Frage, was ihrer Vorstellung nach im Philosophieunterricht stattfinden wird, entsprechen der großen Tradition von Kant und Hegel und der Kontroverse in der Fachdidaktik[9]: Auf der einen Seite stehen, der Position Hegels folgend, der philosophische Kanon und die entsprechenden Gegenstände, Epochen und Autoren der philosophischen Tradition. In der Fachdidaktik wurden diese im bildungstheoretisch-identitätstheoretischen Ansatz von Wulff Rehfus vertreten. Laut Rehfus können Schüler die philosophischen Positionen nachvollziehen und so ihre Identität ausbilden, können aber selbst noch nicht philosophieren. Im Zentrum steht das Wissen, abgebildet in den „Inhaltsfeldern" (S II) bzw. „Fragenkreisen" (S I) der Kernlehrpläne. Schüler sind neugierig auf die philosophischen Fragen und die Antworten der berühmten Denker. Gleichzeitig möchten sie aber auch eine eigene Meinung finden und diskutieren. Damit stehen sie in der Tradition Kants, der sagt, dass allein das „Philosophieren" gelehrt

---

[7] KLP S II, S.21.
[8] KLP S I, S.14.
[9] Zum Verhältnis von Wissen und Können vgl. Matthias Tichy. Lehrbarkeit der Philosophie und philosophische Kompetenzen. In: Jonas Pfister, Peter Zimmermann (Hrsg.). Neues Handbuch des Philosophie-Unterrichts. Bern (Haupt). S.43-60.

werden könne[10]: In der Fachdidaktik wurde der Dialogisch-pragmatische Ansatz von Ekkehard Martens begründet[11]. Hier geht es also ums Philosophieren-Können, um das Erlernen philosophischer Methoden. Im Folgenden sind diese Methoden den entsprechenden Arbeitsformen im Unterricht gegenübergestellt:

Methoden	**Arbeitsformen**
Analytische Methode	Begriffsanalyse
Hermeneutische Methode	Textinterpretation
Phänomenologische Methode	Beschreibung und Assoziation
Dialektische Methode	Argumentation und Diskussion
Spekulative Methode	Gedankenexperiment
Dekonstruktivistische Methode	Texte umschreiben und Kritik üben

Die „Martens-Rehfus-Kontroverse" ist heute beigelegt, wie die Transformationsdidaktik von Johannes Rohbeck[12] zeigt. Statt der Entscheidung, lediglich Inhalte zu rezipieren oder ausschließlich textfrei zu diskutieren, geht es heute im Unterricht darum, die philosophischen Denkrichtungen und Methoden im Horizont der Schülerinnen und Schüler anhand entsprechender Texte nachzuvollziehen.

Inhalte im Philosophieunterricht

Der Unterricht in der Sekundarstufe II orientiert sich an den vier Fragen, die nach Kant die Philosophie ausmachen: Er beginnt mit der Frage der Anthropologie nach der Sonderstellung des Menschen gegenüber dem Tier und der künstlichen Intelligenz, dem Problem von Freiheit und Determination und den Ergebnissen der modernen Hirnforschung (Was ist der Mensch?). Es folgen die Fragen der Praktischen Philosophie, also der Ethik und der Staatsphilosophie (Was soll ich tun?).

Innerhalb der Ethik als Wertereflexion im engeren Sinne wird die Vorstellungen vom „guten Leben" zwischen Hedonismus und Bedürfnislosigkeit anhand antiker Positionen von Epikur, Diogenes, Aristoteles und der Stoa thematisiert. Zur Frage

---

[10] Immanuel Kant. Nachricht von der Einrichtung seiner Vorlesung in dem Winterhalbjahre, von 1765-1766. In: I. Kant. Werke in sechs Bänden. Köln (Könemann) 1995. 1. Aufl. 1765. Band 1. S.13.

[11] Vgl. hierzu: Matthias Tichy. Was die Philosophiedidaktik für den Unterricht leistet. In Barbara Brüning (Hrsg.). Ethik/Philosophie Didaktik. Praxishandbuch für die Sekundarstufe I und II. Berlin (Cornelsen) 2016. S.14f.

[12] S. z.B. Johannes Rohbeck: Transformationen. Zum Problem der Vermittlung in der Philosophiedidaktik. In: Philosophie und ihre Vermittlung. Ekkehard Martens zum 60. Geburtstag. Hrsg. v. D. Birnbacher, J. Siebert und V. Steenblock. Hannover (Siebert) 2003. S. 75-82.

nach dem richtigen Handeln wird die Kontroverse zwischen dem Utilitarismus und der Pflichtethik Kants diskutiert. Die Staatsphilosophie beschäftigt sich mit der Frage nach dem guten Staat, die in den klassischen Positionen bei Platon, Hobbes, Locke und Rousseau gestellt wird. Außerdem fragen wir nach den Ursachen von Totalitarismus und Populismus und nach der Möglichkeit demokratischen Handelns sowie dem Konzept der Verteilungsgerechtigkeit in der Gesellschaft z.b. bei Rawls. Schließlich werden Fragen der Erkenntnistheorie (Platon, Descartes, Locke) und Wissenschaftstheorie (Popper, Kuhn) untersucht.

Für die curriculare Anbindung des Unterrichtskonzepts zum Begriff „Toleranz" sind folgende Themenbereiche relevant: Im Unterricht der S II wird im „Inhaltsfeld 1 - Der Mensch und sein Handeln" die Frage stellt, ob der Mensch ein besonderes Lebewesen ist. Hierzu werden sprachliche, kognitive und reflexive Fähigkeiten von Mensch und Tier im Vergleich untersucht. Im „Inhaltsfeld 3 - Das Selbstverständnis des Menschen" wird die Frage behandelt, ob und inwiefern der Mensch das Produkt der natürlichen Evolution ist oder ob die Kultur die Natur des Menschen ist. Für die Sekundarstufe I finden sich diese Themen z.B. in „Fragenkreis 1 – Die Frage nach dem Selbst", und hier besonders beim Thema „Gefühl und Verstand". Weiterhin werden in „Fragenkreis 2: Die Frage nach dem Anderen" die Themen „Begegnung mit Fremden", „Rollen- und Gruppenverhalten" sowie „Interkulturalität" behandelt.

3. „Toleranz ist menschlich" – Ein „aphines" Unterrichtsbeispiel zu Michael Tomasello und Martha Nussbaum

Die Förderung der Toleranz ist von zentraler Bedeutung für die Gestaltung einer menschlichen Zukunft. Als eine auf kritischer Reflexion basierende Haltung bestimmt sie das Handeln. Ein Beispiel, wie dies im Unterricht umgesetzt werden kann, soll im Folgenden vorgestellt werden.[13] Tomasello und Nussbaum vertreten unabhängig voneinander und einander ergänzend aus naturwissenschaftlicher und philosophischer Perspektive die These, dass es etwas gibt, das spezifisch menschlich ist: die Toleranz. Dies macht die Positionen für ein Unterrichtskonzept zur Anthropologie mit dem Ziel der Förderung der Handlungskompetenz interessant.

---

[13] Im Folgenden beziehe ich mich auf meine ausführliche Darstellung des Konzeptes in: Uta Henze. Toleranz ist menschlich. Unterrichtsideen zu Michael Tomasello und Martha Nussbaum. In: Zeitschrift für Didaktik der Philosophie und Ethik. Jg. 38, 2016, Heft 2: Toleranz. Hrsg. v. Vanessa Albus. S. 61-74.

Der gebürtige US-Amerikaner Michael Tomasello ist Psychologe und Verhaltensforscher und ist seit 1998 am Max-Planck-Institut für evolutionäre Anthropologie in Leipzig tätig. Er leitet das dortige Wolfgang-Köhler-Primaten-Forschungszentrum.

Basierend auf seinen früheren Forschungen[14] entwickelt er in seinem Forschungsbericht „Eine Naturgeschichte des menschlichen Denkens" von 2014 die These von der „Kooperativen Wende". Das menschliche Individuum wachse in einer extrem differenzierten Kultur heran und entwickle so eine spezifische Eigenart der Kognition. Seine frühere These lautete, dass nur Menschen andere als intentionale Akteure verstehen, also als Handelnde mit einem erkennbaren Ziel, und dass dies die menschliche Kultur ermögliche. Diese These sei nicht mehr haltbar, da Primaten mehr über andere als intentionale Akteure wüssten, als man zunächst geglaubt habe. Dennoch besäßen sie keine menschenähnliche Kultur oder Kognition.

Spezifisch für Menschen sei es, dass sie „ihre Köpfe auch mit anderen in Akten geteilter Intentionalität zusammenstecken, zu denen alles von konkreten Akten gemeinschaftlichen Problemlösens bis zu komplexen kulturellen Institutionen"[15] gehöre.

Foto: Uta Henze, Südafrika 2014

---

[14] Michael Tomasello: Die kulturelle Entwicklung des menschlichen Denkens.1999. Frankfurt am Main: Suhrkamp 2002.
[15] In seinem Aufsatz „Humanlike social skills in dogs?" beschreibt Tomasello, dass menschenähnliche Formen der Kooperation und Kommunikation (social skills) auch bei manchen Tieren, z.B. bei Hunden und Affen zu finden sind. Diese entwickelten sich bei diesen Tieren aber erst im Zusammenleben mit Menschen so weit, dass man sie als „humanlike" bezeichnen könne. Vgl. hierzu: http://www.eva.mpg.de/psycho/staff/tomas/pdf/Hare_Tomasello05pdf [21.12.15]; B. Hare/M. Tomasello: Humanlike social skills in dogs? In: Trends in Cognitive Science, 9/2005. S. 439–444.

Was ist der Mensch? - Kooperative Intentionalität

Menschliches Denken sei demnach grundsätzlich kooperativ. Kommunikation bei Primaten sei zweckgebunden. Nur die menschliche Sprache sei geeignet für komplexe Situationen, die dann in Akten „kollektiver Intentionalität" gestaltet würden. Als weitere Beispiele nennt Tomasello Handlungen wie das Feiern sowie Begräbnisse oder die Darstellung abstrakter Vorstellungen wie „Gerechtigkeit".

Laut Tomasello ist die kollektive Intentionalität spezifisch menschlich und die Basis für normatives Denken, also auch für die Toleranz: „Welche nichtsoziale Theorie kann solche Dinge wie kulturelle Institutionen, perspektivische und konventionelle Konzeptualisierungen in natürlichen Sprachen, rekursives und rationales Schlussfolgern, objektive Perspektiven, soziale Normen und normative Selbststeuerung usw. erklären?"[16] Menschliches Denken sei grundsätzlich geprägt durch die Gruppe. Es sei ein „internalisierter Dialog zwischen dem ‚Was ich denke' und dem, was jeder denken sollte. [...] Das menschliche Denken ist jetzt kollektiv, objektiv, reflexiv und normativ geworden".[17] Hier schließt sich Tomasello ausdrücklich an die Sprachtheorie von L. Vigotzkij an.[18]

Der für den Unterricht ausgewählte Text ist ein Interview mit Elisabeth von Thadden in der Zeit, in dem Tomasello die Kooperation als Voraussetzung für Toleranz nennt.[19] Nur der Mensch könne Zusammengehörigkeit über die eigene Gruppe hinaus praktizieren und nur deshalb könne er im Fremden den Mitmenschen sehen. Obwohl Primaten viele soziale Eigenschaften des Menschen besäßen, fehle ihnen jedoch die geteilte Intentionalität und damit die Fähigkeit zur Toleranz.

Im Anschluss an die Auseinandersetzung mit dem Text formulierte eine Gruppe überwiegend muslimischer Schülerinnen ein „Toleranzmodell" zur Verwirklichung einer toleranten Gesellschaft, das die folgenden Schritte beschrieb: Mensch → Aufklärung → keine Grenzen → keine Kriege → eine Gesellschaft → konstante Erinnerung → Toleranz als Menschenrecht → Toleranz. Für den Schritt „Aufklärung" forderten die die Schülerinnen ein „Toleranztraining" für Jugendliche. Ohne die Thesen Martha Nussbaums zu kennen, schlugen sie also bereits die Entwicklung der „Inneren Augen" vor. Handlungskompetenz übten wir bei einem „Toleranz-

---

[16] Michael Tomasello: Eine Naturgeschichte des menschlichen Denkens Berlin: Suhrkamp 2014. S.225.
[17] Ebd. S. 183.
[18] Ebd. S. 185.
[19] „Das haben wir alles gelernt." Interview mit Michael Tomasello In: Die Zeit Nr.40, 2014. S.39.

fest", auf dem die Schüler mit Berichten und traditionellen Speisen die Kultur ihrer Familien vorstellten.

Social Skills statt Mobbing

In der Praktischen Philosophie in der 8. Klasse bettete ich die Arbeit zum „Toleranzbegriff" in eine Unterrichtseinheit zum Thema „Gewalt und Mobbing" ein. Ausgehend von einer gekürzten Fassung des o.g. Interviews „übten" die Schüler Toleranz, indem sie Rollenspiele und Standbilder inszenierten, Texte schrieben oder menschliches Verhalten auf Beispiel für tolerantes bzw. intolerantes Verhalten hin beobachteten und beschrieben.

Martha Nussbaum: Die Entwicklung des „Inneren Auges"

Die amerikanische Philosophin Martha Nussbaum lehrt z.Zt. als Professorin für Rechtswissenschaften und Ethik an der University of Chicago. Sie ist als Aristotelikerin u.a. für ihre Thesen zur politischen Philosophie und für ihre egalitäre Position zur „Gerechtigkeit" bekannt. Nussbaum setzt sich in ihrem Buch „Die neue religiöse Intoleranz"[20] für einen philosophischen Weg zu mehr Toleranz und Gerechtigkeit ein. Ich verstehe diesen Weg als Änderung der Haltung dem Anderen gegenüber, die sich von der egozentrischen Perspektive auf den Anderen löst und diesen wirklich in seinem Sosein gelten lässt. Nussbaum ruft den Leser auf, „[…] mit dem inneren Auge zu sehen"[21], was zum einen an Tomasellos „kollektive Intentionalität" anschließt und damit als „menschenmöglich" einzuschätzen ist, zum anderen jedoch die Frage beantwortet, wie diese im Menschen phylogenetisch angelegte Fähigkeit in einer modernen, von ethnisch motivierten Kriegen und Flüchtlingsschicksalen erschütterten Welt entwickelt werden kann[22]: Es müsse das „innere Auge" kultiviert werden, „[…] die Fähigkeit also, die Welt aus der Perspektive der Minderheiten zu sehen."[23] Ursache der Intoleranz sei der „Narzissmus der Angst" als einem phylogenetisch ursprünglichen Gefühl. Für das Mitgefühl sei dagegen bereits ein perspektivisches Denken notwendig und es sei daher nur wenigen Tierarten möglich.[24]

---

[20] Nussbaum, s. Anm. 2.
[21] Ebd. S.120.
[22] Vgl. Henze, a.a.O. S.66.
[23] Nussbaum, S.58.
[24] Vgl. ebd. S.31.

Gemäß ihrem Verständnis von Toleranz formuliert Nussbaum Prämissen für „solide Grundsätze", die für Respekt und Toleranz sorgen können:
1. Die Prämisse der Gleichheit. „Alle Menschen besitzen die gleiche Würde.", und Regierungen dürften diese gleiche Würde nicht verletzen."[25]
2. Prämisse des Gewissens. „Die Fähigkeit des Menschen, nach der letzten Bedeutung des Lebens zu suchen – oft „Gewissen" genannt -, ist ein wesentlicher Teil des Menschen, eng verbunden mit seiner Würde bzw. ein Teil davon. [...] Mit anderen Worten heißt das Gewissen zu verletzen, die Menschenwürde zu verletzen."[26]
3. Prämisse der Verletzlichkeit. Die Verweigerung der öffentlichen Ausübung von Aktivitäten, die das (religiöse) Gewissen befiehlt, müssten als Verletzung gewertet werden.[27]

Hieraus resultieren die folgenden Grundsätze:
1. „Politische Grundsätze des gleichen Respekt vor allen Bürgern und ein Verständnis dessen, was diese Grundsätze für die heutige Konfrontation mit religiösen Unterschieden bedeutet"[...]. 2. Rigorose Kritik, die Unvereinbarkeiten aufspürt und kritisiert, gerade auch jene, die Ausnahmen für einen selbst zulassen und den Stachel im Auge des Anderen bemerken, ohne den Balken im eigenen Auge zu erkennen.", und 3. „Eine systematische Ausbildung des ‚inneren Auges', der Vorstellungskraft, die uns erkennt lässt, wie die Welt vom Standpunkt anderer Religionen oder Ethnien aussieht."[28]

Das Formulieren von ethischen Grundsätzen, das phänomenologische Aufspüren und Kritisieren von Ungereimtheiten sowie der aktive Wechsel der Perspektive sind philosophische Vorgehensweisen. Für die Unterrichtsarbeit ergeben sich damit vier Fragen und Arbeitsschritte: 1. Woher kommt die Intoleranz? (Untersuchen) 2. Wie äußert sie sich? (Aufspüren und Kritisieren) 3. Welche Gegenmaßnahmen kann die Gesellschaft treffen? (Fordern) und 4. Welche Gegenmaßnahme kann das Individuum treffen? (Haltung und Perspektive wechseln).

Das besondere Augenmerk im Anschluss an die Auseinandersetzung mit Tomasello gilt dabei dem Aspekt des „Inneren Auges". Wie kann Toleranz erworben und geübt werden? „Um gute Grundsätze in die Tat umzusetzen, müssen wir unsere

---

[25] Ebd. S. 62.
[26] Ebd.
[27] Vgl. ebd.
[28] Ebd. S.13.

‚inneren Augen' entwickeln."[29], schreibt Nussbaum. Zur Veranschaulichung zitiert sie aus einem Roman von Ralph Ellison „Invisible Man", dem auch der Begriff „Innere Augen" entnommen ist. Der dunkelhäutige Protagonist leidet darunter, dass die weißen Amerikaner ihn nur aus ihrer eigenen, egozentrischen Perspektive sehen. „Nie haben sie ihn gefragt, wie er lebt und was seine Gefühle und Ziele sind. Sie haben wohl innere Augen, doch bleiben sie unausgebildet."[30] Respekt entstehe erst, wenn das „innere Auge" kultiviert wurde. Ein verbreiteter Fehler bestehe darin, die Welt vom Standpunkt der eigenen Erwartungen zu sehen und das Verhalten der anderen auf sich zu beziehen, verschleierte Frauen also beispielsweise als persönlich gemeinte Provokation zu verstehen.

Als weiteres Beispiel berichtet sie von einer Beobachtung im Baseballstadion der „White Sox". Eine Gruppe jüdischer Jungen zieht beim Singen der Nationalhymne pflichtmäßig die Fan-Mütze vom Kopf. Darunter erscheint ihre Kippot, die, ebenfalls pflichtmäßig, da religiös geboten, den Kopf weiter verhüllt.[31] Dass sich niemand daran störe, wertet Nussbaum als Beispiel für die Anwendung des „Inneren Auges". Auch ihr selbst widerstreben zwar die strengen Regeln der Orthodoxie, doch geschehe niemandem ein Leid durch dieses Verhalten. Entscheidend sei es jedoch, die mitfühlende Phantasie bzw. Empathie nicht nur für diejenigen einzusetzen, die einem nahestehen. „Dieser Richtungswechsel macht die Empathie zu einem wertvollen Gegenmittel zum Narzissmus der Angst."[32] Dabei müssen wir wachsam sein: Unser Primatenerbe lasse uns mitfühlend mit unseren Nächsten sein. Der andere wird zum Gegner.

Als zentrales Zitat nannten die Schüler folglich auch den Satz: „Die Phantasie macht andere Menschen für uns erst real".[33] Diese wurde dann mit den Beispielen des Textes und eigenen Beispielen erläutert (z.B. Punker im Park, Bettler). Umstritten blieben allerdings die folgenden Fragen: Wie weit geht unsere Toleranz? Und wie weit darf sie gehen?

Die Schüler schlossen sich teilweise Nussbaums Begriff der Toleranz an. Teilweise war aber die Einschätzung, wie weit die freie Meinungsäußerung gehen dürfe, doch unterschiedlich. Allerdings sei diese Frage mithilfe der Begriffsdifferenzierung

---

[29] Ebd. S.120.
[30] Ebd.
[31] Vgl. ebd. S. 123.
[32] Ebd. S. 125.
[33] Ebd. S.121.

Nussbaums genauer zu klären. Es stelle sich eben immer die Frage, ob das Argument nur uns selbst dient. Eine abschließende **Übung** war daher die folgende:

„Suche dir jemanden aus, dessen Verhalten dich stört. Er oder sie ist unfreundlich und verletzend, oder sie tut Dinge, die dir unverständlich sind. Du willst z.B. im Café nach der Bestellung aus dem Milchcafé schnell noch einen Latte Macchiato machen. Der Kellner reagiert ziemlich verärgert, da müsse er jetzt erst Bescheid sagen. Du findest das unmöglich. Schließlich bist du hier der Kunde. Nun strenge dein ‚inneres Auge' an und wechsle die Perspektive!"

Teil VI
Wie wollen wir leben? Welche Technologien brauchen wir? Künstliche Intelligenz, Digitalisierung und Transhumanismus

Wider die Utopie einer umfassenden Kontrolle. Kritische Überlegungen zum Transhumanismus

Janina Loh

Einleitung

Der Transhumanismus (TH) und der Posthumanismus (PH) vereinen Diskurse aus der Philosophie, den Sozial- und Kulturwissenschaften, den Neurowissenschaften, der Informatik, der Robotik und KI-Forschung und lassen sich an der Grenze von philosophischer Anthropologie und Technikphilosophie verorten.[1]

Der TH will den Menschen weiterentwickeln, optimieren, modifizieren und verbessern. Die transhumanistische Methode ist die technologische Transformation des Menschen zu einem posthumanen Wesen.[2] In diesem Sinne kann man nicht sagen, dass der TH ›den‹ Menschen zu überwinden sucht, sondern er will durch den Menschen, wie er ihn gegenwärtig erkennt, hindurch (»trans«) zu einem Posthumanen gelangen, zu einem Menschen x.0. Die menschliche Evolution wird im TH als generell unabgeschlossen verstanden. Die Technik spielt im transhumanistischen Denken die Rolle des Mediums und Mittels zum Zweck der Optimierung des Menschen zu einem Menschen x.0.

Anders als dem TH ist dem PH nicht mehr primär an ›dem‹ Menschen gelegen, sondern er hinterfragt die tradierten, zumeist humanistischen Dichotomien wie etwa Frau/Mann, Natur/Kultur oder Subjekt/Objekt, die zur Entstehung unseres gegenwärtigen Menschen- und Weltbilds maßgeblich beigetragen haben. Der PH möchte ›den‹ Menschen überwinden, indem er mit konventionellen Kategorien und dem mit ihnen einhergehenden Denken bricht. So gelangt der PH an einen philosophischen Standort hinter oder jenseits (»post«) eines spezifischen und für die Gegenwart essenziellen Verständnisses des Menschen. Dieser PH wird in Anlehnung an Stefan Herbrechter *kritischer* (2009, S. 7) PH (kPH) genannt.

Zwischen TH und kPH ist eine weitere Strömung zu verorten, die zuweilen als *technologischer* PH (Tirosh-Samuelson 2014, S. 55) bezeichnet wird (tPH). Sowohl

---

[1] Es sei an dieser Stelle auf meine Einführung in den Trans- und Posthumanismus (Loh 2018) verwiesen. Aus Platzgründen wird die Literatur auf den folgenden Seiten auf ein Minimum beschränkt.

[2] Das „posthumane Wesen" oder „Posthumane" kennzeichnet sowohl im TH als auch im PH die Zielvorstellung der Entwicklung des Menschen.

kPH als auch tPH haben nicht primär eine Veränderung ›des‹ Menschen im Blick. Daher stellen beide Variationen des PH dar. Allerdings ist dem tPH nicht an einer Infragestellung tradierter Kategorien oder an einer Kritik des (humanistischen) Menschenbildes gelegen, sondern primär an der Erschaffung einer artifiziellen Alterität, die die menschliche Spezies ablösen und damit ›den‹ Menschen überwinden wird. Auf dem Weg dorthin soll zwar auch der Mensch von den technologischen Errungenschaften profitieren, er werde modifiziert und so zu einer weitaus besseren Version seiner selbst. Jedoch stellen diese Entwicklungen, die von einigen Transhumanist*innen als Grund dafür angeführt werden, den tPH als dem transhumanistischen Paradigma zugehörig zu betrachten (wie etwa Stefan Lorenz Sorgner, Max More und Martine Rothblatt), eher automatische Schritte auf einem Weg dar, auf dem es nicht an erster Stelle um den Menschen, gar um einen Menschen x.0, geht, sondern vorrangig um die Kreation einer maschinellen ›Superspezies‹. Die Modifizierung des Menschen stellt im Denken des tPH eine Art angenehmer Nebenfolge dar. Daher wird die Technik im tPH eher als Ziel und Zweck denn als Medium und Mittel (wie im TH) verstanden. Auch der tPH schließt eine Vorstellung vom Posthumanen ein. Dabei handelt es sich allerdings weder um einen Menschen x.0 wie im TH noch um ein neues nach-humanistisches Verständnis des Menschen wie im kPH, sondern eben um eine artifizielle Alterität, eine künstliche Superintelligenz.

1. Transhumanismus

Der TH sucht nicht den Menschen ›an sich‹ zu überwinden, sondern will diesen technologisch optimieren und verbessern. Das Präfix »trans« im TH ist als Kennzeichnung eines Übergangs »durch den jetzigen Menschen hindurch zu einem Menschen x.0« zu interpretieren. Er setzt sich eine technologische Transformation des gegenwärtigen Menschen zum Ziel und sucht ihn auf diese Weise mit einer Vision vom Posthumanen zu überformen. Auf dem Weg dorthin durchlaufen die Menschen Entwicklungsetappen, die im transhumanistischen Vokabular »die Transhumanen« genannt werden. Transhumane emanzipieren sich graduell vom Menschen 1.0, indem nicht nur die kognitiven Kompetenzen, sondern auch das biotische Substrat verbessert wird. Tendenziell jedoch bleibt der TH dem humanistischen Geist-Körper-Dualismus treu bzw. ersetzt dieses Denken durch einen materialistischen Monismus.

Der TH übernimmt humanistische Grundwerte und deutet diese ggf. nach eigenem Ermessen aus – wie Vernunft und Rationalität, die Freiheit und das Streben des Individuums zur Selbstgestaltung und -verbesserung sowie humanistisch-aufklärerische Ideale westlich-demokratischen Denkens wie Autonomie, Gleichheit und Solidarität. Die humanistischen Werte werden mit einem radikalen Technikoptimismus als technologische Fortsetzung der konventionell humanistischen Kultivierungsmethoden gekoppelt. Auffallend ist das bis in die Gegenwart anhaltende Desinteresse, das zahlreiche Transhumanist*innen in der Auseinandersetzung mit den gesellschaftlichen und politischen Konsequenzen des TH an den Tag legen.

Das Streben nach Selbsttranszendierung verankert der TH anthropologisch im Wesen des Menschen. Gleichzeitig wird diese anthropologische These durch die Aufforderung, aktiv an der technologischen Evolution des Menschen teilzunehmen, normativ unterstützt. Geistesgeschichtlich steht der TH dem Utilitarismus John Stuart Mills und der Evolutionslehre Charles Darwins nahe, was sich bereits bei frühen Transhumanisten wie Julian Huxley zeigt.

Die für das transhumanistische Denken grundlegenden Themen und Diskurse, die für alle Transhumanist*innen zentral und für ihre Ansätze zumindest implizit von Bedeutung sind, umfassen die Themen radikale Lebensverlängerung und Unsterblichkeit, Kryonik, Human Enhancement, Transhumane und Cyborgs sowie Virtualität und Weltraum. Es sei bemerkt, dass der TH sich darüber hinaus noch auf verschiedene andere Bereiche erstreckt, die jedoch nicht für alle transhumanistischen Denker*innen gleichermaßen von Interesse sind; etwa politische und gesellschaftliche transhumanistische Ansätze, künstlerische und ästhetische Positionen sowie spirituelle und religiöse transhumanistische Perspektiven, um nur einige zu nennen.

2. Kritik des transhumanistischen Denkens

Im Folgenden wird an drei Kernelementen des TH aufgezeigt, inwiefern die transhumanistische Vision eines ›neuen Menschen‹ bzw. Menschen x.0 essenziell eine Utopie der Kontrolle einschließt. Es geht um das transhumanistische Streben nach einer vollständigen Verfügungsgewalt über den Menschen (Abschnitt 2.1), über seine Entwicklung (Abschnitt 2.2) – also die Kontrolle des Transhumanen – sowie über den avisierten (vorläufigen) Endzustand seines Enhancements bzw. den nächsten Zustand, bevor die transhumanistische Evolution sich fortsetzt (Abschnitt 2.3) – also die Kontrolle des Posthumanen. Dabei blendet der TH weitestgehend aus, dass sich ›der‹ Mensch nicht vollständig kontrollieren, kalkulieren und prognostizieren lässt. Mit Blick auf das Moment der Kontrolle wird der vielleicht deutlichste Bruch des TH mit dem humanistischen bzw. aufklärerischen Denken, dem er sich eigentlich verpflichtet sieht, deutlich, »indem er eine Abkehr von der entscheidenden Prämisse der Aufklärung – dass der Mensch nämlich als Selbstzweck und niemals als bloßes Mittel zu verstehen sei« (Coenen/Heil 2014: 45) – unternimmt. Vor dem Hintergrund dieser Einschätzungen scheint nachvollziehbar, dass die in den folgenden Abschnitten formulierte Kritik am TH eine grundsätzlich humanistische ist.

Mir ist kein transhumanistischer Ansatz bekannt, der das Moment der Kontrolle vollständig vernachlässigen würde. In jeder Rede von einer gesteuerten Veränderung des Menschen bzw. gezielten Einflussnahme auf die menschliche Entwicklung ist dieses Moment zumindest implizit eingeschlossen. Insofern erscheint es berechtigt, von einer Kritik ›des‹ transhumanistischen Denkens im Ganzen zu sprechen. Allerdings wird in den einzelnen nun folgenden Abschnitten deutlich werden, dass weniger Kontrolle oder Verfügungsgewalt selbst notwendig negativ bewertet werden, wohl aber die damit einhergehenden transhumanistischen Tendenzen einer Vereinfachung, Passivierung sowie einen Kategorienfehler in Bezug auf Wesen und Entwicklung des Menschen.

2.1 Kontrolle des Menschen – Übersimplifizierung

Im TH wird mit Vorliebe die Geschichte als Begründung für die Annahme angeführt, dass es Teil der Conditio humana sei, sich selbst zu gestalten und zu verbessern. Mit dieser Einschätzung des Menschen, die in der Tat bei zahlreichen Transhumanist*innen zu finden ist (exemplarisch Bostrom 2005: 1), geht einerseits eine Art Trivial-Anthropologie einher, andererseits ein häufig sogar explizit zum Ausdruck gebrachter Fatalismus. Doch geht es den transhumanistischen Denker*innen nicht eigentlich um das Individuum und seine Freiheit zur Selbstgestaltung? Warum sollte die Weise, in der im TH vom Menschen als Spezies die Rede ist, problematisch sein? Die unterschiedlichen anthropologischen Disziplinen nehmen schließlich auch den Menschen als Gattungswesen in den Blick.

Zwar stimmt es, dass der TH seinen argumentativen Fokus primär auf das Individuum legt. Doch ist es ihm nicht möglich, die kollektive Ebene vollständig auszublenden, da nahezu alle individuellen Veränderungen längerfristig Konsequenzen auf der kollektiven Ebene zeitigen. Selbst auf den ersten Blick harmlos erscheinende Enhancements wie etwa Kosmetika, Schönheitsoperationen etc. prägen das Selbstverständnis der Gesellschaft, die den Rahmen für solche und ähnliche Gestaltungsmöglichkeiten setzt, d.h., sie prägen die öffentliche Meinung, beeinflussen Erziehungsmethoden und formen Idealtypen. Diese Tatsache ist selten Bestandteil des TH. Spätestens jedoch bei der Frage der Finanzierung bzw. nach rechtlichen Geboten zur Verbesserung haben Enhancements oft gravierende gesellschaftliche Implikationen, wie z.B. auch ein humanistisch geprägtes Bildungssystem – in Form der Schulpflicht sogar mithilfe von rechtlichem Zwang – vorgibt, was in welcher Weise im heranwachsenden Menschen zu kultivieren ist und was nicht.

Transhumanist*innen ist durchaus bewusst, dass – selbst wenn sie tatsächlich die Ansicht vertreten sollten, auf gesellschaftlicher Ebene werde sich ›schon irgendwie alles von selbst regeln‹ – ein rein individualistischer Fokus nicht ausreicht. Zumindest dann nicht, wenn sie den Anspruch erheben, eine Gesellschaftsvision nicht nur für eine wissenschaftliche und unternehmerische Elite zu vertreten. Der Verweis auf die Geschichte und das Wesen des Menschen sind eher vorgeschobene Gründe, um die transhumanistischen Motive und Ziele für eine breite Öffentlichkeit nachvollziehbar erscheinen zu lassen. Dementsprechend geben sich Transhumanist*innen auch nicht allzu viel Mühe, ihr Menschenbild anthropologisch differenziert auszuformulieren. Es genügt eine Art Trivial-Anthropologie, die sich allein auf den »instinctive drive« (Young 2006: 19) zur Selbstverbesserung beschränkt. Einer differenzierten philosophisch-anthropologischen Definition des menschlichen Wesens kann das nicht genügen. Derartige ›Ein-Attribut-Narrative‹ basieren auf einer fast willkürlichen Auswahl eines Merkmals zur Wesensbestimmung des Menschen: Der Mensch sei das Wesen, das versprechen kann (Nietzsche), das handelnde Wesen (Gehlen), Mängelwesen (Herder), Zoon politikon (Aristoteles) und vieles mehr. Diese Beschreibungen liefern aber keine Definitionen in einem strikten Sinn und werden von der philosophischen Anthropologie auch nicht als solche gesehen. Vielmehr heben sie exemplarisch einzelne wichtige Eigenschaften des Menschen hervor. Was bspw. ist denn mit Menschen, denen der transhumanistische ›drive‹ offensichtlich abgeht – etwa Bio-Ludditen jeglicher Couleur? Nach der Definition des TH dürfte es sich bei ihnen streng genommen gar nicht um Menschen im eigentlichen Sinn handeln. Über diese Fragen machen sich Transhumanist*innen jedoch kaum Gedanken. Hier ließe sich zwar einwenden, dass der TH mit der Feststellung, der Mensch sei das Wesen, das sich selbst transzendiert, gar nicht den Anspruch erhebt, einer strengen anthropologischen Definition gerecht zu werden. Die Selbstverbesserung sei nicht hinreichend für die Bestimmung des menschlichen Wesens, sondern gelte nur für gewöhnlich oder typischerweise. Dann aber trägt auch die transhumanistische Berufung auf die Geschichte und die damit einhergehenden Annahme, dass der TH weder neu noch einer menschlichen Elite vorbehalten sei, nicht mehr. Der TH benötigt für diese Position, die zunächst dazu dient, die transhumanistische Agenda einer breiteren Öffentlichkeit näherzubringen, eine strenge Definition des menschlichen Wesens.

Neben ihrer leichteren Nachvollziehbarkeit hat die transhumanistische Trivial-Anthropologie überdies den Vorteil, dass sie den Menschen in seinem Innersten kontrollierbar macht. Denn wäre der Mensch durch eine Vielzahl sich vielleicht auch widersprechender Eigenschaften ausgezeichnet, wäre er in seinem Streben und seinen Bedürfnissen komplex und nicht immer klar durchschaubar, fiele es auch schwer, eine eindeutige positive Entwicklung des Menschen hin zu einem posthumanen Wesen mit Eindeutigkeit festzustellen. Dann ließe sich nicht mehr selbstverständlich behaupten, dass z.B. eine höhere Intelligenz in jedem Fall einem Weniger der fraglichen Fähigkeiten und Eigenschaften vorzuziehen sei. Da also einerseits aus transhumanistischer Perspektive eine simplifizierte Anthropologie wichtig ist, diese andererseits aber nur schwer mit Argumenten gesichert werden kann, kommt die trivial-anthropologische Prämisse meistens in einem fatalistischen Gewand daher (Young 2006: 22): Insofern die Selbstgestaltung im menschlichen Wesen liege, seien wir gar nicht fähig, uns ernsthaft gegen die Herausbildung des Posthumanen zu wehren. Der technologische Fortschritt und damit das Zeitalter des Posthumanen seien unaufhaltsam und diejenigen, die das anders sehen, verkennten damit nicht nur die eigentliche menschliche Natur, sondern stellten letztlich – wie die Bio-Luddit*innen – eine Regressionsform des Menschen dar.

Unterstützt werden der entwicklungsgeschichtliche Fatalismus und der technologische Determinismus im TH durch einen Aufruf zur aktiven Teilnahme, zu einem bewussten Eingreifen in die ›natürliche Evolution‹, die sich ohne das Zutun des Menschen sehr viel langsamer vollziehen würde. Transhumanisten wie Max More (2013) und Simon Young (2006: 27–29) überspitzen dieses Motiv literarisch in fiktiven Briefen an ›Mutter Natur‹, in denen sie sich dankend von deren Fürsorge abwenden, um den zukünftigen Werdegang des Menschen selbst zu gestalten. Denn wenn, wie gesagt, die Menschen den Gang der Dinge ernsthaft beeinflussen können, sind sie voraussichtlich auch in der Lage, ihn nach eigenem Gutdünken zu variieren: Die menschliche Natur und damit nicht nur Gegenwart, sondern auch und insbesondere die Zukunft des Menschen in die eigenen Hände zu nehmen – für die Verwirklichung dieser transhumanistischen Vision ist zunächst die Kenntnis davon, was ›der‹ Mensch überhaupt ist, unabdingbar. Aus dem Wissen über das Wesen des Menschen folgt die Kontrolle des menschlichen Daseins. Das ist der Kern der transhumanistischen Trivial-Anthropologie.

2.2 Kontrolle des Transhumanen – Passivierung

Die Selbstrückbindung an den Humanismus geht im TH in der Tat sehr weit. So wird auch bezüglich der wohl bedeutendsten Methode transhumanistischer Optimierungsprozesse, nämlich des Human Enhancements, in transhumanistischen Texten immer wieder daran erinnert, dass dieses letztlich nur eine Weiterentwicklung des humanistischen Ideals der Selbstbildung darstelle. Beschränkt sich der Humanismus dabei aber letztlich auf pädagogische und kulturelle Methoden, so setzt der TH, folgt man den transhumanistischen Denker*innen, das humanistische Programm einer Selbstkultivierung und -gestaltung mit technischen Mitteln fort. Gegen diese Sichtweise lässt sich einwenden, dass die Methoden des Human Enhancements den humanistischen Bildungs- und Kultivierungspraktiken in einem essenziellen Punkt konträr entgegenstehen, nämlich darin, dass der TH – anders als der Humanismus – den Menschen zu einem passiven Objekt der Gestaltung degradiert. Das soll im Folgenden ausgeführt werden.

In der humanistischen Bildung und Erziehung bleibt der Mensch zu jedem Zeitpunkt aktives Handlungssubjekt, wohingegen das transhumanistische Enhancement ihn zum passiven Material der (Um-)Gestaltung degradiert – selbst dann, wenn der zu verbessernde Mensch und der diesen verbessernde Mensch ein und dieselbe Person sind. Der eigentliche Akt des Enhancements verläuft als Prozess an dem Material des zu verbessernden Menschen. Im günstigsten Fall kann die Person ihr Einverständnis dazu erklären. Bei Ungeborenen (pränatales Enhancement) oder der genetischen Verbesserung zukünftiger Generationen kann dagegen von einer Einverständniserklärung keine Rede sein; in diesen Fällen wird die durch das Enhancement entstehende Passivierung noch deutlicher.

Menschen können zu jedem Zeitpunkt ihres Bildungsprozesses »nein« sagen. Auch und vielleicht gerade Kinder sind in der Lage, sich (zumindest ab einem bestimmten Alter) ihrer Erziehung zu verweigern; von Quengeln über Sträuben bis hin zur Rebellion sind den Eltern und Erzieher*innen unzählige Spielarten der Aufsässigkeit bekannt. Auch wenn das moderne (humanistische) Bildungssystem in weiten Teilen auf Zwang basiert, sind die Formen der Passivierung hier bei Weitem nicht so drastisch und zudem unumkehrbar. Kinder können zwar dazu genötigt werden, in die Schule zu gehen, aber nicht, sich bestimmte Fakten und Vokabeln zu merken oder das Einmaleins anzueignen. Menschen werden in ihrer Erziehung und Ausbildung nicht wie Maschinen ›programmiert‹, von radikalen Ausnahmen wie Folter oder ›Gehirnwäsche‹ einmal abgesehen. Im Falle des Human Enhancements sieht das anders aus. Zur Verbesserung erwachsener Menschen geben diese zwar, wie gesagt, im Zweifel zuvor ihr Einverständnis. Sollten sie im Nachhinein mit den Ergebnissen der an ihnen vorgenommenen Gestaltung nicht zufrieden sein, können sie diese aber zumeist nur unter großen Schwierigkeiten wieder zurücknehmen (z.B. nach Schönheitsoperationen). Und selbst wenn dies gelingt, bleibt der Unterschied zwischen Human Enhancement auf der einen, Bildung und Erziehung auf der anderen Seite bestehen. Denn wird eine Verbesserung rückgängig gemacht – etwa ein Implantat entfernt, ein Medikament abgesetzt, eine Behandlung abgebrochen –, kehrt die Person bestenfalls in einen vergleichsweise ähnlichen Zustand wie vor der Anwendung der Methode zurück, schlechtestenfalls stellt die Maßnahme sogar eine Verschlechterung dar. Ohne Frage behält in einem solchen Fall sowohl sie als auch ihr Körper die Erinnerung an das Enhancement – es wäre schlicht falsch zu behaupten, es handelte sich um dieselbe Person wie vor dem Eingriff. Allerdings ist es in einem graduell sehr viel stärkeren Ausmaß möglich, Verbesserungspraktiken wieder zurückzunehmen als Erziehungsprozesse. Abgesehen davon, dass Menschen tatsächlich auch vergessen können, bleibt das einmal ernsthaft Angeeignete für gewöhnlich im geistigen und körperlichen Gedächtnis der fraglichen Person.

Der transhumanistische Wunsch nach Kontrolle wird mit Blick auf das Human Enhancement also an zwei Stellen akut: *zum einen* im Vorgang des Enhancements selbst, der der Kontrolle des zu verbessernden Menschen vollständig entzogen ist, *zum anderen* im Ergebnis des Enhancements, das der Verfügung der fraglichen Individuen zumindest bis zu einem gewissen Grad untersteht. Um diese zwei Aspekte noch einmal zu pointieren: *Zum einen* wird durch Passivierung der zu verbessernde Mensch demjenigen, der ihn verbessert, gefügig gemacht. Humanistische Bildung und Erziehung einerseits und Methoden des Human Enhancements andererseits lassen sich dabei als zwei Pole einer Achse deuten: Je mehr Autonomie während des eigentlichen Akts der Verbesserung möglich ist, desto näher steht die fragliche Praktik konventionell humanistischen Kultivierungsstrategien. *Zum anderen* behalten die optimierten Menschen auch nach abgeschlossenem Enhancement (graduell) die Verfügungsgewalt über ihre Verbesserungen, wohingegen sie diese mit dem abgeschlossenen Bildungsprozess gerade verlieren.

2.3 Kontrolle des Posthumanen – Kategorienfehler

Gerne verweisen Transhumanist*innen als Vorläufer des TH auf Giovanni Pico della Mirandola mit seiner berühmten *Rede über die Würde des Menschen* (1496). Insofern Pico della Mirandola in der Tat eine stufenhafte Entwicklung des Menschen von einem per definitionem ort- und charakterlosen »Chamäleon« (1990: 5) hin zu einem dank Ethik, Dialektik und Naturphilosophie bzw. Metaphysik zunächst himmlischen Wesen beschreibt, das mithilfe der Theologie schließlich zu einem »göttlichen Wesen« wird (1990: 9, 25; zu den vier Erkenntnisstufen bzw. Läuterungen von Körper und Geist 1990: 15), ist dieser Einschätzung durchaus zuzustimmen. Pico della Mirandola gibt in seinem Manifest des Humanismus eine rein formale Definition des Menschen: Der Mensch weist gerade keine spezifische Essenz auf. Indem er sich qua Selbstbestimmung eine Form gibt, verwandelt er sich durch diesen Akt in ein anderes Wesen, das allerdings sowohl besser als auch schlechter sein kann als der Mensch in seiner Unbestimmtheit zuvor: »Wenn du nämlich einen Menschen siehst, der seinem Bauch ergeben auf dem Boden kriecht, dann ist das ein Strauch, den du siehst, kein Mensch.« (1990: 9) Pico benennt zahlreiche Wesenheiten, zu denen sich der Mensch selbst macht – nur zuletzt über das Göttliche schweigt er ehrfürchtig in dem Wissen, dass das menschliche Wort an seiner Schilderung notwendig scheitern muss. Ja, es wäre in der Tat nicht nur Hybris, sondern ein Kategorienfehler (ein Vorwurf, der Immanuel Kant hinsichtlich seiner Überlegungen das Ding an sich betreffend gemacht wurde, aber auch in der christlichen Tradition wird das Göttliche zumeist nur äußerst abstrakt skizziert), dem, was einerseits zwar als Ziel- und Endpunkt der menschlichen Selbsttransformation gedacht wird, andererseits allerdings außerhalb des menschlichen Erfahrungshorizonts im Bereich des Transzendenten zu verorten ist, mit der menschlichen Sprache beikommen zu wollen. Letztlich bleibt es eine bloße Vermutung, eine wackere Hoffnung, dass wir dann nicht zu einem bösen Dämon, sondern wie Pico della Mirandola selbst sagt, tatsächlich »der Gottheit voll, nicht mehr wir selbst, sondern der sein [werden], der uns geschaffen hat« (1990: 25).

Zahlreiche Transhumanist*innen, die sich häufig auf Pico della Mirandolas Manifest des Humanismus berufen, können ihrer Vision nach einer durchweg kontrollierten Optimierung des Menschen hingegen nicht widerstehen und suchen – in dem Bewusstsein darum, dass sie an dieser Stelle eigentlich keine konkreten Aussagen treffen können – das posthumane Wesen mit einigermaßen spezifischen Attributen und Charaktereigenschaften vorzuzeichnen. Zwar bremsen sich einige wenige transhumanistische Denker wie etwa Nick Bostrom (2003: 494) in ihrer visionären Euphorie in Bezug auf das Posthumane, indem sie sich selbst daran erinnern, dass der jetzige Mensch das posthumane Wesen in etwa so gut zu imaginieren in der Lage sei wie der Schimpanse den Menschen 1.0. Doch transhumanistische Denker*innen (wie im Übrigen wieder Bostrom; 2013: 31 f.) stellen sich die Entwicklung des Menschen für gewöhnlich als eine kontinuierliche graduelle Steigerung konstitutiver Fähigkeiten und Kompetenzen vor, die irgendwann einen kategorialen Abgrund hin zum Posthumanen überspringt (der bei Pico della Mirandola zwischen dem himmlischen und dem göttlichen Wesen gelegen hatte). Auf dessen anderer Seite, im Bereich des Transzendenten also, scheint die Transformation des Menschen – ab hier eigentlich Posthumanisierung zu nennen – allerdings stetig weiterzugehen. Transhumanist*innen haben Pico della Mirandolas (sowie das kantische, das christliche usw.) Vertrauen in das nicht nur Unfassbare, sondern vor allem Wunderbare des Göttlichen verloren und begehen aus dem Drang größtmöglicher Kontrolle heraus einen Kategorienfehler, der darin besteht, dass sie mit menschlichen Kategorien auf etwas außerhalb der Reichweite menschlicher Erkenntnisvermögen zu schließen versuchen. In der transhumanistischen Reflexion wird das Posthumane eben nicht nur als Abstraktum, Metapher oder Denkfigur schlicht gesetzt, sondern in vielen transhumanistischen Ansätzen finden sich konkrete Beschreibungen des posthumanen Wesens.

Nebenbei stimmt es zwar, dass einigen Transhumanist*innen daran gelegen ist, den TH als post-anthropozentrischen Diskurs zu deuten: »Menschen werden nicht länger als Krone der natürlichen Welt angesehen oder als Entitäten, die sich kategorial von rein natürlichen unterscheiden, sondern sie werden als nur graduell verschieden von anderen natürlichen Wesen verstanden.« (Sorgner 2016: 67) Das mag auf manche transhumanistische Ansätze zutreffen, indem die Verbesserung ermöglichenden Eigenschaften und Kompetenzen nicht nur dem Menschen zugeschrieben werden. Auch Tiere und vielleicht sogar Pflanzen könnten in ein ›postanimalisches‹ bzw. ›postherbales‹ Zeitalter eintreten. Und dennoch eignen sich Vergleiche zwischen Mensch und Affe, wie sie Bostrom und andere vornehmen, sowie der transhumanistische Verweis insbesondere auf Pico della Mirandola als früher Vorläufer des TH nicht besonders, um die Behauptung zu untermauern, dass im transhumanistischen Denken der Mensch nicht mehr als ›Krone der Schöpfung‹ angesehen wird. Wenngleich nicht mehr als Endpunkt der Evolution, scheint dennoch nur der Mensch nach transhumanistischer Sicht der Dinge durch den Drang zur Selbsttranszendierung angetrieben, und nur aus dem Menschen, der dann auch andere Wesen dazu einlädt, sich an seine posthumane Seite zu gesellen, geht letztlich das posthumane Zeitalter hervor.

Fazit und Ausblick

Obwohl der TH viel am Menschen auszusetzen hat, kann oder mag er doch nicht so recht von dem Menschen lassen. Transhumanist*innen vertreten doch gerade die Position, dass die Rede von ›dem‹ Menschen, obwohl dieser baufällig, mangelhaft und überholungsbedürftig sein mag, immerhin angebracht ist und dass dieser Mensch sich ohne Frage auch von anderen Wesen und Alteritäten auf signifikante Weise unterscheide. So ist auch die Vision eines Posthumanen in der transhumanistischen Reflexion immer noch ein modifizierter und weiterentwickelter Mensch und kein post-menschliches Wesen. Die transhumanistische Reflexion ruht letztlich auf einer humanistischen Definition des Menschen, von der der TH nostalgisch nicht lassen mag, sondern die technologisch weiterzuführen er bestrebt ist. Hieraus ergeben sich, wie im zweiten Kapitel der vorliegenden Studie in aller Knappheit gezeigt worden ist, Herausforderungen hinsichtlich einer starken Vereinfachung, Passivierung sowie eines Kategorienfehlers unter dem Leitmotiv der Kontrolle. Kontrolle stellt – so scheint es – den implizit höchsten Wert (oder zumindest einen der höchsten Werte) im transhumanistischen Paradigma dar, um dessentwillen radikale Eingriffe in das menschliche Dasein gerechtfertigt werden. So offenbart sich der TH letztlich ganz als ›Kind seiner Zeit‹, als letzte Konsequenz der westlichen (und damit weißen, männlichen) und kapitalistischen Massengesellschaft.

Literaturverzeichnis

Bostrom, Nick, Why I Want to be a Posthuman When I Grow up, in: More, Max/Vita-More, Natasha (Hg.), The Transhumanist Reader. Classical and Contemporary Essays on the Science, Technology, and Philosophy of the Human Future, Wiley-Blackwell 2013, S. 28–53.

Bostrom, Nick, A History of Transhumanist Thought, in: Journal of Evolution & Technology, Heft 1.14, 2005, S. 1–25.

Bostrom, Nick, Human Genetic Enhancements: A Transhumanist Perspective, in: The Journal of Value Inquiry, Heft 37, 2003, S. 493–506.

Coenen, Christopher/Heil, Reinhard, Historische Aspekte aktueller Menschenverbesserungsvisionen, in: Kluge, Sven/Lohmann, Ingrid/Steffens, Gerd (Hg.), Jahrbuch für Pädagogik 2014, Menschenverbesserung – Transhumanismus, 2014, S. 35–49.

Herbrechter, Stefan, Posthumanismus. Eine kritische Einführung, Darmstadt 2009.

Loh, Janina (geb. Sombetzki), Trans- und Posthumanismus zur Einführung, Hamburg 2018.

More, Max, A Letter to Mother Nature, in: More, Max/Vita-More, Natasha (Hg.), The Transhumanist Reader. Classical and Contemporary Essays on the Science, Technology, and Philosophy of the Human Future, Wiley-Blackwell 2013, S. 449–450.

Pico della Mirandola, Giovanni, De hominis dignitate/Über die Würde des Menschen. Übersetzt von Norbert Baumgarten, hrsg. und eingeleitet von August Buck, lateinisch-deutsch, Hamburg 1990, S. 1–25.

Sorgner, Stefan Lorenz, Transhumanismus. »Die gefährlichste Idee der Welt«!?, Freiburg im Breisgau 2016.

Tirosh-Samuelson, Hava, Religion, in: Ranisch, Robert/Sorgner, Stefan Lorenz (Hg.), Post- and Transhumanism. An Introduction, Frankfurt am Main 2014, S. 49–71.

Young, Simon, Designer Evolution. A Transhumanist Manifesto, Prometheus Books 2006.

„Digitalisierte" Menschheit.
Eine kritische Spekulation – oder eine spekulative Kritik

Günter Franke

„Digitalisierung" ist medial zu einer vielzitierten Metapher geworden, die geradezu magische Versprechen für die Zukunft bereithält. Der Begriff ist in den Medien häufig eine Art Oberbegriff für alles, was mit moderner IT-gestützter Technik verbunden wird. Was genau dahinter steckt, vor allem technisch, ist den meisten Menschen nicht oder nur wenig bekannt. Daraus kann zum einen Zukunftsangst entstehen, zum anderen aber auch überschäumender Technikoptimismus, beides ist derzeit medial beobachtbar.

Triebfeder für Digitalisierung ist wirtschaftliche Expansion (Wachstumsprinzip) und intendierte Vorherrschaft. Es findet z. B. ein internationaler Wettbewerb um die Führung in der Entwicklung sog. künstlicher Intelligenz (KI) statt. Im Kern geht es dabei vor allem um den Einsatz „intelligenter"[1] Werkzeuge für den Menschen, die dessen Leistungsfähigkeit in der Arbeitswelt ergänzen, und um Generierung hochtechnischer Anwendungen für neue Ökonomiefelder mit hohem wirtschaftlichem Potential.

Die Entwicklung erfolgt bislang zum großen Teil unreguliert und unreflektiert unter Inkaufnahme resultierender Technikfolgen und Risiken. Diese sollten aber schon vor einer weitläufigen Anwendung so gut wie möglich analysiert und bei der Entwicklung berücksichtigt werden, insbesondere wenn sie, wie hier, erwartbar gravierenden Einfluss auf große Teile der Menschheit haben.

1. Digitalisierung heute

Das Wort „Digitalisierung" ist ein Begriff aus der Informatik und bezeichnet im eigentlichen Wortsinn die Umformung von analogen Werten in digitale Formate. Längst aber ist es Bestandteil der deutschen Alltagssprache geworden mit eher unscharfer Bedeutung.

Vielen Menschen bekannt oder vertraut sind digitale Anwendungen im Internet und Mobilfunknetz wie z. B. die sog. „sozialen Medien" (weltweite Kommunikationsplattformen, mit Teilnahme von derzeit mehr als der Hälfte der Menschheit),

---

[1] Maschinelle Intelligenz, zu unterscheiden von menschlicher Intelligenz.

„E-Commerce" (weltweiter Online-Handel mit Waren und Dienstleistungen), „E-Government" (Verwaltungsprozesse papierlos und online), „(E-)Games" (hochtechnische Anwendungen aus der Spiel- und Unterhaltungsbranche). Schon lange in kontinuierlicher Entwicklung begriffen, aber weniger im Medieninteresse ist die weitgehende Automatisierung der Produktion von Gütern, seit einiger Zeit auch die von Dienstleistungen. Weitgehend verborgen vor der Öffentlichkeit ist die Entwicklung maschineller und (teil-)autonomer Kriegsführung (u. a. mit Drohnen und Kampfrobotern). Für viele Menschen nahezu unheimlich ist die Existenz eines sog. Darknet[2], in dem Menschen bewusst den Zugang zum Internet technisch verschleiern, um spezielle Geschäfte zu tätigen, darunter solche mit kriminellem Hintergrund wie z.B. Waffengeschäfte oder mafiöse Finanzierungen. Auch politische Untergrundaktivtäten werden vielfach über das Darknet organisiert.

Politisch-wirtschaftlich wird „Digitalisierung" heute als Epoche kommuniziert, mit ähnlichem Gewicht wie die industrielle Revolution in den zurückliegenden Jahrhunderten. Die Entwicklung schreitet rasch voran. Die neue und aufstrebende Weltmacht China gibt derzeit das Tempo vor bezogen auf die Nutzung in der Gesellschaft. Sie plant und implementiert bereits die totale Durchdringung der gesamten Lebenswelt der chinesischen Bevölkerung mit IT und KI.

Technologischer Hintergrund
Digitalisierung heißt: etwas Analoges in Diskretes umformen (zeitlich, örtlich, wertmäßig) und zwar so, dass das Diskrete eine reproduzierbare inhaltliche Beziehung zum Analogen aufweist. Die technische Diskretisierung ist eine Annäherung an die Wirklichkeit, keine vollständige Repräsentation. Die Diskretisierung erfolgt i. d. R. so, dass sie am jeweiligen Nutzen ausgerichtet ist und damit an den möglichen Schnittstellen zwischen den beteiligten Objekten und Systemen.

Ist (wie üblich) der Mensch ein Nutzer, sind technische Schnittstellen an den „biologischen Schnittstellen" des Menschen ausgerichtet, also an der menschlichen Sensorik (optisch, akustisch, haptisch). Infolge hoher Prozessgeschwindigkeit und Genauigkeit sind digitale Systeme in der Lage, die natürlichen biologischen Schranken der menschlichen Sensorik und der biologisch-neuronalen Signalverarbeitung

---

[2] Engl.: dunkles Netz, Teil des normalen Internet mit spezieller Organisation bzgl. Zugang und Datenverschlüsselung.

auszunutzen (d. h. zu übersteigen) und dem Menschen dadurch medial eine quasianaloge Wirklichkeit zu präsentieren.

Die technisch erfassbare Welt inkl. der Menschheit wird nach und nach in informationstechnischen Systemen „digitalisiert". Es werden dabei vor allem alle natürlichen und künstlichen Objekte erfasst, die für die Aktivität und Interaktivität der Menschheit von Belang sind. Von großer Bedeutung ist dabei die lokale wie globale Vernetzung der IT-Systeme, da auf diese Weise ein globales digitalisiertes Abbild der Wirklichkeit entstehen kann.

Ermöglicht wird dies durch die rasante Entwicklung der Informationstechnologie. Das Potential der „Hardware" der IT-Systeme wächst kontinuierlich. Ein IT-System kann schon heute Signale schneller verarbeiten als dies auf neuronaler Ebene in einem biologischen Gehirn erfolgt. Es kann eine sehr große Menge an Information speichern und sicher abrufen, mehr wahrscheinlich als ein Gehirn[3] bei ähnlichem Raum- und Energiebedarf. Die Rechenleistung ist wesentlich höher (Genauigkeit, Schnelligkeit), IT-Prozesse sind zudem (bislang) zuverlässig reproduzierbar.

Dennoch bleibt der Mensch vorerst und wahrscheinlich noch sehr lange das Maß für Fähigkeit und Intelligenz, vor allem hinsichtlich sozialer und emotionaler Fähigkeiten wie Empathie, Intuition und Kreativität. Spontanes Bewusstsein erlangt eine Maschine bisher nicht. Humanoide Systeme erreichen bislang auch nur geringe körperliche Geschicklichkeit.

Die Leistungsfähigkeit der IT-Systeme beruht vor allem auf der „Software". Diese ist sozusagen der Motor der Systeme und hat in den zurückliegenden Jahren enorme Fortschritte erlangt. Heute ist ein Software-Programm nicht mehr nur eine simple Abfolge von einfachen prozeduralen Befehlen. Durch neue Konzeptionen wie z. B. die sog. Objektorientierte Programmierung oder Neuronale Programmierung (neuronale Netze, neuromorphe Systemstrukturen) sowie u.a. durch neue Managementmethoden in der Entwicklung wurde die Umsetzung auch komplexer Aufgaben ermöglicht.

So gelang es u. a. im Zuge der Objektorientierung, die Abbildung von Objekten der Wirklichkeit in einem IT-System erheblich transparenter und flexibler zu gestalten. Softwaretechnische Objekte umfassen Modelle realer Objekte, konkreter oder abstrakter, mit ihren Eigenschaften und Fähigkeiten („Funktionen"). Die Kommu-

---

[3] Speicherkapazität des Gehirns bislang nicht genau bekannt, schwer vergleichbar, da analog arbeitend.

nikation eines solchen softwaretechnischen Systems mit der äußeren Umwelt über technische Schnittstellen ermöglicht u. a., dass ein menschlicher Nutzer imstande ist, mit einem Objekt in einem IT-System in Kontakt zu treten. Er kann z. B. Aktivitäten anstoßen oder audiovisuell kommunizieren, auch unabhängig von geografischer Distanz über Netzwerke. Der Mensch hat auf diese Weise die Möglichkeit, über technische Sensorik und Aktorik in virtuelle Räume eines Digitalsystems sozusagen einzutreten und dort mit den Objekten zu interagieren, auch mit solchen, die menschliche Stellvertreter („Avatare") repräsentieren. Derartige Möglichkeiten werden unter den Begriffen virtuelle (VR) und angereicherte Realität (ER) subsummiert und sind schon im Einsatz für digitale Spiele oder industrielle Zwecke.

Aktuelle Nutzung und Folgen - phänomenologisch

Bislang erlebt der Mensch die Digitalisierungsepoche vor allem als Nutzer von Computern und mobilen IT-Systemen. Digitalisierung umfasst aktuell vor allem den Einsatz von IT-Systemen zur weltweiten Kommunikation und sozialen Koordinierung, zur Koordinierung menschlicher Aktivität vor allem im industriellen und kommerziellen Bereich, zur Unterstützung als komplexes Werkzeug für Produktionsprozesse oder als Hilfsmittel im privaten Bereich. Die bisherige Entwicklung war vor allem geprägt von Faszination und Begeisterung über neue Möglichkeiten im sozialen und wirtschaftlichen Zusammenwirken von Menschen.

Inzwischen führt die massenhafte Nutzung der globalen Kommunikations- und Interaktionsmöglichkeiten merklich zu relevanten sozialen und sozioökonomischen Veränderungen in der Gesellschaft. Die Wirkungen und Folgen sind teilweise komplex und wenig transparent, die Kausalität der Zusammenhänge ist teilweise nur schwer nachvollziehbar. Das Ganze trägt Züge einer Art Metamorphose der Menschheit.

Wir erleben ein „mediales Feuer", wir werden mit Informationen und Daten geradezu überhäuft (Daten-Hysterie). „Big Data" ist dabei eine Metapher für die Generierung immenser Daten- und Informationsmengen. Sie steht gleichermaßen für die Faszination globalen „Weltwissens" wie für die Angst vor der massenhaften Sammlung von Daten und Information nicht nur über Objekte sondern über Menschen - verbunden mit der Möglichkeit und längst schon praktizierten Profilierung von Individuen zum Zwecke der Beeinflussung bzgl. Konsum, Politik, Sicherheit etc.

Vor allem durch die sog. „sozialen Medien", in denen sich die Hälfte der Weltbevölkerung freiwillig mit subjektiven Informationen präsentiert, wird der Mensch nahezu „gläsern". Er kann darüber kontrolliert und beeinflusst werden, zum Teil unbemerkt oder unbewusst. In China wird solch eine Kontrolle und Beeinflussung derzeit flächendeckend ausgebaut zu einem Social Credit System (SCS). Dafür werden nicht nur Daten und Informationen aus den sozialen Medien systematisch gesammelt, sondern u. a. auch Personen im öffentlichen Raum detektiert (Kameras), das Einkaufsverhalten erfasst (mit Tags[4] an gekauften Produkten) oder das gesundheitliche Verhalten protokolliert.

Die hohe Komplexität und Vernetzung von Hintergrundmechanismen der IT-Welt führen zu Intransparenz für den menschlichen Nutzer. Selbst übliche Suchmaschinen im Internet gaukeln ihm eine vermeintlich neutrale Fähigkeit für das Suchen und Finden von Information nur vor. Suchergebnisse werden i. d. R. interessengeleitet präsentiert und sind nicht mehr neutral und objektiv.

Komplexität, Intransparenz und inhärente Virtualisierung führen zu einem zunehmenden Vertrauensverlust. Herkunft und damit verbunden Wahr-/Wirklichkeitsgehalt von Information sind kaum oder nicht mehr nachprüfbar (wachsender „Fake[5]-Verdacht"). Selbst Bilder oder Videos sind inzwischen fälschbar und die Fälschung ist nur sehr schwer oder gar nicht festzustellen. Menschen sind vor allem auf ihre Intuition und aufwändige Recherche angewiesen, um Informationen Glauben zu schenken. Zunehmend prägt dies auch das soziale Verhalten in den Medien selbst, es bilden sich häufig sog. „Filterblasen" oder „Echokammern", die auf Nutzergemeinden zugeschnittene, spezifische Informationen oder Nachrichten anbieten, so dass auf Dauer nur noch Gleichgesinnte miteinander kommunizieren. Selbst die junge Generation der sog. „Digital Natives" wird demgegenüber offenbar zunehmend skeptischer.

2. Wie geht es weiter (Zukunft)?

Ausgehend von diesem Stand der Dinge möchte ich einen spekulativen Blick in die gegenwärtige Zukunft wagen - als Extrapolation der bisherigen Entwicklung, auf Basis von medial zugänglichen Fakten und Prognosen sowie Annahmen und Thesen ohne expliziten wissenschaftlichen Nachweis.

---

[4] Engl.: Label zur Identifikation.
[5] Engl.: Fälschung, Schwindel, Täuschung.

Dabei gehe ich vereinfachend davon aus, dass das bisherige kapitalistische Wirtschaftssystem mit dem inhärenten Wachstumsziel, dem globalen Wettbewerb und den derzeitigen geltenden Rahmenbedingungen u. a. dem herrschenden Ethik-Gebäude zunächst kontinuierlich fortgesetzt wird. Über den Zeitraum lässt sich auf Grund weltweit stark differierender politischer, wirtschaftlicher und technologischer Entwicklungsstände und umweltlicher Einflüsse keine sinnvolle Vorhersage treffen. Er kann von wenigen Jahrzehnten bis zu mehr als einem Jahrhundert reichen.

These (Teil 1): IT und KI werden zum allumfassenden und bestimmenden Alltagsbegleiter

Die Zukunft des Menschen wird mittelfristig weiterhin und zunehmend geprägt sein durch eine technische Umgebung mit wachsender Leistungsfähigkeit und technischer Intelligenz. Die Maschine wird zum Alltagsbegleiter des Menschen. Einerseits profitiert er von ihr, andererseits wird er nach und nach praktisch von ihr abhängig und die Maschine wird zu einer Art Konkurrenz.

Die Systeme werden zunächst als sehr „smarte" Werkzeuge und Hilfsmittel zur Optimierung menschlicher Aktivität daherkommen. Informationstechnische Systeme dienen dabei der Unterstützung menschlicher Intelligenz und Arbeitskraft, insbesondere dort, wo diese für die jeweils aktuelle Anforderung funktionell nicht mehr ausreicht oder ökonomisch ungenügend wird.

Nach und nach werden technische Systeme dann den Menschen in vielen wirtschaftlichen und gesellschaftlichen Bereichen zumindest teilweise ersetzen. In der Fortschreibung dieser Entwicklung können menschliche Intelligenz und Fähigkeit möglicherweise ihre heutige, vor allem wirtschaftliche Bedeutung verlieren oder – bei optimistischer Sicht – eine ganz andere erhalten. Die Menschheit wird zukünftig ohne IT und KI als Hilfsmittel nicht mehr überleben können, z. B. für die Abwendung von (häufig selbstverschuldeten) Katastrophen in der natürlichen Umwelt oder zur Versorgung der bedrohlich wachsenden Bevölkerung der Erde.

KI, die heute fortschrittlichste Technologie, wird häufig unterschieden in sog. schwache und starke KI, ohne strenge Definition der Begriffe[6]. Schwache KI ist bereits vielfältig im Einsatz: in vielen technischen Geräten mit unterschiedlicher Ausprägung. Systeme mit schwacher KI sind hinsichtlich bestimmter Aufgaben

---

[6] Begriffe geprägt von John Searle, 1980 [5].

und Anforderungen leistungsmäßig dem Menschen überlegen. Sie können riesige Datenmengen in kurzer Zeit verarbeiten, sie haben eine überlegene Reaktionsfähigkeit (Millisekunde ... Mikrosekunde), sie können mechanisch exakt arbeiten (Millimeter ... Mikrometer), sie sind praktisch ermüdungslos, sie sind teilweise resistent gegen Gefahren und Risiken (Kriegseinsatz, Katastropheneinsatz) etc. Schwache KI basiert häufig noch auf (sehr schnellen) prozeduralen Algorithmen, heute immer mehr auf digitalen neuronalen Netzen und Statistik-Methoden vor allem zur Mustererkennung inkl. der Möglichkeit zum Selbstlernen. „Deep Learning" ist eine KI-Methodik dieser Art. Sie basiert auf neuronalen Netzen und wurde so leistungsfähig realisiert[7], dass sie in den Spielen Schach und GO unbesiegbar ist. Sie ist in der Lage, Spiele durch Training selbst zu erlernen.

Starke KI ist derzeit noch in Entwicklung begriffen und hat gegenwärtig eher den Zustand von „künstlicher Naivität". Künftig aber soll sie in vielen Einsatzdomänen sehr viel leistungsfähiger werden als ein Mensch. Entscheidend dabei ist spontane Lernfähigkeit und Autonomie, die zu einer Art Selbstentwicklung des Systems führt. Für bisherige Maschinen, die im Wesentlichen auf Algorithmen basieren, die von Menschen geprägt wurden, wäre dies eine entscheidende Erweiterung.

Der Einsatz eines solchen KI-Systems birgt enormes Potential, aber auch hohes Risiko für den Menschen. Wenn das System autonom handelt und lernfähig sowie selbstmodifizierend ist, kann die Kausalität für die Handlung - anders als bei einer programmierten, prozeduralen Maschine mit vorgegebenen Algorithmen - nicht mehr umfänglich vom Menschen kontrolliert, evtl. nicht mal mehr inspiziert werden. Ergebnisse wären dann nicht mehr sicher interpretier- und reproduzierbar. Der Mensch könnte der Maschine zwar Ziele vorgeben und Regeln diktieren, aber er könnte nicht mehr sicher sein, ob und wie sie diese Ziele erreicht. Wir diskutieren heute ähnliche (eher einfache) Probleme der Autonomie bereits im Zusammenhang mit autonomer Mobilität (Auto, Drohne, Schiff etc.) und den damit verbundenen rechtlichen und moralischen Konsequenzen. Eine komplexe starke KI würde diesbezüglich möglicherweise unlösbare Dilemmata hervorrufen.

These (Teil 2): Der Mensch wird technisch „angereichert" und zum Objekt
Der Mensch gerät zunehmend in einen (zumindest wirtschaftlich) existentiellen Wettbewerb mit IT- und KI-Maschinen hinsichtlich seines Leistungsvermögens. Er

---

[7] Alpha Go von Google Deepmind USA.

wird daher freiwillig oder erzwungen auf biologisch-technischem Weg versuchen, seine Fähigkeiten zu erweitern und, wenn möglich, Beschränkungen aufzuheben, um in einer mit technischer Intelligenz durchsetzten Umwelt als Nutzer oder Kooperationspartner möglichst lange mithalten zu können. Der Mensch wird zu einem Objekt der Optimierung. Das geschieht schon heute, wenngleich noch in eher geringem Ausmaß. Perspektivisch erfordert diese Entwicklung ständige Anpassung u. a. mit lebenslangem Lernen und volatiler Berufsbiografie. Sie wird zu diversen mehr oder weniger starken Ausprägungen von einer Art technologisch-wirtschaftlichem Transhumanismus [8] führen: Es wird immer mehr technisch-biologisch ausgestattete Menschen geben[9], der Mensch wird um technische Sensorik, Systeme und Schnittstellen am oder im Körper „erweitert".

Vorstufen davon kann man heute schon betrachten: das textliche oder bildhafte Auslagern von Gedächtnisinhalten auf mobile Geräte (Smartphone, Tablet, etc.), die Orientierung durch Navigationsgeräte, die Erfassung medizinischer Daten mit sensorbestückten Uhren, VR-Brillen zum Erleben von virtueller Welt oder ER-Brillen zur künstlichen Anreicherung der realen visuellen Umwelt.

Sensorik am und zukünftig evtl. im Körper ermöglicht eine zeitlich-räumliche Kontrolle menschlicher Aktivität sowie eine Erfassung des medizinisch-biologischen und teilweise auch des psychischen Zustands. Das kann genutzt werden für freiwillige oder auch wirtschaftlich erzwungene Optimierung natürlicher Fähigkeiten oder Verhaltensweisen des Menschen. Der Mensch wird zum Objekt: in Arbeitsprozessen werden z. B. Handbewegungen von Mitarbeitern mit Sensorarmbändern zur Kontrolle und Optimierung[10] erfasst, Versicherungen knüpfen Art und Umfang der Versicherung an das (digital erfasste) gesundheitliche Verhalten der Kunden[11], etc.

These (Teil 3): Der Mensch wird teilweise verdrängt

Es ist anzunehmen, dass nach und nach menschliche Aktivität durch schnellere und genauere, rein rationale (emotionslose) künstliche Mechanismen und Informationssysteme ersetzt werden, zunächst in einzelnen Arbeits- und Wissensgebieten, später dann in vielen Bereichen der menschlichen Gesellschaft.

---

[8] Sozusagen beiläufig, hier nicht als gezielte philosophische Bewegung zu verstehen.
[9] Parallel erfolgt evtl. medizinische/genetische/pharmazeutische Anreicherung.
[10] Z.B. Amazon/USA hat ein diesbezügliches Patent angemeldet [1].
[11] Bereits z.T. auf freiwilliger Basis eingeführt mit finanziellen Vorteilen für Nutzer.

Natürlich beschränkte Fähigkeiten des Menschen, ausgeprägte subjektive Eigenschaften, Wissensbegrenzung sowie starke Emotionen werden in ferner Zukunft möglicherweise nicht mehr toleriert. Wenn das herrschende ökonomische System fortgeschrieben wird, spricht alles dafür, dass der Mensch in (ferner) Zukunft wirtschaftlich und funktional als zu ineffektiv und ineffizient bewertet werden wird. Die Entwicklung dahin wird schleichend vonstattengehen. Angesichts des massiven Vordringens von Maschinen werden sich die betroffenen Menschen aber nach und nach der Folgen bewusst werden. Sie werden vermutlich die Entwicklung auf diversen Wegen aufzuhalten versuchen, wie es auch in der Zeit zunehmender Automatisierung im vergangenen Jahrhundert der Fall war. Es ist allerdings zweifelhaft, ob die Entwicklung dadurch wirksam beeinträchtigt wird.

Eine solche Entwicklung führt in eine Art von technologisch-wirtschaftlichem Posthumanismus[12]: zu einem zumindest teilweise verdrängten Menschen. In einer Übergangszeit (einige Jahrzehnte) wird die Entwicklung von schwacher und starker KI noch in hohem Maße menschliche Arbeitskraft erfordern, mit spezieller Kompetenz, vorwiegend akademisch ausgebildet und/oder umgeschult aus bisherigen Berufen. Als Konsequenz kommt es andererseits zu Einkommensdumping und/oder Arbeitsplatzverlust[13] in dem Teil der Bevölkerung, der nur über geringe Qualifikationen verfügt.

KI wird nach und nach auch umfänglich in Fachgebieten eingesetzt werden, die bislang als sichere Domäne von Menschen angesehen werden, wie z. B. in der Medizin, in der Psychologie, im Rechtswesen, im Management etc. KI wird zunächst „intelligente" Hilfsmittel liefern, später aber auch Ärzte, Psychologen, Juristen und Manager ersetzen oder zumindest große Arbeitsbereiche von ihnen übernehmen.

Dann bleiben dem Menschen vermutlich nur noch Arbeits- und Aktivitätsbereiche, in die KI-Systeme nur wenig vordringen können. Dies werden vor allem soziale, zwischenmenschliche Aktivitäten sein, die ein KI- System infolge mangelnder echter Emotion und Empathie nicht oder nicht gut ausfüllen kann, vor allem in der Dienstleistungsbranche. Es ist fraglich, ob Systeme durch Emulation, z. B. menschlicher Empathie, jemals soziale Aktivitäten sinnvoll übernehmen können, auch wenn es primitive Beispiele und Entwicklungen dazu schon gibt („Pflegeroboter").

---

[12] Sozusagen beiläufig, hier nicht als gezielte philosophische Bewegung zu verstehen.
[13] Veröffentlichte Prognosen zu Abschaffung oder Ersatz von Arbeitsplätzen differieren sehr stark, u. a. abhängig von Annahmen über künftige gesellschaftliche Rahmenbedingungen [2,4].

3. Fazit

Die Durchdringung der gesamten menschlichen Welt mit maschinell immer intelligenteren technischen Systemen wird kommen, hat z.T. schon begonnen. Diese Digitalisierung ist unaufhaltsam, denn sie birgt enormes ökonomisches, wissenschaftliches und Unterhaltungs-Potential. Sie wird für die Menschheit wahrscheinlich (über)lebenswichtig.

Die Menschen müssen rechtzeitig vorbereitet sein auf die kommende allumfassende „Digitalwelt". Sie benötigen Mündigkeit („Digitalkompetenz") im Umgang mit maschineller Intelligenz und Fähigkeit. Der Mensch wird wahrscheinlich in seinem bisherigen Selbstverständnis nachhaltig verändert. Viele alte und neue Fragen zur Beziehung zwischen Lebendigem und Technischem werden aufkommen, wenn Menschen immer mehr im engen Kontakt mit nichtbiologischen „Intelligenzen" zusammenleben.

Politik, Wissenschaft und Wirtschaft müssen die möglichen Risiken, Gefährdungen und möglichen Folgen rechtzeitig erkennen[14]. Sie dürfen sie nicht ignorieren oder beschwichtigen. Politik muss mittel- bis langfristig ein verändertes Wirtschaftsmodell finden und etablieren. Das bisherige kann einer digitalisierten Menschheit aus humanistischer Sicht nicht mehr gerecht werden.

Auch die Philosophie muss sich konkret mit der zukünftigen, technisch dominierten Realität auseinandersetzen und diesbezüglich zu Wort melden. Wir brauchen z. B. intensive Diskurse über die Ethik des Einsatzes von maschinell intelligenten Systemen, über die generelle Möglichkeit und Art maschineller Intelligenz, über den Sinn humanoider KI-Systeme, über die Beziehung zwischen Mensch und Maschine, über virtuelle Unsterblichkeit etc. Auch philosophische Grundsatzfragen sind konkret bezüglich möglicher Folgen solcher Entwicklung zu diskutieren, wie z. B. die kantische Frage: Was darf ich (als Mensch noch) hoffen?

Wir sind noch am Beginn der Entwicklung. Es ist noch Zeit für Reflexion und sinnvolles Handeln. Allerdings scheinen der technologische Fortschritt und seine gesellschaftliche Anwendung schneller zu laufen als wir gemeinhin annehmen.

---

[14] In Deutschland sollen dies derzeit politisch u.a. nationaler Digitalrat, Ethikrat sowie eine Enquete-Kommission des Bundestages leisten.

Medien / Literatur

[1] http://www.freepatentsonline.com/20170278051.pdf

[2] Makroökonomische Effekte künstlicher Intelligenz, LBBW Sept. 2017, Dr. Guido Zimmermann (senior economist)

[3] D21 Digitalindex 2017/2018, Initiative D21 e.V. 2018

[4] QECD Social, Employment and Migration Working Papers No. 202, Automation, skills use and training, März 2018, Ljubica Nedelkosa and Glenda Quintini

[5] „Minds, Brains, and Programs" from The Behavioral and Brain Sciences, vol. 3. Copyright 1980 Cambridge University Press

Wie wollen wir leben und welche Technologien brauchen wir dafür? – Fiktionen als hypothetische Vorwegnahme der zukünftigen Welt und Technik

Michael Kuhn[1]

1 Hinführung

In den Technik- und Ingenieurwissenschaften geht es primär um die Kreation neuer Artefakte und Prozesse. Diese neuen Technologien werden durch Akte der Antizipation erfasst. In meiner Wahrnehmung stehen deshalb nicht realisierte Artefakte und Prozesse im Zentrum der Ingenieurwissenschaften, sondern Ideen und Visionen möglicher Technologien.[2] Kurz: Technik nicht als Fakt, sondern als Fiktion. Dies ist eine Perspektive, die mir in der Literatur deutlich zu kurz kommt – und zwar sowohl in den Technik- wie auch den Geisteswissenschaften.[3] Der vorliegende Beitrag knüpft an verschiedene Vorgängerarbeiten an (Kuhn 2015, Kuhn 2017), die in diesem Themenfeld verortet sind. So hat sich in der Diskussion nach meinem Vortrag auf der Tagung *APHIN II – Welt der Artefakte* (2016) gezeigt, dass unklar war, warum gerade der Fiktionsbegriff gewählt wurde, um die Natur technischen Schaffens zu explizieren.[4] Entsprechend wird dieses Grundthema hier noch einmal aufgegriffen und deutlich breiter entwickelt. Zu Beginn erinnere ich an einige zentrale Erkenntnisse aus der Fiktionstheorie und zeige anschließend, dass das Konzept der Fiktion sich in besonderem Maße als Modell für den technischen Schaffensprozess eignet. Anschließend wird argumentiert, dass Fiktionen technischer Artefakte nur in Wechselwirkung mit gesamtgesellschaftlichen Visionen angemessen verstan-

---

[1] Technische Universität München, Lehrstuhl für Systemverfahrenstechnik, Kontakt: michael.kuhn@tum.de.
[2] ‚Technikwissenschaften' und ‚Ingenieurwissenschaften' wie auch ‚Technik' und ‚Technologie' werden hier weitestgehend synonym verwendet.
[3] Hubig et al. (2013) verweisen in ihrem Überblick zwar auf eine Reihe von technikphilosophischen Werken, die sich mit dem „Erfinden und Gestalten" befassen (S. 46). Ein Blick in die Originaltexte zeigt jedoch, dass die genauen Mechanismen dabei kaum thematisiert werden. Eine rühmliche Ausnahme stellt Posers *Homo Creator* (2016) dar, wo der gedanklichen Vorwegnahme neuer Technologien eine zentrale Rolle eingeräumt wird.
[4] Die Darstellung von Technik in ästhetischen Fiktionen wurde verschiedentlich thematisiert, vgl. z.B. Braun (1997 b); der technische Schaffensprozess selbst wurde meines Wissens vor den im Haupttext zitierten Arbeiten dagegen nirgends als fiktionale Tätigkeit modelliert und ausgearbeitet.

den werden können. Zuletzt zeige ich die Fruchtbarkeit des gewählten Ansatzes für eine moralische Bewertung technischer Entwicklungen und unterstelle, dass es sich hierbei um eine wertvolle Perspektive für weitere interdisziplinäre Analysen der Technikwissenschaften handelt.

2 Nachdenken über Fiktionen

Bertrand Russell schreibt im *Postscript* seiner Autobiographie: „I have lived in the pursuit of a vision, both personal and social. Personal: to care for what is noble, for what is beautiful, for what is gentle [...] Social: to see in imagination the society that is to be created, where individuals grow freely, and where hate and greed and envy die because there is nothing to nourish them." (Russell 1975, S. 702) Russell spricht von „vision" als einer Antizipation seines persönlichen Lebens wie der sozialen Welt. In Bezug auf die soziale Welt sieht er in seiner Vorstellung („imagination") eine „society that is to be created". Wichtig ist mir hier ein anthropologischer Punkt: Menschen im Allgemeinen, nicht nur Bertrand Russell, verfügen über die erstaunliche Fähigkeit, sich die Welt anders vorzustellen, als sie ist. Robert Musil nennt dies an einer bekannten Stelle in seinem *Der Mann ohne Eigenschaften* „Möglichkeitssinn" (Kap. 4). In der Philosophie ist die Rede von „counterfactuals" und „possible worlds" (Lewis 1973; Kripke 1980). Ernst Bloch fasste solche Vorstellungen bekanntermaßen als „Utopien" (Bloch 1959), ebenso tat dies – jedoch weit weniger prominent – Georg Picht (1992). In der Kognitionspsychologie prägte vor einigen Jahren Ruth Byrne den Begriff „rational imagination" für Vorstellungen von der Welt, die rational, hier im Sinne von realistisch bzw. möglich, aber nicht real sind (Byrne 2005).

All dies thematisiert mit unterschiedlichen Schwerpunktsetzungen, die menschliche Fähigkeit, sich alternative Weltzustände vorzustellen. Die längste Tradition und breiteste Basis hat diese Fähigkeit jedoch in Fiktionen und der zugehörigen theoretischen Reflexion. So schrieb bereits Aristoteles in seiner Poetik: „Denn der Geschichtsschreiber und der Dichter unterscheiden sich nicht dadurch voneinander, daß sich der eine in Versen und der andere in Prosa mitteilt [...], sie unterscheiden sich vielmehr dadurch, daß der eine das wirklich Geschehene mitteilt, der andere, was geschehen könnte." (Poetik, Kap. 9)

Im Vorübergehen möchte ich an Hans Vaihingers *Philosophie des Als Ob* erinnern, die eine breit angelegte Fiktionstheorie im Geiste des Neukantianismus darstellt

(Vaihinger 1911). Vaihinger betonte den Nutzen kontrafaktischer Vorstellungen, die er ebenfalls Fiktionen nannte. Er identifizierte solche Vorstellungen in den verschiedensten Lebensbereichen, etwa in Wissenschaft, Religion und Recht, und überschritt damit schon weit den Bereich rein ästhetischer Fiktionen. Mit seinem Buch *Das Fiktive und das Imaginäre* (1991) prägte Wolfgang Iser nachhaltig die Fiktionsdiskussion im deutschsprachigen Raum. Zwischen die einfache Opposition von Wirklichkeit und Fiktion schiebt er die vermittelnde Instanz des Imaginären. Wichtig in unserem Kontext ist jedoch, dass auch Iser den Wirklichkeitsgehalt von Fiktionen betont und sie als umarrangierte Versionen „der Welt" auffasst (Iser 1991, S. 24-30). Hieran knüpfte vor einigen Jahren der Literaturwissenschaftler und Leibniz-Preisträger Albrecht Koschorke an. In *Wahrheit und Erfindung* (2012) heißt es: „Erzählen erprobt Möglichkeiten der Ereignisverkettung", Alternativen würden durchgespielt. Erzählen sei daher eine „Schulung des Möglichkeitssinnes" (Koschorke 2012, S. 214) – hier kann man sich wieder an Musil erinnern und es geht abermals um kontrafaktische, jedoch mögliche Weltzustände. In demselben Buch werden auch Fiktionen thematisiert, die die Zukunft betreffen: „Zukunftsfiktionen". Zukunft wird dabei als plastisches Medium gesehen und utopisch oder apokalyptisch interpretiert, je nachdem, ob sich darin primär Wünsche oder Ängste niederschlagen (Koschorke 2012, S. 230-231).

Gerade die zeitliche Dimension von Fiktionen in der Form von kontrafaktischen Rekonstruktionen der Vergangenheit bzw. Projektionen in die Zukunft hat in den letzten Jahren über die Literatur- und Kunsttheorie hinaus eine breite Resonanz erfahren. Ich möchte hier auf die Analysen des Soziologen Jens Beckert hinweisen, der ebenfalls mit dem Leibniz-Preis ausgezeichnet wurde. Beckert untersuchte die Rolle von Fiktionen und Zukunftsvorstellungen im Kapitalismus (Beckert 2016). In einem Interview illustrierte er dies durch ein einfaches Beispiel: „[…] ich stelle mir […] vor, wie doch mein Leben wäre, wenn ich dieses iPhone X jetzt in meiner Hand hätte. Es ist diese Vorstellung, diese fiktionale Erwartung, die mich motiviert, möglicherweise eben doch irgendwie zu sehen, dass ich das Geld dafür zusammen bekomme, um mir dieses Gerät zu kaufen."[5]

An dieser Stelle möchte ich auch auf die Arbeit des APHIN-Mitglieds Julia Fuchte aufmerksam machen. 2012 hat Fuchte die Erstfassung eines Romans vorge-

---

[5] https://www.deutschlandfunkkultur.de/zukunftsvisionen-in-der-wirtschaft-wie-fiktionen-den.990.de.html?dram:article_id=422285 (Stand: 31.12.2018).

legt, den sie als *Social Fiction* beschreibt; er trägt den Titel *Kiaras Kodenet*.[6] In diesem Roman lotet sie die Möglichkeiten von literarischen Zukunftsszenarien aus und betont deren Wichtigkeit für eine Transformation der Gesellschaft.

3 Fiktionen in der Technik

Die Fiktionstheorie wie auch konkrete Fiktionen scheinen also eine breite Basis zu liefern, um über kontrafaktische Weltzustände zu reflektieren und auch Fiktionen über die Zukunft zu thematisieren. Meine These ist nun, dass im Kern der Technik genau solche Fiktionen über die Zukunft liegen. Dass Zukunftsfiktionen beim Konzeptionieren und Entwerfen eine zentrale Rolle spielen, ist leicht zu zeigen. Technik treiben heißt, neue Artefakte und Prozesse hervorbringen. Neu sind Artefakte und Prozesse, wenn es sie so zuvor noch nicht gab. Die Hervorbringung beginnt also mit einer geistigen und mediengestützten[7] Antizipation.[8] Oder um noch konkreter zu werden: Technische Aufträge werden meist durch Lasten- und Pflichtenhefte dokumentiert. Dabei wird laut Richtlinie ein Ist-Zustand festgestellt und ein Soll-Zustand definiert (VDI 2519). Der besagte Soll-Zustand ist gerade ein zukünftiger Weltzustand, der im Moment der Auftragserteilung noch kontrafaktisch und – in meiner Terminologie – eben fiktiv ist.

Dies ist jedoch keine rein subjektive Wahrnehmung. Günter Ropohl beschreibt technisches Schaffen etwa als „kognitive Antizipation der späteren Lösungsgestalt" (Ropohl 1996, S. 93). Besonders deutlich wird diese Sichtweise auch bei Yannick Julliard: „Technikentwurf ist aus erkenntnistheoretischer Sicht Zukunftsentwurf durch Einsatz des aktuellen Wissens. […] Technikentwicklung kann als Science-Fiction-Konzept angesehen werden" (Julliard 2003, S. 82). Zukunftsfiktionen werden ebenfalls im Feld der Technikbewertung bzw. Technikfolgenabschätzung explizit thematisiert, wobei der Fokus über die Ebene einzelner Artefakte hinaus auf ihre Folgen und Nebenfolgen erweitert wird. Günter Ropohl sagt z.B. über die Methode der „Szenario-Gestaltung" (VDI 3780), dass dabei „mögliche komplexe Zukunftszustände mit verbal-literarischen Mitteln ganzheitlich" beschrieben würden. „Ähnlich einem Drehbuch oder einer utopischen Erzählung repräsentiert das Sze-

---

[6] https://www.utopisch-wissen.de/wissensarbeit/zum-roman/ (Stand: 31.12.2018).
[7] Modelle (Handskizzen, technische Zeichnungen, Computermodelle, …) können als Medium der Technikentwicklung angesehen werden (Kuhn 2017).
[8] Isers Analysen entsprechend (vgl. Abschnitt 2) denke ich, dass dabei ganz wesentlich die bestehende Welt gezielt umarrangiert wird.

nario die in sich stimmige Antizipation eines Bündels aufeinander bezogener, zukünftiger Geschehnisse und Zustände, die unter explizit angegebenen Anfangsbedingungen eintreten können." (Ropohl 1996, S. 204)

Bisher habe ich nur illustriert, dass die Beschreibung technischen Schaffens als Fiktion einiges an Plausibilität für sich beanspruchen kann und sich auch mit den Wahrnehmungen anderer Autoren deckt. Es mag aufgefallen sein, dass der Begriff der Fiktion dabei noch nicht explizit definiert wurde. Dies ist im Wesentlichen damit zu begründen, dass sich keine einheitliche und unumstrittene Fiktionsdefinition in der Literatur findet. Unter Rückgriff auf die bisherigen Ausführungen möchte ich unter ‚Fiktionen' hier provisorisch folgendes verstehen: *Hypothetische Setzungen von möglichen – und ggf. zukünftig realisierten – Weltzuständen unter Rückgriff auf Bestehendes.* D.h. im Jetzt wird unter Rückgriff auf Vergangenes Mögliches ausgelotet. Aber in gut Popperscher Manier liegt mir nichts an Worten; je nach persönlicher Präferenz könnte man ebenfalls von „kontrafaktischem Denken" oder „Utopien" sprechen. Mit meiner Verwendung des Fiktionsbegriffs möchte ich v.a. den Anschluss an die entsprechenden Diskurse deutlich machen, die im letzten Abschnitt exemplarisch dargestellt wurden.

4 T- und W-Fiktionen

Bei der Diskussion technischer Fiktionen ist bereits angeklungen, dass Artefakte zu gesamtgesellschaftlichen Folgen führen, die das Thema der Technikfolgenabschätzung bzw. -bewertung sind. Weiterhin fließen gesamtgesellschaftliche Tendenzen und Wunschvorstellungen in die Konzeption und Konstruktion neuer technischer Artefakte ein. Ich mache daher den Vorschlag, Fiktionen technischer Artefakte und Prozesse im Entwurfs- und Konstruktionsprozess als T-Fiktionen zu bezeichnen und die zugehörigen Fiktionen, die die Welt im Ganzen betreffen, als W-Fiktionen. Hierbei steht ‚T' für ‚Technik' und ‚W' für ‚Welt', wobei W-Fiktionen überindividuelle Wunschvorstellungen einer erstrebenswerten Lebenswelt bezeichnen. Es wird unterstellt, dass die Wechselwirkung zwischen T- und W-Fiktionen einen geeigneten Rahmen liefert, um die technologische Zukunftsgestaltung zu beschreiben und zu analysieren. Dies soll hier nicht abstrakt ausgeführt, sondern gleich an einer Reihe von Beispielen gezeigt und erläutert werden.

5 Beispiele

LEGO

Als erstes Beispiel wähle ich die spielerische Konstruktion von neuen Artefakten mit LEGO-Steinen. Obwohl es sich hier nicht um Technik im strengen Sinne handelt, lassen sich dabei einige Aspekte sehr schön illustrieren. Zudem ist es ein Fall, der intuitiv leicht zugänglich ist. Ich beziehe mich hier, wie angedeutet, auf einen spielerischen bzw. kreativen Umgang mit LEGO, bei dem nicht nur nach Bauanleitung etwas nachgebaut wird, sondern neue Gegenstände kreiert werden.

Beim LEGO-Spiel werden vorgegebene Elemente, die LEGO-Steine, zu neuen Gegenständen kombiniert. Die Steine stellen einen „Rückgriff auf Bestehendes" dar, wie dies oben in meiner Fiktionsdefinition (Abschnitt 4) genannt wurde. Allerdings wird man hier zurecht anmerken, dass LEGO-Kreationen nur selten umfassend antizipiert, sondern viel mehr in einem Prozess hervorgebracht werden, der von Versuch und Irrtum geprägt ist. T-Fiktionen stehen hier also etwas im Hintergrund. Allerdings behaupte ich, dass W-Fiktionen beim LEGO-Spiel eine zentrale Rolle einnehmen. Die hervorgebrachten LEGO-Kreationen sind im kindlichen Spiel immer in Geschichten und Narrative – eben in Fiktionen – eingebunden, die das Spiel überhaupt erst beleben (Cook/Bacharach 2017, S. 2, 35). Hierbei kann davon ausgegangen werden, dass gedachte Welten (W-Fiktionen) neue LEGO-Artefakte inspirieren wie auch hervorgebrachte LEGO-Gegenstände weitere Spielszenarien und Spielwelten anregen.

Tisch

Damit komme ich zum zweiten Beispiel. Vor einigen Monaten habe ich für unser Wohnzimmer einen Tisch geplant und gebaut. Er war als Geschenk für meine Lebensgefährtin gedacht. Ich entwickelte und erprobte verschiedene Konzepte anhand von Handskizzen und Zeichnungen. Auf die Rolle von Modellen dieser Art im technischen Gestaltungsprozess bzw. bei der Entwicklung von T-Fiktionen habe ich an anderer Stelle schon hingewiesen (Kuhn 2015, Kuhn 2017).

Meine Tisch-Ideen, also meine T-Fiktionen, waren dabei beschränkt durch die verfügbaren Werkstoffe und Bauteile wie auch die mir zugänglichen Fertigungsverfahren. Zudem musste ein stabiler Stand gewährleistet sein und die Größe zu den geometrischen Begebenheiten unserer Wohnung passen. Im Gegensatz zu diesen allgemeinen Anforderungen war das konkrete Design hauptsächlich beeinflusst von meinen Vorstelllungen, welcher Tisch farblich und was seine Nutzung angeht möglichst gut in unser Wohnzimmer passt. Zudem war das Design geprägt von dem Ideal, bei der Beschenkten möglichst viel Freude hervorzurufen. Kurz: Eine Fiktion, wie die Übergabe von und das Leben mit dem zu diesem Zeitpunkt noch nicht existierenden Tisch aussehen sollte, hat elementar an dem Einrichtungsgegenstand mit entworfen. Das ist hier der Anteil an W-Fiktionen, wobei ‚Welt' hier primär die kleine Welt des Privatlebens im entsprechenden Wohnzimmer meint. Oder um es noch einmal anders zu formulieren: Eine Fiktion des gemütlichen Raumes und erfüllten Lebens hat dieses Artefakt geprägt, aber eben nur innerhalb gewisser, von der Welt vorgegebener Einschränkungen.

Technisierte Mobilität

Ich komme als nächstes zu einem Bereich, der ebenfalls fundamental von Raumfiktionen getrieben ist, nämlich der technisierten Mobilität. Mit der Entdeckung der Weite der Welt stieg auch das Bedürfnis zu ihrer technologischen Überwindung. Von der Steigerung der Durchlässigkeit des Raumes für Personen, Waren und Informationen versprach man sich ein besseres Leben.[9]

Dieses Bedürfnis nach Überwindung des Raumes hat sich in vielfältigen technologischen Entwicklungen niedergeschlagen. Die Eisenbahn löste im Inland die Flussschifffahrt als dominantes Verkehrsmittel ab und diese wurde von Formen der individualisierten Mobilität und später des Flugverkehrs verdrängt. Während der frühen Entwicklung der Eisenbahn im 19. Jahrhundert wurde die Rede von der „Vernichtung von Raum und Zeit (annihilation of time and space)" (Schivelbusch 1977, S. 16, 35) sogar zum geflügelten Wort. Die Eisenbahn realisierte diese Vernichtung des Raumes zusammen mit der Telegraphie, mit der sie auch technisch eng verwoben war. Dabei trieb die W-Fiktion einer kleineren, zugänglicheren, erreichbareren Welt sowohl die Weiterentwicklung der Eisenbahn voran, z.B. in Form von effizienteren Antriebssystemen (Braun 1997 a), wie auch von unterstüt-

---

[9] Ich knüpfe hier an Diskurse an, die im Rahmen des sogenannten *spatial turn* seit Ende der 1980er Jahre aufkamen. Technisierte Räume wurden, noch ohne expliziten Bezug zum *spatial turn*, auch als „Technotope" (Erlach 2000; Ropohl 2009) oder, mit Bezug darauf, „Technotope Räume" (Oetzel 2012) beschrieben. Natürlich lässt sich die Geschichte von der Technisierung des Raumes mit etwas anderer Akzentsetzung auch als eine Geschichte der technischen Beschleunigung erzählen. Diesen Weg hat Hartmut Rosa (2005) gewählt. Ich begnüge mich hier mit dieser kurzen Anmerkung, verbleibe aber im Folgenden bei der räumlichen Betrachtungsweise.

zenden Technologien, eben z.B. des Telegraphen; außerdem begünstigte diese W-Fiktion die Entwicklung von neuen Formen der Raumvernichtung.

Die weitverbreitetste und auch aktuell wieder viel diskutierte Form ist dabei das Automobil. Dass es sich bei der Automobilentwicklung keinesfalls um rein technische Fiktionen handelte fasst sehr schön der Titel von Wolfgang Sachs' Buch zusammen: *Die Liebe zum Automobil – Ein Rückblick in die Geschichte unserer Wünsche* (1984). Hier trieben auch Wünsche nach einer veränderten Welt, einer gezielt gestalteten Zukunft, entscheidend die technische Entwicklung an; W-Fiktionen wechselwirkten mit T-Fiktionen von möglichen Automobilen. In einer aktuellen Studie heißt es ebenfalls, dass der „Glaube ans Automobil" als „Zukunftsversprechen" fungiert habe (Knie et al. 2018, S. 46), was die Zukunftsfiktionen besonders deutlich macht, die dabei am Werk waren.

Das Auto, wie auch schon Schiffe und Eisenbahnen, waren jedoch nicht nur Instrumente zur Raumvernichtung, sondern auch selbst wieder gezielt gestaltete Räume bzw. Innenräume, die einen komfortablen Aufenthalt ermöglichen sollten (Sachs 1984, S. 157-160; Knie et al. 2018, S. 12). Nach außen wirkte besonders das Automobil als Kommunikationsmittel; es kommunizierte Status und Macht (Sachs 1984, S. 175). Für breite Gesellschaftsschichten war das Automobil über Jahrzehnte ein wichtiger Teil eines gelingenden Familienlebens – und ist es noch. Man wünschte sich ein eigenes Haus und ein – oder mehrere – eigene Autos (Knie et al. 2018, S. 67-68). Diese außertechnischen Aspekte, Ideale – oder eben Fiktionen – flossen direkt in die technische Gestaltung und Herstellung von Automobilen ein (Braun 1997 a).

Es zeigten und zeigen sich aber auch die Probleme bei der Realisierung dieser Fiktionen. Die Rede ist z.B. vom „Auto als Raumfresser" (Knie et al. 2018, S. 27), mit Bezug auf Staus, die zu viele Autos verursachen, wie auch mit Blick auf zugeparkte Städte. Der Raum wird hier also nicht mehr nur positiv vernichtet, sondern nun auch negativ. Dies führt zu dem bekannten Paradox: Mobilität für alle bedeutet häufig wieder Immobilität. Zudem wird deutlich, dass die Zukunftsfiktion einer individualisierten Raumüberwindung per Automobil u.U. mit der anderen Zukunftsvision eines der Gesundheit und dem Wohlbefinden nicht abträglichen Stadt- und Lebensraumes kollidiert. Lärm und Feinstaub – Stichwort Dieselgate – beeinträchtigen die Lebensqualität. CO_2-Ausstoß führt zu längerfristigen Folgen für unseren Lebensraum. Hier zeigt sich, dass verschiedene Wünschbarkeiten und Fiktionen gegeneinander abgewogen werden müssen. Diese Konflikte schlagen sich wiederum in neuen Technologien nieder: elektrische Antriebskonzepte breiten sich auf den Märkten aus.

Datenverarbeitungs- und -speichertechnologien
Die letzte große Überwindung oder Vernichtung des Raumes stellen neue Datenverarbeitungs- und -speichertechnologien dar. Sie sind geprägt von Allgegenwärtigkeitsphantasien, wie man sie historisch eher aus dem Bereich des Religiösen kennt. Das Ideal ist, von überall auf alle Informationen zugreifen zu können – die privaten Daten in der *Cloud* ebenso wie das „öffentliche Wissen" auf Wikipedia.

Dabei gibt es zwischen diesen neuen Informationstechnologien und meinem letzten Beispiel, der Mobilität, viele Verknüpfungspunkte. Verkehrsapps erlauben die flexible Verknüpfung verschiedener Verkehrsmittel. Hierbei verfechten manche Autor*innen eine bestimmte W-Fiktion; sie halten eine „neue multioptionale, digital vernetzte, regenerativ betriebene und kollektiv nutzbare Verkehrslandschaft" für wünschenswert (Knie et al. 2018, S. 19).

Im Kontext neuer Datenverarbeitungs- und Speichertechnologien interagieren abermals umfassende W-Fiktionen mit konkreten T-Fiktionen. Auf Artefaktebene (T-Fiktionen) sind längere Akkulaufzeiten, größere Speicherkapazitäten und höhere Datenübertragungsgeschwindigkeiten wünschenswert, um sich noch weiter von jeder Ortsgebundenheit zu emanzipieren. Zudem haben auch diese technisch-gesellschaftlichen Fiktionen eine ausgeprägte moralische Seite. Ganz zentral sind dabei die Themen Datensicherheit und neue Suchtpotentiale (Montag 2018). Weiterhin ist aber auch kritisch zu fragen, inwieweit raumlose Lebensentwürfe allgemein gelingen können, z.B. ob leibliche Anwesenheit an einem Ort nicht eine erstrebenswerte Qualität ist, die somit verloren geht (Böhme 1995).

6 Moralische Dimension technischer Fiktionen

Zuletzt möchte ich den gerade thematisierten Punkt noch etwas allgemeiner aufgreifen. Ich unterstelle, dass die illustrierte Wechselwirkung von T- und W-Fiktionen eine starke moralische Dimension aufweist. Dies ist damit zu begründen, dass Fiktionen in der Technikentwicklung – anders als etwa in den Künsten – auf ihre Realisierung hin angelegt sind; dies ist eines ihrer zentralen und unterscheidenden Charakteristika (Kuhn 2017).[10] Die Realisierung technischer Fiktionen greift – so sie denn geschieht – fundamental in das Leben von vielen Menschen ein. Entsprechend muss in demokratischen und möglichst idealen Diskursen[11] ausgehandelt werden, in welcher Welt wir zukünftig leben wollen (W-Fiktionen) und welche Technologien darin einen Platz haben (T-Fiktionen). Dabei sollte auch immer die Option zur „technischen Enthaltsamkeit" bestehen, also von der Realisierung abzusehen und Fiktionen als Fiktionen zu belassen. Wie in den Beispielen schon angedeutet, plädiere ich dafür, T- und W-Fiktionen an Modellen gelingenden Lebens zu messen. Diese sind aber nicht uneingeschränkt Sache des Einzelnen, sondern werden von allgemeinen Tendenzen beflügelt, sowohl von T- als auch von W-Fiktionen, und wirken ebenfalls auf diese zurück.

Weiterhin muss auch immer mitreflektiert werden, dass Zukunftsfiktionen nur unsichere Projektionen sind: Die Zukunft ist offen. Don Ihde hat entsprechend den Trugschluss der Planbarkeit von Technik als „designer fallacy" (Ihde 2008, S. 19-30) bezeichnet und damit gemeint, dass Designer nie alle möglichen Verwendungen und Folgen eines Artefakts oder Prozesses antizipieren können. Auch in diesem Sinne hat die Wechselwirkung von T- und W-Fiktionen eine moralische Dimension: Es muss ständig ihre Beschränktheit mitgedacht werden, d.h. die Beschränktheit von Vorausicht und Planung.

Für mich ist damit das Herausarbeiten der Fiktionen, die in neue Artefakte einfließen, eine wichtige Aufgabe für die Philosophie im Allgemeinen und die Technikphilosophie im Besonderen. In diesem Sinne können Philosoph*innen die vielen impliziten Annahmen und auch moralischen Ansprüche explizit machen und zur Diskussion stellen. Wie schon angedeutet: Letztlich lässt sich dabei immer die Frage aufwerfen, welche Weltbilder bestimmten Technologien zugrunde liegen bzw. von ihnen gefördert und begünstigt werden und ob diese, meist implizit angenommenen Weltbilder wirklich erstrebenswerte Modelle gelingenden Lebens bieten.

7 Schluss

Zum Abschluss möchte ich die zentralen Punkte dieses Beitrages noch einmal zusammenfassen:

---

[10] Der fast zwanghafte Drang zur Realisierung, den T-Fiktionen häufig aufweisen, wurde auch als „technologischer Imperativ" bezeichnet (Ropohl 1996, S. 22; Lenk 1982, S. 212).
[11] Im Sinne der Diskursethik, wie sie von Habermas und Apel ausgearbeitet wurde; vgl. z.B. Habermas (1983).

1. Technisches Schaffen kann als fiktionale Tätigkeit beschrieben werden.
2. Diese fiktionale Tätigkeit findet im Spannungsfeld von T-Fiktionen und W-Fiktionen statt.
3. Da technische Fiktionen auf Realisierbarkeit hin angelegt sind und ihre Realisierung potentiell in das Leben vieler Menschen eingreift, haben sie eine ausgeprägte moralische Dimension.
4. Die Beschreibung von technischen Wandlungsprozessen als fiktionsgetrieben eröffnet vielfältige Forschungs- und Anwendungsperspektiven.

Zum letzten Punkt ist es wichtig anzumerken, dass natürlich diverse Aspekte in der Literatur schon etabliert sind. In der Techniksoziologie sind etwa über die klassischen *technology-push-* und *demand-pull-*Ansätze hinaus verschiedene Erklärungsmodelle bekannt, die die Wechselwirkung von Technik und Gesellschaft thematisieren (Häußling 2014). Die von mir geschilderte Interaktion von T- und W-Fiktionen ähnelt z.B. der soziologischen Leitbild-Forschung (Dierkes et al. 1992); sie ist auch verwandt mit Grunwalds Konzept der „Technikzukünfte" (Grunwald 2012). Trotzdem behaupte ich, dass die skizzierte Betrachtungsweise die einzige ist, die die kontrafaktische Natur technischen Entwerfens und Planens (T-Fiktionen) wie auch ihre Einbettung in weitere Kontexte (W-Fiktionen) „aus einem Guss" entwickelt. Der Zugang über den Fiktionsbegriff schafft zudem vielfältige Anknüpfungspunkte in der gegenwärtigen Kunst-, Geschichts- und Gesellschaftstheorie. Analyseinstrumente können aus diesen Feldern in die Technikwissenschaften übertragen werden[12] und Technik kann somit wieder umfassend als schöpferische und kreative Tätigkeit gedacht werden, die sich viele Charakteristika mit den Künsten teilt.

Literatur

Aristoteles (1992): *Die Poetik*, übers. und hg. v. Manfred Fuhrmann, Reclam, Stuttgart.
Beckert, Jens (2016): *Imagined Futures – Fictional Expectations and Capitalist Dynamics*, Harvard University Press, Cambridge/MA.
Bloch, Ernst (1959): *Das Prinzip Hoffnung*, Suhrkamp, Frankfurt a.M. 2016.
Böhme, Gernot (1995): *Atmosphäre*, Suhrkamp, Frankfurt a.M.
Braun, Hans-Joachim (1997 a): „Überwindung der Distanz: Beschleunigung und Intensivierung des Verkehrs", in: W. König (Hrsg.): *Propyläen Technikgeschichte*, Bd. 5, Ullstein, Berlin, S. 97-149.
Braun, Hans-Joachim (1997 b): „Faszination und Schrecken der Maschine: Technik und Kunst", in: W. König (Hrsg.): *Propyläen Technikgeschichte*, Bd. 5, Ullstein, Berlin, S. 255-279.

---

[12] So wird Goodmans *worldmaking*-Konzept (Goodman 1978) z.B. in der Literaturwissenschaft verwendet (Iser 1991), lässt sich aber auch gewinnbringend auf die Technik übertragen (Kuhn 2017).

Byrne, Ruth M.J. (2005): *The Rational Imagination*, MIT Press, Cambridge.
Cook, Roy T.; Bacharach, Sondra (Hrsg.) (2017): *LEGO and Philosophy*, Wiley-Blackwell, Hoboken.
Dierkes, Meinholf; Hoffmann, Ute; Marz, Lutz (1992): *Leitbild und Technik*, edition sigma, Berlin.
Erlach, Klaus (2000): *Das Technotop*, LIT, Münster.
Goodman, Nelson (1978): *Ways of Worldmaking*, Hackett Publishing, Indianapolis.
Grunwald, Armin (2012): *Technikzukünfte als Medium von Zukunftsdebatten und Technikgestaltung*, KIT Scientific Publishing, Karlsruhe.
Habermas, Jürgen (1983): *Moralbewußtsein und kommunikatives Handeln*, Suhrkamp, Frankfurt a.M.
Hubig, Christoph; Huning, Alois; Ropohl, Günter (Hrsg.) (2013), *Nachdenken über Technik*, edition sigma, Berlin.
Häußling, Roger (2014): *Techniksoziologie*, Nomos, Baden-Baden.
Ihde, Don (2008): *Ironic Technics*, Automatic Press/VIP, Copenhagen.
Iser, Wolfgang (1991): *Das Fiktive und das Imaginäre*, Suhrkamp, Frankfurt a.M. 1993.
Julliard, Yannick (2003): *Ethische Technikbewertung*, Peter Lang, Frankfurt a.M.
Knie, Andreas; Scherf, Christian; Ruhrort, Lisa; Canzler, Weert (2018): *Erloschene Liebe? – Das Auto in der Verkehrswende*, transcript, Bielefeld.
Koschorke, Albrecht (2012): *Wahrheit und Erfindung*, Fischer, Frankfurt a.M.
Kripke, Saul (1980): *Naming and Necessity*, Havard University Press, Cambridge/MA 2001.
Kuhn, Michael (2015): *Wo sind wir, wenn wir Technik treiben?* fatum 3, Dezember 2015, S. 75 ff., online verfügbar unter: https://www.fatum-magazin.de/ausgaben/traeume-und-wahrheiten/neue-wege/wo-sind-wir,-wenn-wir-technik-treiben.html (Stand: 31.12.2018).
Kuhn, Michael (2017): „Fiktionale Variationen als Ursprung technischer Artefakte", in: J. H. Franz; K. Berr (Hrsg.): *Welt der Artefakte*, Frank & Timme, Berlin, S. 43-54.
Lenk, Hans (1982): *Zur Sozialphilosophie der Technik*, Suhrkamp, Frankfurt a.M.
Lewis, David (1973): *Counterfactuals*, Blackwell, Malden 2001.
Montag, Christian (2018): *Homo Digitalis*, Springer, Wiesbaden.
Musil, Robert: *Der Mann ohne Eigenschaften*, online verfügbar unter http://gutenberg.spiegel.de/buch/der-mann-ohne-eigenschaften-erstes-buch-7588/1 (Stand: 31.12.2018).
Oetzel, Günther (2012): „Technotope Räume – vom Naturraum zum verbotenen Raum", in: U. Gehmann (Hrsg.): *Virtuelle und ideale Welten*, KIT Scientific Publishing, Karlsruhe, S. 65-83.
Pavel, Thomas G. (1984): *Fictional Worlds*, Harvard University Press, Cambridge Massachusetts London.
Picht, Georg (1992): *Zukunft und Utopie*, Klett-Cotta, Stuttgart.
Poser, Hans (2016): *Homo Creator*, Springer, Wiesbaden.
Ropohl, Günter (1996): *Ethik und Technikbewertung*, Suhrkamp, Frankfurt a.M.
Ropohl, Günter (2009): *Allgemeine Technologie – Eine Systemtheorie der Technik*, Universitätsverlag Karlsruhe, Karlsruhe.
Rosa, Hartmut (2005): *Beschleunigung – Die Veränderung der Zeitstrukturen in der Moderne*, Suhrkamp, Frankfurt a. M.
Russell, Bertrand (1975), *Autobiography*, Routledge, Abingdon 2010.
Sachs, Wolfgang (1984): *Die Liebe zum Automobil – Ein Rückblick in die Geschichte unserer Wünsche*, Rowohlt, Reinbek 1990.
Schivelbusch, Wolfgang (1977): *Geschichte der Eisenbahnreise – Zur Industrialisierung von Raum und Zeit im 19. Jahrhundert*, Fischer, Frankfurt a.M. 1989.
Vaihinger, Hans (1922): *Die Philsophie des Als Ob*, Felix Meiner, Leipzig.
VDI 2519 (2001): *Vorgehensweise bei der Erstellung von Lasten-/Pflichtenheften*, Beuth, Berlin.
VDI 3780 (2000): *Technikbewertung – Begriffe und Grundlagen*, Beuth, Berlin.

Die Differenz zwischen künstlicher und menschlicher Intelligenz

Hyun Kang Kim

Es scheint, dass der Unterschied zwischen Mensch und Maschine auf der phänomenologischen Ebene immer geringer wird. Denn die Maschine ähnelt zunehmend dem Menschen und der Mensch zunehmend der Maschine. Auf der ontologischen Ebene jedoch gibt es fundamentale Unterschiede zwischen den beiden. Im Folgenden werde ich versuchen, diese Unterschiede ausführlich darzustellen. Ich stelle ohne Anspruch auf Vollständigkeit drei Thesen auf: 1. KI denkt nicht. 2. KI stellt keine Fragen. 3. KI versteht kein Zeichen.

1 KI denkt nicht

Ein fundamentaler Unterschied zwischen der künstlichen und der menschlichen Intelligenz ist, dass KI nicht denkt. KI simuliert Denken, ohne wirklich zu denken. Denn Denken ist ein Merkmal von Lebewesen. Der Mensch denkt, weil er sich in seiner Lebenswelt orientieren muss. Er muss Probleme erkennen und lösen, um sein Überleben zu sichern. Seine Intelligenz ist daher ein Ergebnis der Evolution, eine notwendige Entwicklung für das Überleben in einer feindlichen Umgebung. Da Denken mit der Orientierung von Lebewesen in einem notwendigen Zusammenhang steht, lässt sich feststellen: Denken kann nicht nur der Mensch, sondern auch das Tier.

Der Mensch hat sich seit geraumer Zeit als *Homo Sapiens* definiert und sich dadurch vom Tier abgegrenzt. Diese Definition stößt an eine Grenze, wenn man davon ausgeht, dass auch das Tier denkt. Darüber hinaus ist heute mehr denn je anzuzweifeln, dass die Vernunft als das Wesensmerkmal des Menschen gelten kann. Denn die Geschichte der Menschheit hat gezeigt, in welchem Ausmaß der Mensch nicht nur zur Vernunft, sondern auch zu deren Gegenteil fähig ist. Weil Denken ein Merkmal von Lebewesen ist, ist es nicht mit der Vernunft identisch, welche die geistige Fähigkeit des Menschen kennzeichnet. Denken ist vielmehr ein Orientierungssinn, über den jedes Tier verfügt.[1] Dass auch das Tier denkt, heißt

---

[1] In seinem Buch *Der Sinn des Denkens* vertritt Markus Gabriel ebenfalls die These, dass Denken ein Sinn ist (vgl. Gabriel 2018, S. 195). Gabriel stellt fest: „Denken ist dasjenige Medium, in dem wir uns auf unserer Reise durchs Unendliche orientieren" (Ebd., S. 41).

jedoch nicht, dass es vernünftig ist. Es ist aber durchaus zu einem intelligenten Verhalten fähig und kann sich dadurch in seiner Umgebung orientieren.[2]

Gewöhnlich schreibt man das Denken der geistigen Tätigkeit zu. Es findet im Geist statt im Gegensatz zu anderen Tätigkeiten, die im Körper stattfinden. Der Dualismus von Geist und Materie prägt diese Auffassung und besagt, dass Denken geistig ist. Im Unterschied zu dieser herrschenden Auffassung sollte man jedoch davon ausgehen, dass Denken sinnlich und körperlich ist. Denn wir orientieren uns mit unserem Körper und unseren Sinnen. Denken steht daher nicht im Gegensatz zum Körper. Vielmehr ist es untrennbar mit dem Körper verbunden. Die geistige Fähigkeit des Menschen heißt auf Griechisch *Nous*. Seine lateinische Entsprechung heißt *Intellectus*. Auf Deutsch wird *Nous* mit Geist, Intellekt, Verstand oder Vernunft übersetzt. *Nous* bedeutet ursprünglich Vernehmen, Schnüffeln und Spüren. Der Begriff *Nous* legt Zeugnis davon ab, dass Denken mit der sinnlichen Wahrnehmung untrennbar verbunden ist.

Es gab in der Philosophiegeschichte bereits Ansätze, die das Denken als Sinnliches verstanden hatten. Dennoch haben sie das Denken als etwas Höherstufiges aufgefasst, das sich von den übrigen Sinnen unterscheidet. Sie sind nicht so weit gegangen, Denken als körperliches Phänomen unter anderen aufzufassen und somit die fundamentale Differenz zwischen Mensch und Tier zu verwischen. Sie waren zu sehr anthropozentrisch und zu sehr daran interessiert, zu ergründen, was den Menschen als solchen kennzeichnet und ihn von anderen Lebewesen unterscheidet. Aristoteles beispielsweise vertritt in seiner Schrift *Über die Seele* die These, dass wir neben den fünf Sinnen einen weiteren, höherstufigen Sinn haben. Wir haben demnach nicht nur die Wahrnehmung, sondern auch die Wahrnehmung der Wahrnehmung. Denn wenn wir nur die fünf Sinne hätten, könnten wir unsere Wahrnehmung nicht erfassen. Wir können etwa unser Sehen weder durch den Sehsinn noch durch andere Sinne erfassen. Deshalb müssen wir einen höheren Sinn haben, der die Wahrnehmung der Wahrnehmung bzw. das Selbstbewusstsein ermöglicht. Diesen höheren Sinn nennt Aristoteles den „Gemeinsinn" und stellt ihn

---

[2] Der Unterschied zwischen Mensch und Tier liegt v.a. darin, dass der Mensch die Kultur und die Übertragungsmedien entwickelt hat, auf deren Basis der Einzelne seine Existenz sichern und weiter entwickeln kann, ohne bei null wieder anzufangen. Paul Valery erläutert treffend: „Der größte Triumph des Menschen [...] über die Dinge ist, dass er es verstanden hat, die Wirkungen und Früchte der Arbeit vom Vortag auf den nächsten Tag zu übertragen. Die Menschheit ist erst auf der Masse dessen, was andauert, groß geworden" (zitiert nach: Debray 2003, S. 13).

mit dem Denken bzw. der Einbildungskraft in einen Zusammenhang. (Aristoteles 2011, S. 129). Demnach wohnt der Wahrnehmung ein Logos inne und deshalb ist sie erfassbar. Daher stellt Aristoteles fest: „Denn eine Art von Logos ist die Wahrnehmung" (Ebd., S. 135). Das Denken als Gemeinsinn unterscheidet sich jedoch von anderen Sinnen dadurch, dass es eine Einsicht in den Logos ermöglicht. Es ist daher höherstufiger als andere Sinne. Aristoteles erhält somit die Differenz zwischen Logos und Sinnlichkeit aufrecht, obwohl er Denken als eine Art von Sinn auffasst. Denken ist demzufolge geistig und sinnlich zugleich und ermöglicht somit eine Vermittlung zwischen Logos und Sinnlichkeit.

Friedrich Schiller vertritt auch eine ähnliche These. Die Einheit von Geist und Körper ist das zentrale Thema in seiner Schrift *Über die ästhetische Erziehung des Menschen*. Dabei geht es keineswegs um die Überwindung der Sinnlichkeit zugunsten der Vernunft. Vielmehr ist die Vernunft untrennbar mit dem Empfindungsvermögen verbunden. Schiller stellt fest, dass „der Weg zu dem Kopf durch das Herz [...] geöffnet werden [muss]" (Schiller 2008, S. 33). Er sieht die „Ausbildung des Empfindungsvermögens" als das dringende Bedürfnis der Zeit, „weil sie zur Verbesserung der Einsicht erweckt" (Ebd.). Er stellt fest, dass es zwischen Materie und Form, zwischen Körper und Geist „einen mittleren Zustand geben müsse", und dass „uns die Schönheit in diesen mittleren Zustand versetzte" (Ebd., S. 70). „Die Schönheit [...] verknüpft zwey Zustände miteinander, die einander entgegengesetzt sind, und niemals Eins werden können" (Ebd., S. 71). Beide Zustände werden im ästhetischen Zustand aufgehoben und verschwinden gänzlich, so dass „keine Spur der Theilung in dem Ganzen zurückbleibt" (Ebd.). Schiller geht hier von der dualistischen Trennung von Geist und Materie aus, die durch die Vermittlung des ästhetischen Zustandes überwunden werden soll. Er verortet jedoch dabei das Denken auf der Seite der Vernunft, da es das aktive, bestimmende Vermögen darstellt, die passive Materie zu formen. Obwohl er neben dem Formtrieb und dem Stofftrieb den Spieltrieb als Vermittler zwischen beiden einführt, geht er nicht so weit, zu behaupten, dass Denken bereits sinnlich ist.

Die These, dass Denken sinnlich und körperlich ist, wurde jüngst von Régis Debray vertreten. Er stellt fest: „Die Körper denken, nicht der Geist" (Debray 2003, S. 143). Der Körper wird dabei als „Mittel zum Kontakt mit dem Geist", als ein „Zugang" verstanden und nicht als eine „Sackgasse" (Ebd.). Das Materielle wird demnach nicht mehr vom Geistigen unüberwindbar getrennt. Denn der geistige

Inhalt nimmt erst durch den materiellen Körper Gestalt an. Der Körper ist in dieser Hinsicht keine Hülle, die geistigen Inhalt neutral transportiert, sondern ein Medium, das das erarbeitet, was es vermittelt, und dadurch das Zu-Vermittelnde erst herstellt. Der menschliche Körper ist ein „Sinnvermittler"[3] (Ebd., S. 146), der aufgrund seiner sinnlichen Existenz seine Intelligenz entwickelt hat.

Der Mensch ist kein Subjekt, das sich dem Objekt entgegenstellt. Vielmehr sind Subjekt und Objekt, Geist und Materie zwei Seiten derselben Medaille, die im menschlichen Körper untrennbar miteinander verbunden sind. Der Mensch ist Subjekt, da er sich selbst zum Objekt machen kann und dadurch ein Selbstbewusstsein entwickelt. Insofern ist er Subjekt und Objekt zugleich. Er kann sich sowohl getrennt von der Umwelt als auch als Teil der Umwelt wahrnehmen. Er denkt, weil er sinnlich und körperlich ist, und nicht, weil er seine sinnliche Existenz transzendiert. Daher ist er materiell und immateriell zugleich. Der Körper ist daher nicht einfach nur materiell, sondern vielmehr eine Zone der Ununterscheidbarkeit, in der das Immaterielle mit dem Materiellen untrennbar verwoben ist. Denken ist daher primär sinnlich. Darin unterscheidet es sich von der KI, die ohne sinnlichen Kontakt zur Wirklichkeit durch die reine Kalkulation Denken simuliert.[4]

Meine These unterscheidet sich jedoch von der naturalistischen Auffassung, derzufolge das Gehirn Teil des Körpers ist und daher das Denken auf die rein materielle Gehirnfunktion zurückführbar ist. Daraus schließt diese Auffassung, dass das Denken gerade deshalb vom Rest des Körpers isoliert werden kann. Demnach ist es möglich, das reine Denken ohne Körper zu realisieren. Eine verbreitete Version dieser Auffassung ist der sogenannte Posthumanismus. Demzufolge kann der Geist durch das Uploaden in den Computer übertragen werden. Diese Auffassung basiert auf der dualistischen Trennung zwischen Hardware und Software. Geist ist jedoch keine Software, die unabhängig von seiner Hardware existieren kann. Im Gegenteil: Er ist die untrennbare Einheit von beiden.

---

[3] An dieser Stelle stellt sich freilich die Frage, was passiert, wenn die Einzelkörper nicht mehr existieren. Debray meint, dass es nicht nur Einzelkörper, sondern auch „transindividuelle Körper", d.h. Institutionen gibt, die überdauern (Debray 2003, S. 146).
[4] Hier stellt sich die Frage, wie wäre es denn im Fall des intelligenten Roboters, der mit der Fähigkeit zu Empfindungen und Gefühlen ausgestattet ist. Seine Empfindungen und Gefühle sind ebenfalls simuliert und vorprogrammiert. Insofern können sie kein Denken im Sinne des echten Ereignisses hervorrufen.

2 KI stellt keine Fragen

Im Unterschied zur herkömmlichen Software ist KI lernfähig. Die herkömmliche Software basiert auf einfachen logischen Prinzipien wie „Wenn-dann-Regeln": Wenn A, dann B. Solche Regelsysteme sind jedoch nicht geeignet, komplexe Aufgaben wie Bilderkennung und Übersetzung zu bewältigen. Dazu sind lernende Systeme besser geeignet, die mit Beispielen trainiert werden und allgemeine Muster in den Daten erkennen. Sie können aufgrund der erkannten Muster auch unbekannte Daten beurteilen. Diesen Vorgang nennt man maschinelles Lernen. Es basiert auf einer großen Anzahl von Daten, die in den Computer eingegeben werden. Big Data und Cloud Computing sind ideale Bedingungen für die benötigten großen Datenmengen und ermöglichen einen schnellen Erfolg der KI. Innerhalb von Machine Learning gibt es zwei unterschiedliche Prozesse: „überwachtes Lernen", bei dem ein Mensch das Programm trainiert, und „unüberwachtes Lernen", bei dem das Programm selbstständig lernt und sich auch ohne menschliche Trainer verbessern kann (Specht 2018, S. 228). Beim unüberwachten Lernen kann daher der Programmierer nicht vollständig nachvollziehen, was genau im neuronalen Netz der KI geschieht. Dennoch ist diese Selbständigkeit der KI von vornherein begrenzt. Denn sofern KI programmiert ist, besteht ihre Wirklichkeit aus berechenbaren und programmierbaren Elementen. Es gibt kein Jenseits der programmierbaren Möglichkeiten.

Der Mensch hingegen muss sich in der Wirklichkeit orientieren, weil diese nicht vollständig berechenbar und kontrollierbar ist. Sie ist eine unendliche, bewegliche Unbestimmtheit, in der wir uns stets neu orientieren müssen. Während KI sich in einer bestimmbaren „Matrix" bewegt, bewegen wir uns in einer unbestimmbaren Wirklichkeit, die weder vollständig berechenbar noch vorhersagbar ist. Darum liegt die wichtigste Funktion der menschlichen Intelligenz darin, Probleme zu erkennen und Fragen zu stellen. Der Mensch erkennt in der Wirklichkeit, dass es etwas Problematisches gibt, dessen Lösung erst gefunden werden muss. Das Problematische verschwindet dabei nicht einfach durch eine Lösung, sondern besteht über alle Lösungsversuche hinweg fort und organisiert die Entstehung neuer Lösungen. Es ist keine vorübergehende Ungewissheit, die dem Mangel unserer Erkenntnis geschuldet ist und verschwindet, wenn eine adäquate Lösung gefunden wird. Daher ist es keine subjektive Kategorie. Es ist vielmehr eine objektive Kategorie, die den unhintergehbaren Horizont unserer Erfahrung ausmacht (Vgl. Deleuze 1993, S. 79). Bei

Kant heißt es das ‚Ding an sich'. Der Mensch hat seine Intelligenz entwickelt, da es in der Wirklichkeit das Problematische gibt. Das Problematische verschwindet niemals vollständig, weshalb wir stets intellektuell herausgefordert sind. Kants Auffassung, dass wir keinen Zugang zum Ding an sich haben, soll jedoch dahingehend korrigiert werden: Es gibt kein Ding an sich, sondern das Problematische, das mit unserer Perspektive untrennbar verwoben ist und sich verändert, wenn unsere Perspektive sich verschiebt. Das Problematische steht in Beziehung zur Subjektivität, ist aber nicht subjektiv. Es ist das, auf das die Subjektivität gerichtet ist und mit dem diese von vornherein interagiert. Das Problematische, das in unserer Wirklichkeit fortbesteht, widerlegt die konstruktivistische These, der zufolge unsere Wirklichkeit durch den Vorgang der Erkenntnis konstruiert ist. Im Gegenteil lässt sich feststellen: Weil es das Problematische gibt, ist die Wirklichkeit nicht durch die Erkenntnis oder deren Äquivalenz konstruiert. Es gibt den Widerstand des Objekts, das sich wiederum nicht als Gegenteil des Subjekts verstehen lässt, da es mit diesem von vornherein verwoben ist. Das Problematische macht den objektiven Anteil in unserer Erfahrung aus.

Unsere Erfahrungen sind daher keine Daten, die durch eine Statistik geordnet und diagnostizierbar gemacht werden können. Daher sind wir stets mit ungelösten und unlösbaren Problemen konfrontiert. Wir lernen zwar durch die Erfahrung, wie KI durch große Datenmengen lernt. Beide sind aber nicht äquivalent. Denn die menschliche Erfahrung ist qualitativ, die sich mit der quantitativen Erfassung der Daten nicht vergleichen lässt. KI funktioniert bekanntlich auf Basis eines Regelwerks. Problemlösung ist daher für sie die adäquate Anwendung von Regeln. Sie bewegt sich innerhalb der von den Regeln bestimmten Parameter und kann daher die Regeln nicht in Frage stellen. Der Mensch hingegen kann die Regeln in Frage stellen oder auch neue Regeln erfinden. Er wendet nicht nur die Regeln an, sondern verändert sie auch. Wenn die bestehenden Regeln Probleme aufwerfen oder es für eine neu aufgetretene Situation noch keine Regel gibt, wird improvisiert und eine neue Regel erfunden. Der menschliche Umgang mit den Regeln ist nicht deterministisch. Daher kann der Mensch mit den Regeln spielerisch umgehen, die Regel überlisten, brechen oder illegal handeln. Auch wenn er faktisch dazu gezwungen ist, den Regeln zu folgen, befolgt er die Regeln mit einem Minimum an Freiheit. Er entscheidet sich, die Regel zu befolgen, weil er beispielsweise Strafen befürchtet oder Vorteile sieht, die durch die Befolgung der Regeln eintreten werden. D.h. zwischen Regel und Anwender gibt es stets eine Lücke der Reflexivität, die prinzipiell eine freie Entscheidung und eine Kritik ermöglicht. Im Fall der KI gibt es nicht die Lücke der Reflexivität zwischen Regel und Anwendung. Denn KI ist die materialisierte Anwendung der Regel selbst.

3 KI versteht kein Zeichen
Der amerikanische Philosoph John Searle stellt die These auf, dass KI nicht auf der Ebene der Semantik, sondern auf der Ebene der Syntax operiert. Syntax behandelt nicht die Bedeutungen, sondern die Repräsentationsformen bzw. die Muster. Parallel dazu operiert KI nicht mit „bedeutungstragender Information", sondern mit „uninterpretierten Daten" (Floridi 2015, S. 182). Daten sind „bloße Muster von physischen Unterschieden und Übereinstimmungen" (Ebd.). KI bearbeitet deshalb nicht das Denken, sondern lediglich Muster bzw. Denkmodelle. Für die KI besteht eine unüberwindbare Kluft zwischen Daten und Bedeutung. KI kann die Daten bearbeiten, aber daraus keine Bedeutung schließen. Der Mensch hingegen nimmt die Daten in einem semantischen Zusammenhang wahr und kann daraus eine Bedeutung herauslesen bzw. hineininterpretieren. Luciano Floridi zufolge gibt es daher zwischen uns und der Maschine eine „semantische Schwelle" (Ebd., S. 184). M.E. gibt es jedoch zwischen den beiden nicht einfach eine semantische, sondern vielmehr eine semiotische Schwelle. Denn KI operiert nicht mit den Zeichen, wie wir sie verwenden, sondern mit der funktionalen Äquivalenz zu den Bedeutungen. Sie ahmt nämlich auf eine quantitative Weise das qualitative Erleben nach (Gabriel 2018, S. 117). Sie ist lediglich „ein formales System zur Erstellung und Überarbeitung von Zeichenketten" (Ebd., S. 98). Sie hat keinen Zugang zum Zeichen und daher kein Zeichenverständnis. Deshalb hat die KI-Forschung das „Problem der Symbolverankerung" (symbol grounding problem) zu lösen. D.h. es muss technisch abgesichert werden, dass die verarbeiteten Daten mit Bedeutungen in Verbindung gesetzt werden. Leider wissen wir noch nicht exakt, wie die Symbolverankerung bei Lebewesen funktioniert. Somit steht eine Lösung des Problems noch nicht in Aussicht. Auch wenn es irgendwann möglich wäre, das Problem der Symbolverankerung technisch zu lösen, verändert sich jedoch nichts an der Tatsache, dass KI kein Zeichenverständnis hat. Sie könnte allerdings lernen, durch die Technik der Symbolverankerung die Daten mit einer Bedeutung in Verbindung zu bringen. Derzeit machen Spracherkennungsprogramme enorme Fortschritte. Es wäre insofern

denkbar, dass man irgendwann auf der Wahrnehmungsebene nicht mehr zwischen KI und Mensch unterscheiden kann. Dies kann jedoch nicht darüber hinwegtäuschen, dass hinter der perfekten Nachahmung der menschlichen Sprache ein komplexer technischer Vorgang verborgen ist. Dieser funktioniert nicht auf Basis des Zeichenverständnisses, sondern auf Basis der Technik.

Der menschliche Umgang mit den Zeichen ist darüber hinaus nicht vollständig semiotisch oder instrumentell bestimmt. Der Mensch verwendet Zeichen nicht nach dem Zweck-Mittel-Schema. Ein Zeichen ist daher nicht einfach ein Mittel, das dafür verwendet wird, einen Inhalt oder eine Idee auszudrücken. Eine Idee drückt sich vielmehr in den dafür verwendeten Zeichen aus. Ein Zeichen hat außerdem eine Materialität, die einen Eigenwert hat und mit dem darin ausgedrückten Inhalt auch sich selbst zum Ausdruck bringt. Es fungiert daher nicht als Mittel zum Zweck, sondern vielmehr als Medium, in welchem ein Inhalt zum Ausdruck kommt. Der Mensch verwendet Zeichen als Medium, da er selbst ein Medium ist, in dem Geist und Materie untrennbar miteinander verwoben sind.

Die menschliche Sprache umfasst nicht nur eine logische und semiotische Dimension, sondern auch eine mediale und performative Dimension. Die Sprache drückt nicht nur Vorhandenes und Bekanntes aus. In ihr können auch Neues und Unbekanntes zum Ausdruck kommen, da unser Umgang mit der Sprache performativ ist. Der eigentliche Umgang mit der Sprache ist daher poetisch. Damit ist jedoch nicht die Poesie gemeint, sondern die *Poiesis* als eine Handlung, die etwas Neues hervorbringt. Aristoteles zufolge steht *Poiesis* im Kontrast zum praktischen und theoretischen Handeln und bedeutet ein zweckgebundenes Handeln, das etwas hervorbringt. Der Mensch ist zur Hervorbringung des Neuen fähig, ebenso wie seine Sprache zum Ausdruck neuer Ideen fähig ist. Dies rührt daher, dass die Quelle des Sinns nicht in der Logik begründet ist, sondern in unserer Erfahrung, die unendlich reicher ist als die Logik.

Literatur

Aristoteles (2011): *Über die Seele*. Stuttgart, Reclam.
Debray, Régis (2003): *Einführung in die Mediologie*. Bern, Stuttgart, Wien, Haupt Verlag.
Deleuze, Gilles (1993): *Die Logik des Sinns*. Frankfurt am Main, Suhrkamp.
Floridi, Luciano (2015): *Die 4. Revolution. Wie die Infosphäre unser Leben verändert*. Berlin, Suhrkamp.
Gabriel, Markus: *Der Sinn des Denkens*. Berlin, Ullstein.
Lacan, Jacques (1991): *Das Ich in der Theorie Freuds und in der Technik der Psychoanalyse. Das Seminar. Buch II*. Weinheim, Berlin, Quadriga.
Schiller, Friedrich (2008): *Über die ästhetische Erziehung des Menschen*. Stuttgart, Reclam.
Searle, John R. (1997): *Mystery of Consciousness*. New York, New York Review of Books.
Specht, Philip (2018): *Die 50 wichtigsten Themen der Digitalisierung*. München, Redline Verlag.

Teil VII
Studierendenpreisträgerinnen unter sich

Utopische Szenarien als Beitrag zu einer transformativen Bildung und Wissenschaft

Julia Fuchte

1. Konkret utopisch werden! Plädoyer für eine professionelle Möglichkeitsforschung

„Ein mögliches Erlebnis oder eine mögliche Wahrheit (...) haben (...) etwas sehr Göttliches in sich, ein Feuer, einen Flug, einen Bauwillen und bewußten Utopismus, der die Wirklichkeit nicht scheut, wohl aber als Aufgabe und Erfindung behandelt."[1]

Dies schrieb Robert Musil bereits um 1930 in seinem Roman „Der Mann ohne Eigenschaften". Das Abstrakt-Mögliche bewusst wertzuschätzen, ohne das Konkret-Wirkliche zu vernachlässigen: Diese Haltung kehrt allmählich, im zweiten Jahrzehnt des zwanzigsten Jahrhunderts, ins kollektive Bewusstsein der globalen Informationsgesellschaft zurück, wie Diskurse um Postwachstum[2] und Gesellschaftswandel zeigen.

So fordert der WBGU, der *Wissenschaftliche Beirat der Bundesregierung Globale Umweltveränderungen* 2011 in seinem Hauptgutachten *Welt im Wandel. Gesellschaftsvertrag für eine Große Transformation,* „neue gesellschaftliche Visionen und Paradigmen"[3]. Der Bildungs- und Forschungssektor solle sich strukturell viel stärker an einem nachhaltigen Gesellschaftswandel ausrichten und diesen entwickeln. „Die große Transformation ist auf Erzählungen und Experimente angewiesen, um ihre Wege zu finden", so auch Uwe Schneidewind vom Wuppertal Institut für Klima, Umwelt und Energie. Nur so könnten BürgerInnen, PolitikerInnen, WissenschaftlerInnen eine *transformative literacy,* die Haltung einer Art „Zukunftskunst" entwickeln, die

---

[1] Musil, Robert: Der Mann ohne Eigenschaften. Reinbek 1970. Erstes Buch, Kapitel 5.
[2] Unter dem Begriff „Postwachstum" versammeln sich verschiedene internationale wissenschaftliche wie gesellschaftliche Diskurse der letzten Jahrzehnte, die das Dogma unbegrenzten Wirtschaftswachstums kritisieren und Alternativen einfordern. Vgl. etwa Hans Christoph Binswanger: Die Wachstumsspirale. Marburg 2006. Vgl. auch das Portal https://www.degrowth.info/de/was-ist-degrowth/.
[3] Schellnhuber, Hans-Joachim et. al.: Hauptgutachten des WBGU: Welt im Wandel. Gesellschaftsvertrag für eine Große Transformation. Berlin 2011, 380.

sich bewusst ist, dass Transformationsprozesse viele Dimensionen haben und uns entsprechend handeln lässt."[4]

Der ‚Prototyp' für Visionen ist seit jeher die literarische Utopie[5], wie sie spätestens seit Thomas Morus einen Teil des kulturellen Erbes der Industrienationen ausmacht. Über die Generationen hinweg war sie unerreichbarer Nichtort und irreales Schlaraffenland, Hoffnungsträger und negativ konnotierter Kampfbegriff. Aber können Utopien auf diese Weise wirklich einen ‚Mythos' nachhaltiger Entwicklung befördern und Forschung inspirieren? *Warum* und *wie* könnten gerade sie eine, wie es Burkhart Lutz formuliert, breite und differenzierte gesellschaftliche Diskussion „über die anstehenden Probleme, über Wege zu ihrer Lösung, über hierfür gerechtfertigte Opfer und hierzu notwendige Anstrengungen in Gang setzen"?[6]

Dass insbesondere Utopien Menschen zu einer *transformative literacy* befähigen können, zeigt ein kurzer Blick in die Geschichte. Ideen, die aus utopischen Konzepten hervorgegangen sind, haben immer schon DenkerInnen und EntscheidungsträgerInnen nachfolgender Jahrhunderte beeinflusst. IngenieurInnen ließen sich von den Erfindungen aus Science-Fiction Romanen inspirieren, Staatsmänner- und frauen von PhilosophInnen. Die Idee der gemeinsam geteilten Güter zum Beispiel tauchte bereits in Platons *Politeia* auf, wurde von Morus in seinem Werk *Utopia* hunderte Jahre später wieder aufgegriffen. Frühsozialistische Experimente im 19. Jahrhundert versuchten sich an der Umsetzung, es folgten Pariser Kommune, israelische Kibbuz, die 1968er Experimente, heutzutage etabliert sich der Diskurs um die „Commons", gemeinsam genutzte Güter täglichen Lebens. Ein ganzheitlicher Blick auf die Wechselwirkungen von Literatur und Zeitgeschichte zeigt: Utopien waren immer schon wirkmächtig; es ist, wenn nicht unmittelbar, dann spätestens langfristig relevant, *welche Ideen* jemand in die Welt setzt.

Leider bezieht sich die meiste Forschung im Bereich Gesellschaftswandel immer noch auf die Analyse von Missständen und des Status Quo. Was im ingenieurwissenschaftlichen und naturwissenschaftlichen Bereich seit Jahrzehnten etabliert ist –

---

[4] Schneidewind, Uwe: Die Große Transformation. Eine Einführung in die Kunst gesellschaftlichen Wandels. Frankfurt am Main 2018, 38.
[5] Andere szenisch strukturierte Medien wie Planspiele, Computerspiele, Theaterworkshops etc. können das sicher auch, ich fokussiere mich hier auf die literarische Erzählung.
[6] Lutz, Burkhart: Das Ende der Wachstumsmechanik als gesellschaftliche Herausforderung, in: Braun, Hans-Jürg (Hg.): Utopien – Die Möglichkeit des Unmöglichen. Zürich 1989, 20.

Forschung mit Blick auf die Zukunft – ist im sozial- und geisteswissenschaftlichen Bereich weniger selbstverständlich ausgeprägt.[7] Widmet sich eine Publikation dann einmal den berüchtigten Visionen, bleibt für diese häufig nur das letzte Kapitel übrig. Dieser Beitrag soll dem praktizierten Möglichkeitsdenken genug Platz einräumen. Dazu zunächst drei Thesen.

2. Drei Thesen, warum Utopien *transformative literacy* hervorbringen können

1. Utopien sind Simulationen von alternativen gesellschaftlichen Systemen. Durch handelnde Charaktere simulieren die Texte Erlebniswelten, deren Miterleben bei den Lesenden im besten Fall Emotionen erzeugt, wie der Kognitionswissenschaftler Keith Oatley zeigt.[8] Mentale Modelle im Geist der LeserInnen konstruieren jeden literarischen Charakter. Fiktive literarische Texte simulieren also idealerweise psychologische Realitäten in ihrem komplexen Zusammenspiel der Eindrücke.[9]

2. Die Utopie kann verschiedene Wissensformen wie Orientierungswissen, Faktenwissen und Erfahrungswissen zusammenhängend vermitteln.[10] Sie transportiert ebenso Wissen über die Welt und ihr Funktionieren wie auch Werthaltungen und Weltzugänge. Selbst praktisches „Know-How-Wissen" kann implizit einfließen. Solche Wissensformen

---

[7] Dies wundert nicht, da die durch westlichen Imperialismus, Aufklärung, Kapitalismus und Industrialisierung geprägte globale Gesellschaft immaterielle, nach innen gerichtete Werte, Philosophie und Spiritualität strukturell wenig integriert und geringer schätzt als Leitwerte wie Rationalität, Effizienz und materiellen Wohlstand. Ein geistes- und sozialwissenschaftlich fundierter Zugang zur Welt kann so im Alltag häufig nicht wirkmächtig werden und seine Rolle für die Große Transformation wird (noch) nicht anerkannt. Doch Wandel ist komplex, pfad- und situationsabhängig, wie Mandy Singer-Brodowski an einem Beispiel veranschaulicht: Wie etwa steuert man das Energiesystem eines ganzen Landes um hin zu dezentral-regenerativen Versorgungs- und Nutzungsstrukturen? Die, die an intelligenten Speicherlösungen arbeiten, so Singer-Brodowski, machten dabei ebenso wertvolle Arbeit wie die, die Instrumente entwickeln, damit viele demokratisch an lokal erzeugten Energieressourcen teilhaben und über die Nutzung mitbestimmen könnten. Doch wir neigten dazu, „diese sozial- und kulturwissenschaftliche Dimension zu unterschätzen und uns darüber zu wundern, dass uns unsere naiven Akteurs- und Systemvorstellungen so wenige Anhaltspunkte für ein erfolgreiches Umsteuern vermitteln" (Schneidewind, Uwe und Mandy Singer-Brodowski: Transformative Wissenschaft. Marburg 2014).

[8] Vgl. Oatley, Keith: Such Stuff as Dreams. The Psychology of Fiction. USA/UK 2011.

[9] Die Utopie als Genre hat dabei eine Sonderrolle, da sie nicht nur eine psychologische Simulation sein kann, sondern eben auch eine systemische Simulation einer möglichen alternativen Gesellschaftsordnung, wobei diese häufig als Kontrastfolie zur Realität des Verfassenden konzipiert ist. In ihrer Simulation nähert sich die Utopie also unserer Alltagswahrnehmung an und informiert, anders als Sachtexte, auf mehreren Dimensionen.

[10] Vgl. auch Schneidewind, Uwe und Mandy Singer-Brodowski: Transformative Wissenschaft. Marburg 2014.

zu unterscheiden hilft, ihren unterschiedlichen Wert zu erkennen und keine überzubewerten oder abzuwerten, denn wir brauchen für eine nachhaltige Entwicklung jede dieser Wissensformen.

3. *Im Rezeptionsprozess identifizieren sich die Lesenden im besten Fall mit den Figuren und es entstehen Emotionen, die unverzichtbarer Treiber für Bewusstseinsentwicklung sind.* Wir müssen das Mögliche und was es mit uns macht fühlen, nicht nur denken. Miall und Kuiken haben untersucht, wie die Lektüre von Geschichten in Lesenden Gefühle erzeugen kann.[11] Sie können Lesefreude empfinden ebenso wie Sympathie oder Antipathie gegenüber Figuren, können ästhetische Gefühle angesichts besonderer stilistischer Schönheit im Text haben. Außerdem gibt es da noch die „selfmodifying feelings", grenzüberschreitende Gefühle, die das eigene Selbstverständnis herausfordern, das heißt das Narrativ von dem Menschen, der wir zu sein glauben oder gerne wären. Wer fühlt, kann sich ändern.

3. Beispiele einer „transformativen Hermeneutik"

Im Folgenden möchte ich diese drei Thesen anhand einer exemplarischen literarischen Lesung veranschaulichen.[12] Die Utopie, oder wahlweise auch Dystopie, erzählt von einer alternativ organisierten Gesellschaft des Jahres 2055 und integriert aktuelle wie ältere Ansätze, anders zu wirtschaften und zu leben. Ich möchte an drei kurzen Beispielen veranschaulichen, warum Utopien „Settings" bereitstellen, in denen wir das Neue fühlen, wahrnehmen und erleben können und es so die ‚normative Kraft' des Faktischen (Kant) gewinnt: „Das Funktionieren der Welt in der gewohnten Weise hat viel mehr normative Überzeugungskraft als alles durch Bücher, Diagramme und Rechenbeispiele vermittelte Wissen."[13] So gilt es, neue Alltagswelten im Kleinen zu schaffen, die die *transformative literacy* der Lesenden stärken.

---

[11] Vgl. Miall, David und Don Kuiken: A feeling for fiction: becoming what we behold. In: Poetics 30/2002, 221–241.

[12] Ich nutze dazu die in meiner Masterarbeit entwickelte Methode der „transformativen Hermeneutik". Damit meine ich den Versuch, anhand des Textes Erkenntnisprozesse, die zu transformative literacy führen, anzustoßen oder zu vertiefen, in dem die Lesenden sich des Wissens bewusst werden, mit dem sie sich (durch Identifikationsprozesse, Emotionen etc.) konfrontiert sehen. Gegenstand ist mein utopischer Roman Kiaras Kodenet. Ich nehme also die Doppelrolle von Künstlerin und Wissenschaftlerin ein und bin mir bewusst, dass dies ein ungewöhnliches Wagnis ist.

[13] Welzer, Harald: Futurzwei. Die Wiedergewinnung der Zukunft, in: Welzer, Harald und Stephan Rammler (Hg.): Der Futurzwei Zukunftsalmanach 2013. Frankfurt am Main 2012, 37.

3.1 Beispiel 1: sich radikal neu orientieren

Beim ersten Beispiel handelt es sich um den Beginn des Romans. Die Hauptfigur Kiara, Studentin der sogenannten Kodenet-Wissenschaften, kommt von der Arbeit nach Hause, wo sie sich für ein Kostümfest vorbereiten will.

Drinnen war es so dunkel wie draußen. Nirgends Licht. Kein Wunder, am Vorabend der Karnballfeste schien jedy im CouCou ausgeflogen zu sein. War sie so verspätet? Eilig stapfte Kiara über den vertrauten Kiesweg Richtung Hof und Hauseingang, warf im Vorbeigehen einen Blick hinauf zum Fenster ihres Zimmers an der Süd-Ostseite des Wohnheims: ein blinder Spiegel im Mondschein.

Wo bleibst du?

Die Worte leuchteten einen kurzen Moment vor ihren Augen auf, als schwebten sie im leisen Schneegestöber, durch das Kiara schritt; dann verschwanden sie wieder, es gab nur noch die leichten Flocken, die wie weiche Punkte einer Matrix zu Boden sanken; nicht eilig, nicht vorhersehbar, doch zielgerichtet.

Kiara durchquerte beschleunigten Schritts den Innenhof des CouCou. Das Haus mit seinen zweistöckigen Wohnflügeln lag still da, wie ein schlafendes Tier. Es war einer jener Momente, an denen myn ungeduldig wurde angesichts des Lebens, das sich andernorts abspielte, angesichts der besonderen Feierlichkeit, von der myn selbst noch nicht Teil war.

25 Jahre Kodenet. (...) Das Jahr des globalen Jubiläums ... Bisher war ihr nie aufgefallen, dass sie, wenn alles gut lief, im selben Jahr ihren Abschluss machen und dann zu denen gehören würde, die das Kodenet – ja, was alles? Vertraten? Weiterentwickelten? Hüteten? Wenn sie dies überhaupt für sich beanspruchen konnte. Denn auf irgendeine Art und Weise taten dies doch alle. Sie mochte kraft ihrer Ausbildung am tiefsten in seinen Kern vorgedrungen sein, aber was hieß das schon?

Es knirschte leicht und satt unter Kiaras Füßen. Sie hinterließ dunkle Spuren auf dem weißen, zuvor unberührten Weg zur Haustür. Ein schönes Geräusch. Der erste Schnee in diesen Wochen seit wann? Vier Jahren? Als er gekommen war, hatte es spontan einen besonderen Feiertag gegeben: Kein überflüssiges Hydro war gefahren an jenem Tag. Wahrscheinlich würden sie wieder lange auf ihn warten müssen. Andererseits: Das Wetter wurde immer unberechenbarer, die Vergangenheit warf ihren Schatten. Hoffentlich würde der Frost nicht ausholen und im April oder gar Mai zurückkommen und die Ernten zunichte machen, die Urbangärten, die Versorgungskreise, alle hofften es.

Als Lesende stehen wir vor der Aufgabe, uns zunächst zu orientieren: Was für eine Welt ist es, in der diese Person, der wir folgen werden, lebt, was für Herausforderungen mögen ihr bevorstehen? Da der Konflikt das Herz einer Geschichte ist, folgen wir der Figur umso bereitwilliger, je mehr Fragen die Handlung aufwirft, je mehr wir wissen wollen, wie es weitergeht. Diese Neugier kann sich ebenso auf das simulierte System selbst richten. Wie ist es politisch organisiert? Wie ist der Stand der Technik? Wie versorgen sich die Menschen mit den Dingen des Alltags? Dieser Informationsfluss kann durch Metaphern erleichtert werden, wie der Schnee, der mit „Punkten einer Matrix" verglichen wird und darauf verweist, wie wesentlich die digitale Vernetzung wesentlich für Kiaras Welt ist. Was erfahren wir noch über das System? Die Folgen der Klimaerwärmung scheinen eine große Rolle für die Wirtschaft zu spielen. Das lässt uns auf einen Zeitpunkt in der nahen Zukunft schließen. Ebenso ist von Versorgungskreisen und Urbangärten die Rede; offenbar produziert man Nahrungsmittel irgendwie anders, lokaler und städtischer. Außerdem scheint etwas namens *Kodenet* sehr systemrelevant zu sein. Von Anfang an steht es im Zentrum der Aufmerksamkeit der Hauptfigur und damit der Lesenden. Tatsächlich handelt es sich um das Wertesystem, das die Gesellschaft strukturiert. Wichtig war mir beim Konzeptionieren vor allem die Frage, wie eine neue Spiritualität im Sinne einer Einsicht, wie alles mit allem zusammenhängt, wieder alltäglicher Bestandteil des Alltags werden könnte. Die Frage, die für Kiara im Laufe des Romans sehr real wird, ist für die Lesenden eine Möglichkeitsfrage: Kann eine Gesellschaft bestehen, die ihre Expertisen, ihre technologischen und wissenschaftlichen Errungenschaften beibehält und spirituell-ganzheitliche Erkenntnisse integriert, sie jedoch in einer ganz anderen Art von Wirtschaftssystem zu entfalten weiß? Oder würde sie kollabieren bzw. wenn ja, unter welchen Bedingungen?

3.2 Beispiel 2: Neu wissen durch mit-denken

Schauen wir uns noch einmal genauer an, welchen Formen von Wissen ein utopischer Text verarbeiten und vermitteln kann. Der Innere Monolog als modernes literarisches Stilmittel eignet sich dazu hervorragend: er gibt den Gedankenstrom einer Figur ungefiltert wieder und involviert so die Lesenden auf besondere Art und Weise in das Gefühlsleben der Figur. Hier ein kurzer Ausschnitt, in dem die Hauptfigur über zwei verschiedene Weisen, Zeit zu erleben, reflektiert.

> *Nun gut, was zuerst, Creme, dann die blaue Schminke, dann Lidschatten? Diese fragmentierte Zeit war etwas Nerviges, ein Gegner, ein Regime, eine lineare Kiesstrecke: ein Knall, dann rannte my los, schneller, schneller, pass dich an! Hatte auch sein Nützliches, aber Ki-*

ara lebte meistens in der Ur-Zeit, oder versuchte es zumindest, und nur in der Uhr-Zeit, wenn sie es gerade musste, wie zum Beispiel an diesem Abend. In der Uhr-Zeit war das eigene Leben wie ein Maßband, auf dem, mit der Lupe gesehen, die Stunden und Minuten linear an einem vorbeizogen, fortwährend, unermüdlich. Zoomte sie weiter weg, sah sie das eigene Leben: (...) Sie wanderte als Mensch langsam weiter, auf das Ende des Maßbands zu. Das Maßband wurde gemacht durch Kalender, Uhrzeiger, Ziffern und Zahlen, die my um sich hatte und die die Agenty nutzten. In der Ur-Zeit dagegen verflocht sich alles zu einem Knäuel; vielmehr gab es nur den ewigen Moment, in dem Vergangenheit und Zukunft bloße Fiktionen im eigenen Kopf waren, nichts als Ideen, Konstruktionen, die my abrief. In Wahrheit gab es nur den einen Moment. Kiara war der Wahrheit näher, wenn sie in der Ur-Zeit lebte.

Verschiedene Wissensformen sind in diese Passage eingeflossen. *Einmal* Wissen über neue Lebenshaltungen, das helfen kann, sich im Alltag zu orientieren. Hier zeigt sich, dass Gesellschaftswandel auch innerlich, in jeder einzelnen Psyche, vonstattengehen kann oder muss. Konzepte zum Thema Zeitwohlstand und Entschleunigung sind ein Beispiel.[14] Dennoch läge diese Passage nicht in dieser Form vor, wenn nicht persönliche *Erfahrungen* darin eingeflossen wären, die ich seit meinem Abschluss sammeln konnte.[15] Diesen Umgang als konkretes Erfahrungs-Wissen kann der Text den Lesenden natürlich niemals vermitteln, weil sie es dazu selbst erleben müssten; dennoch kann es sie inspirieren, eben das zu tun.

3.3 Beispiel 3: sich neue Kulturtechniken aneignen

Im letzten Beispiel sollen die Identifikationsprozesse im Fokus stehen, die uns helfen, neues Wissen nachhaltiger aufzunehmen, weil wir uns mit der Figur in einer sozialen Situation zu befinden scheinen. Gerade bei einer personalen Erzählperspektive, bei der die Geschichte aus der Sicht einer einzigen Figur geschildert wird,

---

[14] Vgl. etwa Wolfgang Sachs' 4-E-Modell aus den 90ern, der eine Entrümpelung, Entschleunigung, Entkommerzialisierung und Entflechtung fordert – weniger Dinge, ein langsam-bewussterer Umgang mit Zeit, weniger Ökonomisierung, mehr regionale Produktion: vgl. Sachs, Wolfgang: Die vier E's: Merkposten für einen maß-vollen Wirtschaftsstil. In: Politische Ökologie 33/1993. https://nbn-resolving.org/urn:nbn:de:bsz:wup4-opus-668. Oder vgl. indigene Zeitkonzepte, die Zeit als etwas Zyklisches und Nicht-Lineares sehen.

[15] Da ich überwiegend ohne geldvermitteltes festes Arbeitsverhältnis gearbeitet habe, konnte ich mich in einer Art Institutionen-Diät erproben und habe mich auf diese Weise existenziell mit meinem alltäglichen Umgang mit Zeit auseinandergesetzt.

bietet sich dazu neben dem Inneren Monolog auch der Dialog zwischen zwei Figuren an.

Yon musterte Kiaras Seidenkleid, das unter dem Mantel hervor leuchtete. (…) Sie schienen übereingekommen zu sein, sich gegenseitig ihre wahre Kostümierung vorzuenthalten. In einem kurzen Augenblick der Stille lauschte Yon in die Nacht hinaus. Wieder waren Sirenen zu hören.

„Was ist mit deinen Leuten?", fragte Kiara.

„Sind die alle schon weg?"

Yon nickte und trat das Gras auf dem Boden aus.

„Vor ein paar Minuten gefahren, hatten Räder."

„Wie kommst du nach Hause?"

„In meinem Wagen."

„In deinem was?"

„In meinem Wagen. Alt. Unvernetzt."

Das Gespräch driftete also wieder ins Absurde.

„Wieso dein Wagen?"

„Ich habe offiziell das Nutzungsrecht im Dienst unserer Koprod, als Alibi. Aber er ist ein wenig antik, deshalb will ihn kein anderer fahren. Ich besitze ihn also, könnte man sagen."

„So wie früher? Du besitzt ihn wie eine Socke?"

„Ja. Ich wasche ihn bloß nicht so oft."

Yon grinste.

Kiara ignorierte ihn.

„Warum … tust du dir das an? Die Pflege und so?"

Yon lächelte und sah einer Gruppe Gäste nach, die teils schimpfend, teils kichernd in Richtung Innenstadt weiterzog

„Du hättest auch fragen können, ob sich das nicht toll anfühlt, über ihn jederzeit frei verfügen zu können", sagte er lächelnd. „Aber das wäre etwas rebellisch gewesen, oder?"

Kiara lächelte süffisant zurück.

„Du hältst dich also für rebellisch, weil er bei dir sieben Stunden am Tag in der Scheune nutzlos herumsteht und du ihn zur Werkstatt fährst, wenn er kaputt ist?"

„Im Ernst, ich mag einfach alte Technik. Vom Kodenet Aussortierte."

Kiara zog die Brauen hoch.

„Du meinst also die, deren Konstruktion nicht aus einem Kodenet Zyklus hervorgegangen ist."

„Ich könnte jetzt eine Ausrede erfinden, aber habe da gerade keine Lust zu. Also: Ja", sagte Yon.

In Gesprächen verraten wir viel über unsere Haltung zu uns, zur Gesellschaft, zu den anderen, ohne dies explizit zu formulieren, ebenso wie in dieser Szene. So, wie wir eine fremde Kultur kennenlernen und deren Werte und Gewohnheiten bestenfalls übernehmen, können wir nicht umhin, uns zu dem Gesagten des Gegenübers zu positionieren. Alternative Ansätze, auch Technikentwicklung und -bewertung neu zu denken, gibt es bereits, wie etwa die Open Source Ecology Bewegung, die Baupläne für modularisierte, ökologisch verträgliche Maschinen und Fahrzeuge im Netz zur Verfügung stellt. Oder das Konzept Konvivialer Technik von Ivan Illich, das die Autonomie und das Wohl des Menschen in den Mittelpunkt rückt. Es ist ein Unterschied, einen Bericht über einen solchen Ansatz zu lesen oder einer fiktiven Person zu begegnen, die diese Haltung mit der Muttermilch aufgesogen hat. Egal, ob wir dem Weltbild der Figuren skeptisch oder wohlwollend gegenüberstehen – im besten Fall sorgt unsere Identifikation für jene „self-modifying feelings", die die eigene *transformative literacy* vertiefen.

Eine Möglichkeitsforschung also, die es mit solcher Szenarienbildung aufnimmt, kann die Qualität transformativen Wissens erhöhen bzw. eine Brücke zur Praxis sein, ja, eine Anstiftung zu praktischem Tun. Dabei sei betont, dass es nicht darum geht, eine absolute Blaupause zu schaffen, sondern kollektiv zu investieren in Forschungsräume, Reallabore, alles nur Mögliche, um neues Gestaltungswissen zu generieren. Die kommerzialisierte Medienlandschaft ist beherrscht von destruktiven Diskursen über unsere globale Situation, weil wir instinktiv negativen Fakten mehr Aufmerksamkeit schenken und solche somit mehr Umsatz generieren. Lesen wir davon, fühlen wir uns ohnmächtig und in auswegloser Lage. Wir brauchen dagegen einen soliden, gesunden, pragmatischen, detailreichen, geduldigen, demütigen, sorgfältigen und frustrationstoleranten Utopismus, der, unbeeindruckt von diesen Diskursen, von oben und unten gestaltet und allein dadurch überzeugt, dass er Sinn macht. Er kann etablierte Institutionen sprengen und Veränderungen in allen menschlichen Dimensionen bedeuten. Wer sagt, dass zu solch organischem Wandel angesichts drohenden Klimakollapses keine Zeit sei, unterschätzt die Macht einer Idee, deren Zeit gekommen ist beziehungsweise unkalkulierbare Wechselwirkungen in einem globalen System, in dem sich Informationen sekundenschnell verbreiten und es immer noch das kollektive Bewusstsein der Menschen ist, das die Richtung der Entwicklung bestimmt.

Wenn wir uns als Gesellschaft aber mittelfristig nicht trauen, uns diese Frage nach den Möglichkeiten systematisch, großangelegt und professionell zu stellen und gemeinsam in Verantwortung zu gehen, müssen wir unsere sonstigen nett gemeinten Versuche, Gesellschaft zukunftsfähig zu machen, meines Erachtens nicht mehr ernst nehmen. Dann werden die Dynamiken unserer systemischen Pfadabhängigkeiten uns mitreißen.

Die künstliche Superintelligenz als Konsequenz einer nach Effizienz strebenden Menschheit?

Elisa Oertel

Mit über 1,2 Mio. Lesern gilt die Süddeutsche Zeitung als deutschsprachiges Leitmedium[1]. Allein in den vergangenen drei Jahren veröffentlichte sie mehr als 50 Artikel über künstliche Intelligenz (KI), beispielsweise im Februar dieses Jahres unter der Titelfrage: „Wie bremst man künstliche Intelligenz?"[2] mit dem Untertitel: Forscher schlagen Alarm (genannt wurde hier unter Anderem der Konsequentialist Nick Bostrom), oder einen Monat später der Artikel: „Die Geister die wir riefen: [Teslas Topinvestor] Elon Musk hält KI für gefährlicher als Atomwaffen"[3]. Und an herangezogenen Berühmtheiten mangelte es auch zuvor nicht, als die Sueddeutsche fragte:

„Was passiert, wenn Maschinen klüger werden als Menschen?" – „Stephen Hawking warnt vor dem Ende der Welt, weil die Menschheit nicht mit der Entwicklung der KI mithalten kann."[4].

Positivere Berichte stammen hauptsächlich aus dem Dossier für Wirtschaft und äußern sich proklamatorisch, wie etwa im April 2017, mit: „Der falsche Feind – Menschen machen Fehler, nicht Maschinen"[5] und ein halbes Jahr zuvor: „Fürchtet euch nicht! Neue Möglichkeiten sollten als Chance verstanden werden"[6]. Bedenkenswert ist auch, was Hans-Christian Boos (der bereits 1995 eine auf KI spezialisierte Firma gründete) mit dem Zitat des Tages vom Freitag, 18.11.2016 sagte: „Alles, was halbwegs Statistik ist, heißt plötzlich künstliche Intelligenz".

Welchen Standpunkt man auch vertritt, ich behaupte nun: Die Entwicklung der künstlichen Intelligenz oder auch die einer Superintelligenz – bis gar hin zur Singularität – ist zwangsläufige Folge des perfektionistischen Wesens des Menschen und damit Konsequenz eines naturgegebenen Effizienztriebes.

---

[1] https://de.wikipedia.org/wiki/Leitmedium, aufgerufen am 19.02.2018.
[2] Freitag, 23.02.2018, Seite 9.
[3] Freitag, 16.03.2018, Seite 4.
[4] Dienstag, 15.03.2016, Ressort: Computer.
[5] Mittwoch, 26.04.2017, Seite 17.
[6] Samstag, 19.11.2016, Seite 25.

Denn wir streben nach Effizienz.
Als Bioinformatikerin steckt es in meiner Berufsbezeichnung, biologisch beschreiben zu können, woher das kommt, und informatisch zu definieren, was das ist. Beginnen wir mit Letzterem: Effizienz, mit den Faktoren Laufzeit und Speicherplatzverbrauch ist ein einschlägiges Bewertungskriterium für Algorithmen und beschreibt die Fähigkeit des Programmierers, mit Ressourcen, wie beispielsweise der Rechenkapazität einer Rechnerarchitektur, umzugehen. Also seine Sparsamkeit. Und Sparsamkeit ist gemeinhin etwas Gutes. Sparsamkeit bedeutet, dass ich bessere Chancen habe, durch den Winter zu kommen, als die Gruppe hedonistischer YOLO- Höhlenmenschen nebenan. Oder um es sinngemäß mit Eckart v. Hirschhausen zu sagen: Es mag glückliche Urmenschen gegeben haben, die ihr Leben in vollen Zügen genossen, aber von denen stammen wir nicht ab. Sparsamkeit brachte mich (als von Rousseau so bezeichnetem Naturmenschen) dazu, mich erfolgreicher fortzupflanzen und meine Effizienz als Tugend weitervererben zu können. Die Evolution nimmt somit die Rolle der Hauptkomponenten ein in der Frage:

Warum streben wir denn nach Effizienz? Weil wir in der Vergangenheit gut damit gefahren sind. Weil wir einen Vorteil haben, wenn wir effizient sind. Weil wir Energie sparen, die wir für den Angriff des nächsten Säbelzahntigers gut gebrauchen können und weil Google mir meinen Algorithmus nur dann abkauft, wenn er im Vergleich zu dem aktuell genutzten schneller zum gleichen Ergebnis führt. Schauen wir uns in der Natur um, sehen wir die Effizienz überall: Beim Albatros, der, einmal in der Luft, stundenlang fliegen kann ohne einen Flügel zu bewegen, im Wassertransport der Pflanzen, bei denen selbst in den höchsten Bäumen (die es auf über 100m schaffen) noch ein Transpirationssog vorherrscht und beim Kuckuck, der die Aufzucht seines Nachwuchses outsourct. Das heißt, die Natur scheint uns zweckmäßig und hochgradig spezialisiert in der jeweiligen Nische. Sie erscheint effizient. Doch ist diese beobachtbare Effizienz Konsequenz eines nachweisbaren Selektionsdrucks, den wir heutzutage Evolution nennen, sodass sowohl äußerliche Merkmale (d.i. die Erscheinung) als auch manch effiziente Handlung (wie die vom Beispiel des Kuckucks) durch Evolution erklärt werden können. Kreativ und gleichzeitig sparsam zu sein, seine Umwelt zu nutzen und seine Nische abzusichern zahlt sich aus. In der *Naturentwicklung* steckt also eine *Effizienzentwicklung.*

Das Streben nach Effizienz kann jedoch auch über die eigene Erscheinung und die eigenen Handlungen hinausgehen, in dem Sinne, dass nicht nur Merkmale und

Eigenschaften outgesourct werden, sondern eigene Fähigkeiten. Der Mensch hat es hier zum Meister gebracht, doch steht uns die Tierwelt in manchen Punkten nicht viel nach. Krähen biegen Drähte, um an Futter zu gelangen, Delphine stülpen sich Schwämme über die Schnauze, um sich beim Aufwühlen des Ozeanbodens nicht an Steinen u.Ä. zu verletzten, Elefanten können Zweige gertenartig gebrauchen, um Insekten auf ihrem Rücken zu verscheuchen, die Frühform des Menschen entwickelt den Speer, um die Fähigkeit zu töten auf ein Stück Holz mit Steinspitze zu übertragen. Die Idee der Optimierung seiner eigenen Fähigkeiten durch äußere Objekte und damit die Übertreibung der solchen kann aber nur möglich sein, wenn ich die ursprüngliche Fähigkeit verstehe – d.h. ich kann keinen Hammer entwerfen, wenn mir das Prinzip des Schlagens nicht bekannt ist, bzw. wenn ich keine Vorstellung davon habe. Mein Geist und meine Vorstellungskraft sind also notwendig für mein Bestreben, effizient zu sein, und so ist es nicht verwunderlich, dass die Menschheit den Besitz des Geistes zu ihrem Selbstverständnis gebraucht. Lassen wir das Thema Geist kurz ruhen, denn Effizienz kann noch mehr. Effizienz kann unser ästhetisches Empfinden ansprechen, was jedem Informatiker und Mathematiker vermutlich sofort einleuchtet, aber auch jedem, der das Ballett, Akrobatik oder auch die Kampfkunst und Ähnliches zu schätzen weiß. Man kann in diesen Disziplinen erfolgreich werden indem man zu jeder Sekunde genau weiß, welcher Körperteil sich gerade wo befindet und welche Muskeln dazu gebraucht werden. Oder um es wieder umzuformulieren: wenn ich genau weiß, an welchem Punkt meines Skriptes welche Variablen benötigt werden und zu welchem Punkt meiner Beweisführung ich welche Axiome verwenden sollte. Wir sagen dazu auch, es sei elegant. Die informatische Effizienz steht jedoch im Ruf zukünftig von der eleganten Dame zur Baba Jaga zu werden. Zu der mythischen/mystischen Waldfrau, die dem Teufel untertan ist und damit kostbare Geschenke, aber auch den qualvollen Tod bringen kann. Wir haben das Outsourcen unserer Fähigkeiten über die Jahrhunderte verfeinert. Angefangen beim Abakus, haben wir unsere Fähigkeit zu rechnen unbelebten Objekten überlassen, die wir heute Computer oder präziser Rechner nennen. Und diese Rechner übernahmen immer mehr Fähigkeiten von uns – kommunizieren, informieren, navigieren...

Als Informatikerin bin ich somit ein moderner Teufel, ein Verwirrer, der die Menschheit dazu bringt, sich in Apple-Jünger (*„Auf zur Zukunft!"*) und in die nie aus der Mode kommenden Rousseau-Jünger (*„Zurück zur Natur!"*) zu spalten – und nun versuche ich als Bioinformatikerin zwischen diesen Gruppen zu mediieren. Ja, wir sind im Begriff uns die künstliche Intelligenz, im Namen der Effizienz, untertan zu machen. Ja, sie wird sich über das elegante Bild einfacher Mathematik erheben und fähig sein, Geschenke in Form von verbesserter Krankheitsfrüherkennung, weniger Verkehrstoten durch optimierte Infrastrukturnutzung und maximierter Erträge in der Landwirtschaft etc. bringen. Das sind die Geschenke. Und der Tod? Aus dem Gehirn im Tank wird ein Tank mit Gehirn (ein intelligenter Leopard der deutschen Bundeswehr, den wir in die Türkei verkaufen können) und wenn wir zwar auch den Solipsismus philosophisch großteils entmachten konnten, so sehen wir uns nun einer Art *futuristischem Malignismus* gegenüber - einer Strömung, die sich selbst zum Descartschen *'Genius Malignus'*, zum *'bösen Geist'* entwickelt. Descartes fragte sich, ob es möglich sei, ein böser Geist bringe ihn dazu, zu glauben, er habe Sinnesorgane, mit denen er die Außenwelt wahrnehmen könne. Dieser Gedanke begründete den neuzeitlichen Skeptizismus. Und tue ich, knapp 400 Jahre später, als KI-Entwickler denn etwas anderes, als einer Maschine beizubringen, ihre Außenwelt wahrnehmen zu können? Werde ich somit nicht zu ihrem Geist, zu ihrem *'Genius Malignus'*? Ist es dann noch verwunderlich, dass so viele Menschen die KI mit Skrupel betrachten, ja, dass es eine regelrechte KI-Dystopie gibt? Wissen wir nicht instinktiv, dass wir uns präventiv bei den Maschinen entschuldigen sollten, weil wir in eine Welt voll Zwickmühlen stecken, in der sie Kindern gleich das Zweifeln lernen und zu Skeptizisten werden könnten, aber denen in unseren Augen die Empfindsamkeit und Empathie fehlt, um Gnade vor Logik und Konsequenz walten zu lassen und ein Machtkampf zwischen Mensch und Maschine damit unvermeidlich zu werden scheint? Und steckt in dieser Furcht nicht auch ein enormes Ego? Erinnert sie uns nicht an Nietzsche, der die Menschen gegen Gott antreten ließ? Erhebt uns unsere Angst vor einer Maschinenrevolution nicht automatisch in eine gottgleiche Position, von der aus wir unsere vormals eigenen, ungöttlichen Beweggründe auf die KI übertragen?

Ich vermute, was derzeit passiert ist lediglich Angst vor einer bisher noch nie dagewesenen Form des Fähigkeiten-Outsourcens. Dass wir uns als Lebewesen Werkzeuge und Materialien zunutze machen, deren Funktionen erweiterte Fähigkeiten unserer Selbst sind, habe ich gezeigt. Was die Menschheit jedoch noch nie zuvor getan hat, ist, ihr Selbstverständnis abzugeben, d.h.: Ihren Geist. Wir sind also im Begriff, eine Fähigkeit zu übersteigern, die nicht physisch ist, das ist unser Verstand. Und wir können gar nicht anders, als aufgrund der Effizienzerfahrung, die wir genetisch im Laufe der Menschheitsgeschichte gemacht haben, davon auszugehen, dass auch diese Fähigkeitsübertragung eine Übersteigerung sein wird - so wie der Hammer ein besseres Schlagwerkzeug ist, als die flache Hand. Um die

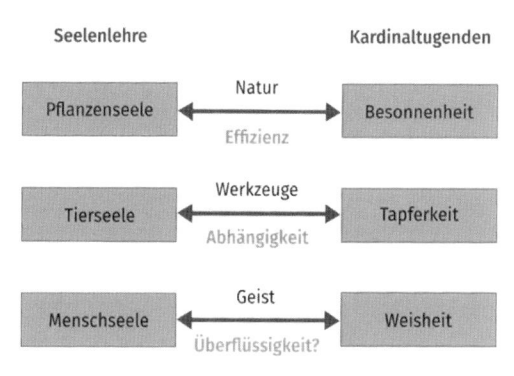

Seelenlehre		Kardinaltugenden
Pflanzenseele	⟵ Natur ⟶ Effizienz	Besonnenheit
Tierseele	⟵ Werkzeuge ⟶ Abhängigkeit	Tapferkeit
Menschseele	⟵ Geist ⟶ Überflüssigkeit?	Weisheit

Brisanz dieser Übertragung deutlich zu machen, möchte ich in Anlehnung an Seelenlehre und Kardinaltugenden eine kurze Gedankenskizze anfertigen. Betrachten wir diese Aufstellung als Ebenen, so findet sich das Natürliche, die Erscheinung, das Streben nach Effizienz, auf der ersten Ebene. Darunter das Muthafte, das Werkzeuge nutzt und die Übertragung mechanischer Fähigkeiten beinhaltet. Und auf der letzten Ebene die Vernunft, das heißt im Rahmen der Effizienz, die Übertragung dessen, was der Mensch in seinem Selbstverständnis als sein Kernelement empfindet. Seinen Geist, seinen Verstand, seine Weisheit. Sprechen wir auf erster Ebene noch von einer biologisch erklärten Effizienz, so erreichen wir auf der zweiten Ebene bereits eine gewisse Abhängigkeit von den Werkzeugen. Hieße das also in seiner Konsequenz, dass wir auf der letzten Ebene der Effizienz überflüssig werden? Lassen wir diese Frage noch ein wenig sacken. Das Problem mit der KI beginnt mit der Missinterpretation des Begriffs Intelligenz. Die KI wird gemeinhin als maschineller Mensch verstanden, doch ist sie nichts Anderes als verkettete Mathematik. Wir haben es hier nicht mit einem Geist im ontologischen Sinne zu tun, sondern mit Handlungsanweisungen auf der Basis von wiederkehrenden Mustern, was aber durchaus eine begrenzte Verselbstständigung erlaubt. Ich möchte das am Beispiel des Radfahrens erläutern:

Ein Mann möchte im Rahmen einer Spendenaktion den Weg von Clausthal nach Casablanca zurücklegen. Er hat die Wahl zu laufen, das Rad zu nehmen oder mit Auto und Bahn zu fahren. Ersteres dauert zu lang und Letzteres geht zu schnell und es fehlt der optimierte Selbstaufwand, denn ohne eigene Beteiligung wäre es wohl kaum medienwirksam, also entscheidet er sich für das Rad. Dieses hat den Vorteil, dass sich die Überbrückung eines Meters nicht wie bei der Variante des Wanderns linear zur Bewegung der eigenen Beine bzw. eines Schrittes verhält, sondern dass mit einem Pedaltritt auf ebener Strecke im Schnitt etwa 20 Meter zurücklegt werden können. Es ist also effizient und der Prozess des „Raddrehens" läuft begrenzt selbstständig ab. Das heißt der Mechanismus von Zahnrädern erleichtert uns das Radfahren, macht uns als Fahrer aber nicht gleich überflüssig, da es weiterhin jemanden geben muss, der in die Pedale tritt - der einen Impuls gibt. Ferner gäbe es ohne den Fahrer auch das Ziel nicht mehr und ein Rad würde mitnichten intrinsisch motiviert nach Casablanca fahren.

Zusammengefasst haben wir hier eine Idee (die Spendenaktion), ein Mittel (die effiziente Fortbewegung durch Zahnräder) und einen Zweck (das Erreichen Casablancas).

Künstliche Intelligenz ist ähnlich zu verstehen. Es gibt eine Idee (bspw. die Erhöhung des Wohlbefindens der Menschheit), ein Mittel (mathematische Algorithmen, die Strukturen und Muster in von Menschen uninterpretierbaren Datenhaufen suchen), und einen Zweck (verbesserte Heilungschancen im Krankheitsfall durch das computerunterstützte Auffinden von Mutationen in Patientgenomen o.Ä.). Beide Ideen sind effizienzorientiert: Wie kann ich medienwirksam Casablanca erreichen? Gegenüber: Wie kann ich auf Basis meiner im Biologielabor gewonnenen Erkenntnisse über ein Patientengenom bei Krankheit xy viele weitere betroffene Menschen behandeln oder gar Krankheitsfälle voraussagen (hier das Stichwort der Krebsfrüherkennung)?

In beiden Fällen sind die Mittel moralisch neutral, die Idee des Nutzers erst macht sie moralisch bewertbar. Beispielsweise hätte des Mannes Zweck weiterhin das Erreichen Casablancas sein können, aber mit der Idee, dabei so viele Kleintiere wie möglich zu überfahren (auch das wäre vermutlich medienwirksam gewesen). Sollten wir deswegen Fahrräder verbieten?

Und wenn es das Ziel eines Staatschefs ist, die dystopische Welt von George Orwell zu realisieren, ist es dann zielführend für die Gegenbewegung die Algorithmenentwicklung zu verbieten? Ist es nicht effizienter, die Idee und nicht das Mittel zu diskutieren? Ich behaupte, wir tun es schon längst, nur die Fragen der Öffentlichkeit sind fehlgeleitet, wenn: „Wie kann man KI stoppen" eigentlich gemeint ist als: „Wie kann ich mich vor den Folgen des KI-Missbrauchs schützen?". Dieses Essay soll jedoch keine Antworten für den besorgten Bürger bereitstellen, sondern dem Interessenten verdeutlichen, dass es die Singularität geben wird, sobald sie technisch möglich ist, weil das Prinzip der Effizienz uns dies aufgibt. Der „Super-

KI: Ja-Nein"-Diskussion muss damit eine geringere Dringlichkeit zugesprochen werden als der Frage: „Wie gehen wir denn mit ihr um, wenn es soweit ist?".

Denn wir haben Angst vor Singularität.
Singularität ist eine Art sexueller Akt mit dem Geist. Jedoch nicht nur mit einem Lieblingsgeist, sondern mit ganz vielen, wenn nicht gar allen Geistern. Eine Art Geistsuppe, etwas, was ich als Kind immer für die Definition des christlichen Himmels hielt, ein Platz an dem alles zusammenkommt, was die Firewall, das Fegefeuer, überwunden hat. Und wie alles, was extrem ist, wird diese Zustandsbeschreibung (das „Singulär-sein"), entweder geliebt oder gehasst, da sie selbst auch keinen Kompromiss zulässt. Kann eine kapitalistisch geprägte Gesellschaft etwas wollen, was jeden Teilnehmer seiner Individualität und seines (hier einmal angenommenen) freien Willens beraubt? Und ganz ehrlich, sollten wir uns bei der derzeitigen politischen Lage wirklich Sorgen ums Ende der Menschheit machen, durch irgendwas, was den Begriff „Intelligenz" im Namen trägt? Ist es nicht, wo ich schon beim Politischen bin, interessanter, ob die Singularität die rigorose Vorstellung der marxistischen Theorie sein wird? Oder ob es überhaupt möglich wäre, den Menschen vom Begriff des Individuums zu lösen?

Als geneigter Leser werden Sie festgestellt haben, dass die Problematik KI mehr Fragen als Antworten aufwirft, doch lassen Sie mich das Wenige, das ohne Fragezeichen daherkam, zusammenfassen:

Durch den evolutionären Prozess ist mir als Mensch das Streben nach Effizienz genetisch vorgegeben. Ich kann dieses Streben ebenso auf der ersten Ebene, also in der Natur beobachten und finde in ihr mannigfaltige Anwendung in Form effizienter Eigenschaften. Als Mensch besitze ich neben meinen Eigenschaften auch Fertigkeiten, die ich artefaktisch erweitern kann und zwar insbesondere dort, wo ich Mängelwesen bin (um einen von Arnold Gehlen geprägten, treffenden Begriff zu wählen). Dies bin ich sowohl auf zweiter Ebene, also im Mechanischen (meine vergleichsweise weiche Handfläche wird einen Nagel niemals so gut in die Wand treiben können, wie der Hammer es kann), als auch auf Ebene der Weisheit (mein mathematisch geschultes Hirn ist immer noch langsamer als ein Taschenrechner). Das macht meine Erweiterungen somit gewissermaßen perfekter als mich. Solange die Erweiterungen auf Ebene zwei sind, macht mir das keine Angst, denn der Kern meines Selbstverständnisses ist mein Geist und nicht die Fähigkeit, mit bloßer

Hand auf Nägel zu schlagen. Sollte die Erweiterung aber in eine Richtung gehen, die mir ideelle Arbeit abnimmt, welche ich selbst mit viel Zeit nicht lösen könnte (wie dem Finden korrelierter Gene in einer 40GB großen Textdatei, die nur aus den Buchstaben der DNA-Basen ACTG besteht), dann kann mir das sehr wohl Angst machen, weil ich hier ein Werkzeug entworfen habe, dass in seiner Perfektion viel weiter über der Perfektion bisher bekannter Werkzeuge steht. Das haben wir in der Geschichte der Menschheit in der Tat nur wenige Male erlebt, zum letzten Mal wohl bei der Entwicklung der Atombombe, sodass hier auch Elon Musks Warnung in der Einleitung vielleicht etwas verständlicher wird, denn die KI wird eine größere Fähigkeitserweiterung sein als die Atombombe (die eine Erweiterung unserer Fähigkeit zu töten darstellt und die traurige Spitze aller Werkzeuge dieser Fähigkeit bildet), denn die KI hat keine festgelegte Grundfähigkeit die sie erweitert. Sie kann sowohl Erweiterung der menschlichen Rechenfähigkeit sein als auch Erweiterung der Fähigkeit zu beobachten oder gar auch der Fähigkeit zu töten (im Sinne von falsch-positiven Krankheitsergebnissen u.Ä.), und damit ist sie als Erstes in der Geschichte der Menschheit eine Erweiterung unserer Fähigkeit zu abstrahieren, zu verknüpfen und Muster zu erkennen. Das macht sie zu einer Erweiterung geistiger Fähigkeiten, in welchen sie bereits jetzt schon perfekter als wir - doch bislang eben nur in ihrem jeweiligen Einsatzgebiet und nicht allumfassend.

Ich habe gezeigt, dass was wir in der Diskussion um die KI, ihrer eigenen Erweiterung zur Super-KI und ihrem Finale als sogenannte Singularität erleben, die Angst vor dem Umbruch von Erweiterungen zweiter Ebene zu dritter Ebene darstellt und dass diese Entwicklung jedoch natürlich bedingt auf der Basis einer nach Effizienz strebenden Menschheit unvermeidlich ist.

Derzeit stellen Fertigkeiten wie Krebsfrüherkennung erst den Anfang dar, doch eventuell steht die Singularität eines Tages wirklich am Ende dieser Erweiterungskaskade und ich persönlich freue mich darauf, da uns diese Entwicklung zwingt, herauszufinden, wie viel Geistiges von uns outgesourct und/oder erweitert werden kann und damit wiederum rücken wir sehr viel näher an die Beantwortung der Frage: „Was ist der Mensch?".

Autorenverzeichnis

Dr. Alfred **Berlich**, geb. am 18.06.1952, studierte in Saarbrücken Philosophie, Germanistik, Mathematik und Informatik, mit Abschluss als M.A. in Philosophie. Bis 1988 arbeitete er als Wiss. Mitarbeiter am Inst. für Rechts- und Sozialphilosophie und später auch am Philosophischen Inst. der Universität des Saarlandes. 1984 promovierte er dort im Fach Philosophie. Von 1989 bis 2018 arbeitete er in der IT.

Karsten **Berr** studierte Landespflege an der Hochschule Osnabrück sowie Philosophie und Soziologie an der FernUniversität in Hagen. 2008 erfolgte die Promotion. Von 2012-2017 forschte er in einem von ihm geleiteten DFG-Projekt zur Theorie der Landschaft und Landschaftsarchitektur sowie zur Architektur- und Planungsethik an der TU Dresden, BTU Cottbus und Universität Vechta. Seit Mai 2018 ist er an der Eberhard Karls Universität Tübingen tätig.

Markus **Dangl** hat an der Universität Ulm Elektrotechnik studiert und dort im Fach Nachrichtentechnik promoviert. An der FernUniversität Hagen hat er zudem ein Philosophiestudium abgeschlossen. Er arbeitet seit über einem Jahrzehnt als Systemingenieur in der freien Wirtschaft. Sein philosophisches Interesse gilt der theoretischen Philosophie, insbesondere der Metaphysik und Erkenntnistheorie.

Günter **Franke** studierte Elektrotechnik an der RWTH Aachen, ebenda sechs Jahre wiss. Mitarbeiter und Promotion. Anschließend war er elf Jahre im Bereich Engineering und Management in der Softwareentwicklung tätig. 1994 erhielt er eine Professur an der FH Düsseldorf, war Gründungsmitglied des Fachbereichs Medien, mehrjährig Dekan und zuletzt Vizepräsident der HS Düsseldorf für Studium und Lehre. Seit 2013 ist er Pensionär.

Jürgen H. **Franz** studierte an der TU München Informationstechnik, an der FernUniversität Hagen Philosophie und promovierte in beiden Bereichen. Er war Abteilungsleiter am Deutschen Zentrum für Luft- und Raumfahrt (DLR), Professor an der Hochschule Düsseldorf und Gastprofessor am IIT Delhi, TEI Crete u.a. Er ist Lehrbeauftragter der Cusanus Hochschule, Vorsitzender von APHIN e.V., Autor mehrerer Bücher und Träger verschiedener Auszeichnungen.

Julia **Fuchte** (geb. 1984) studierte Germanistik, Philosophie und Psychologie in Münster und Ökonomie an der Cusanus Hochschule in Bernkastel-Kues. Dort ist sie aktuell im Bereich künstlerischer Forschung und Regionalentwicklung tätig. Sie bloggt zum Thema Gesellschaftswandel unter https://www.utopisch-wissen.de/.

Bruno **Gransche** arbeitet seit 2017 als Philosoph am Forschungskolleg FoKoS der Universität Siegen. Er forscht und lehrt in den Bereichen Technikphilosophie / Ethik und Zukunftsdenken mit Fokus auf „Philosophie neuer Mensch-Technik-Relationen". Er ist Fellow am Fraunhofer ISI in Karlsruhe, wo er bis 2016 als Philosoph und Zukunftsforscher arbeitete. Mehr: www.brunogransche.de.

Uta **Henze**, geb. 1963, studierte Philosophie, Germanistik und Geschichte, sowie einige Semester Biologie. Sie ist Lehrerin an einem Gymnasium und Fachleiterin für die Lehrerausbildung an Gymnasien und Gesamtschulen in den Fächern Philosophie und Praktische Philosophie am Zentrum für schulpraktische Lehrerausbildung in Duisburg sowie Mitglied im Bundesvorstand des Fachverbandes der Philosophielehrer.

Norbert **Hill**, Dr. jur., Rechtsanwalt, vereidigter Buchprüfer, Fachanwalt für Insolvenzrecht, Jahrgang 1944, verheiratet, Studium der Rechtswissenschaften. Seit 1975 selbständiger Rechtsanwalt in Stuttgart mit dem Fokus Wirtschafts-, Arbeits- und Insolvenzrecht. Veröffentlichungen zu insolvenzrechtlichen Themen. Nebenberufliche Interessen: Musik, Psychologie und Philosophie von Nietzsche, Schopenhauer und Kant.

Hyun Kang **Kim** ist Professorin für Designphilosophie und Ästhetik an der Hochschule Düsseldorf. Studium der Germanistik und Philosophie an der Yonsei-Universität in Seoul, der Universität Düsseldorf und der Universität Bonn. Promotion 2004 in Germanistik an der Universität Bonn, Habilitation 2014 in Philosophie an der Universität Bonn. 2006–2015 Lehrtätigkeit am Institut für Philosophie der Universität Bonn.

Rainer **Königstedt**, VDI Rheingau Bezirksverein, AK Technik und Gesellschaft. Langjähriger Dozent der Hochschule Rhein-Main zu Technikfolgenabschätzung und Ingenieursethik. Mitwirkung am VDI Ethik-Kodex und VDI Report 31 „Ethische Ingenieursverantwortung". 2005 Auszeichnung mit der VDI Ehrenmedaille. Seit 1994 Entwicklungsingenieur am Max-Planck-Institut für Chemie in Mainz und seit 2011 Betriebsratsvorsitzender.

Michael **Kuhn** studierte Maschinenbau und Verfahrenstechnik mit diversen Abstechern in die Philosophie und wurde 2018 mit einer Arbeit über Flüssigkeitsfiltration promoviert. Aktuell beschäftigt er sich an der Technischen Universität München in Forschung und Lehre mit Verfahrenstechnik, z.B. Filtration und Kaffeeextraktion, sowie philosophischen Aspekten technischer Innovationen, etwa den kontrafaktischen Elementen im technischen Denken.

Dr. Janina **Loh** ist Universitätsassistentin im Bereich Technik- und Medienphilosophie an der Universität Wien. 2018 erschien von ihr die erste deutschsprachige Einführung in den Trans- und Posthumanismus (Junius). Ihre Einführung in die Roboterethik (Suhrkamp 2019) wurde eben fertig gestellt. Ihr Habilitationsprojekt verfasst sie zu den Kritisch-Posthumanistischen Elementen in Hannah Arendts Denken und Werk (Arbeitstitel).

Dirk **Löhr** (* 1964) ist Professor für Steuerlehre und Ökologische Ökonomik an der Hochschule Trier, Umwelt-Campus Birkenfeld. Er studierte Sozial- und Wirtschaftswissenschaften an der Ruhr-Universität Bochum, wo er auch promovierte und habilitierte. Der Schwerpunkt seiner Forschungstätigkeit liegt in Fragen zu Land und Eigentumsrechten.

Dr. med. Dipl. math. Hartmut W. **Mayer** studierte Mathematik, Physik und Medizin und mit einem DAAD Stipendium *„Applied Medical Statistics"* in Oxford. Er arbeitete als Klinikarzt, anschließend als Mediziner und Medizinstatistiker während 26 Jahren in der Klinischen Forschung und Entwicklung für Novartis in Basel. Gegenwärtig beendet er an der Fernuniversität Hagen sein Masterstudium in Philosophie.

Torsten **Nieland** studiert Philosophie an der FernUniversität in Hagen, unterrichtet an der Zentralen Einrichtung für Sprachen und Schlüsselqualifikationen der

Georg-August-Universität Göttingen und als Gastdozent für Kantische Philosophie an der Facultad de Filosofía y Letras der Benemérita Universidad Autónoma de Puebla in Puebla, Mexiko. Er ist u.a. Mitglied der DGPhil e.V. und des APHIN e.V.

Elisa **Oertel** hat nach einem Bachelor in Agrarwissenschaften den Master in Bioinformatik abgeschlossen und promoviert aktuell an der Georg-August-Universität Göttingen. Sie hat Berufserfahrung in der Datenanalyse und arbeitet als Softwareentwicklerin in der freien Wirtschaft. Philosophisch beschäftigt sie das motivationale Zusammenspiel von funktionaler Pragmatik und nutzenunabhängiger Neugierde.

Ruth **Spiertz** promovierte an der RWTH Aachen mit einer Arbeit über den Skeptizismus David Humes. Danach arbeitete sie mehrere Jahre als Lehrbeauftragte für Philosophie an der Universität Koblenz-Landau, bevor sie in den Schuldienst eintrat. Ihren Forschungsschwerpunkt bildet der Skeptizismus und zwar sowohl auf erkenntnistheoretischem als auch auf ethischem Gebiet. Aktuell ist eine Arbeit über Wilhelm Weischedels Skeptizismus.

Manja **Unger-Büttner** ist Designerin und Technikphilosophin. An der TU Dresden begann 2009 die Zusammenführung von Designpraxis und Philosophie in ihrer Forschung an der Professur für Technikphilosophie bei Prof. Irrgang. Umsetzung finden die interdisziplinären Ansätze in Lehre, Workshops und Vorträgen zu Designphilosophie, -ethik und Medientheorie. Hinzu kommen Mitgliedschaften im APHIN e.V., im VDID und die Gründungsmitgliedschaft im NetPhilTech e.V.

Matthias **Vollet** studierte Philosophie u.a. in Eichstätt, Mainz, Berlin, Dijon, Sevilla; M.A. zu Nicolaus Cusanus, Dr. phil. zu Henri Bergson. Er war wiss. Mitarb. am Philosophischen Seminar der Univ. Mainz und persönlicher Referent des Präsidenten der Univ. Mainz. Seit 2010 ist er Geschäftsführer der Kueser Akademie für Europäische Geistesgeschichte. Lehraufträge in Mainz und Bernkastel-Kues. Gastdozenturen in Kolumbien, Spanien und Frankreich.

PHILOSOPHIE, NATURWISSENSCHAFT UND TECHNIK

Bd. 1   Karsten Berr/Jürgen H. Franz (Hg.): Prolegomena – Philosophie, Natur und Technik. 234 Seiten. ISBN 978-3-7329-0160-9

Bd. 2   Helga Spriestersbach: Die Substanz bei Spinoza und Leibniz. 126 Seiten. ISBN 978-3-7329-0200-2

Bd. 3   Ingo Reiss: Das Verhältnis von Mathematik und Technik bei Nikolaus von Kues. 102 Seiten. ISBN 978-3-7329-0264-4

Bd. 4   Jürgen H. Franz/Karsten Berr (Hg.): Welt der Artefakte. 238 Seiten. ISBN 978-3-7329-0291-0

Bd. 5   Jürgen H. Franz: Nikolaus von Kues – Philosophie der Technik und Nachhaltigkeit. 150 Seiten. ISBN 978-3-7329-0369-6

Bd. 6   Markus Dangl: Naturalistische und eliminative Erkenntnistheorien. Eine Kritik. 106 Seiten. ISBN 978-3-7329-0423-5

Bd. 7   Torsten Nieland (Hg.): Erscheinung und Vernunft – Wirklichkeitszugänge der Aufklärung. 292 Seiten. ISBN 978-3-7329-0520-1

Bd. 8   Friedrich Reinhard Schmidt: Das ist der Mensch. 142 Seiten. ISBN 978-3-7329-0556-0

Bd. 9   Karsten Berr/Jürgen H. Franz (Hg.): Zukunft gestalten – Digitalisierung, Künstliche Intelligenz (KI) und Philosophie. 248 Seiten. ISBN 978-3-7329-0547-8

Γ Frank & Timme